新出图证(鄂)字 10 号

图书在版编目(CIP)数据

教师"县管校聘"政策执行研究:以教育均衡发展为视角/黄旭中著. —武汉:华中师范大学出版社,2023.6

(乡村教育振兴丛论/雷万鹏主编)

ISBN 978-7-5769-0146-7

Ⅰ.①教… Ⅱ.①黄… Ⅲ.①农村学校—师资培养—教育政策—研究—中国 Ⅳ.①G451.2

中国国家版本馆 CIP 数据核字(2023)第 095381 号

教师"县管校聘"政策执行研究——以教育均衡发展为视角

Ⓒ 黄旭中 著

责任编辑:庞 丹	责任校对:王 炜
编 辑 室:学术出版中心	电话:027-67863280/7792
出版发行:华中师范大学出版社有限责任公司	封面设计:罗明波
社址:湖北省武汉市洪山区珞喻路 152 号	邮编:430079
电话:027-67863426(发行部)	传真:027-67863291
网址:http://press.ccnu.edu.cn	电子邮箱:press@mail.ccnu.edu.cn
印刷:湖北新华印务有限公司	督印:刘 敏
字数:268 千字	
开本:710mm×1000mm 1/16	印张:18.25
版次:2023 年 7 月第 1 版	印次:2023 年 7 月第 1 次印刷
定价:100.00 元	

欢迎上网查询、购书

敬告读者:欢迎举报盗版,请打举报电话 027-67867353

总　　序

乡村要振兴，教育必先行。乡村教育是全面推进义务教育优质均衡发展和乡村振兴的重要基石，乡村教育高质量发展也是促进社会流动、推动新型城镇化发展、加快中国式现代化发展的重要力量。改革开放以来，乡村教育在经费投入、办学条件、师资队伍建设等方面有了巨大改变，乡村教育发展取得了显著成就。与此同时，随着城镇化快速发展和人口流动，乡村留守儿童关爱服务体系虚化、乡村小规模学校发展边缘化、城乡教师流动浅层化、乡村儿童家庭教育弱化、乡村家校社协同育人体系碎片化等问题集中显现。补齐乡村教育发展短板、推进城乡教育一体化发展、以人的现代化促进经济社会现代化是新时代的重大战略议题。

乡村振兴背景下农村小规模学校发展现状如何？家庭环境对城乡学生的人力资本投资产生何种影响？如何制定科学的学校布局调整政策以顺应人口流动与城镇化发展需求？城乡一体化发展进程中政府教育支出偏好与行为怎样？乡村教师流动与城乡义务教育优质均衡发展的关系如何？回答上述问题，需要在科学理论的指导下，扎根中国大地进行持续的实证研究。"乡村教育振兴丛论"运用教育学、经济学、社会学和人类学等多学科分析范式对上述问题进行了深入的实证研究。"丛论"聚焦乡村教育发展的难点焦点问题，从乡村儿童发展、教师队伍建设、家庭教育能力提升、区域教育治理等视角探讨了乡村教育发展政策选择与制度创新。研究成果有助于人们深刻反思乡村教育的定位、功能、困境与出路，有助于人们深度理解制约乡村教育发展的体制机制问题，有助于探索乡村教育发展的内生动力与发展动能。

"乡村教育振兴丛论"获2022年国家社会科学基金重大项目和国家出版基金项目资助。"丛论"共有6卷，具体包括：《城镇化进程中的教育变迁》从整体上探讨了城镇化进程中义务教育学校布局、随迁子女教育与发展、留守儿童教育与发展、教师发展政策等；《地方政府教育支出行为研究》利用宏观统计数据和微观调查数据，从财政分权理论和政府行为理论出发，对地方政府教育支出行为进行了实证研究；《农村小规模学校发展政策研究》运用量化与质化相结合的方法，从学校财政、教师发展、学校内外部关系等角度深入探讨了农村小规模学校的生存与发展问题；《教师"县管校聘"政策执行研究——以教育均衡发展为视角》基于S市10个县（市、区）的实证调查，从政策执行环境、执行行为与执行结果三个维度对S市"县管校聘"政策执行进行了较为全面的探讨与研究；《教师特质与学生非认知能力发展研究》从学生非认知能力发展的角度探讨了教师特质问题，实证回答了有效促进学生非认知能力发展的教师应具备的特质以及城乡教师表现出的特质差异；《家庭环境与儿童非认知能力发展研究——以城镇化进程为背景》基于家庭教育调查数据，从学习适应性、意志力和情绪稳定性三方面着手，探讨了家庭环境影响城乡儿童非认知能力发展的过程机制。"丛论"作者除了笔者，其他如张雪艳博士、钱佳博士、黄旭中博士、王浩文博士、向蓉博士，都是我指导的博士生，关心关爱乡村儿童、扎根田野研究乡村教育、坚持实证研究范式是华中师范大学乡村教育研究团队秉持的基本理念和价值观念。

乡村教育是乡村建设和乡村治理的关键，高质量教育发展有助于强化人力资本投资，阻断贫困代际传递，促进乡村人口社会流动。在全面实施乡村振兴战略、迈向共同富裕的新征程中，乡村教育大有可为。伴随着脱贫攻坚战的伟大胜利、义务教育基本均衡发展目标的实现，当前乡村教育的实践样态、政策支持以及社会环境发生了较大转变，一系列新问题正在制约着乡村教育的高质量发展。快速城镇化与大规模人口流动催生了乡土中国向城乡中国的转变，但城市与乡村不是分割的两极，而是涵盖乡村、乡镇、县城、中小城市、大城市、特大城市的多样形态，是梯度发展的空间连续体与内在关联的社会有机体。在乡村振兴时代，乡村教育、县镇教育和城市教育各有其不可替代的功能，唯有推动城乡教育协调发展、包容性发展和共同发展才是中国教育现代化的必然选择。

华中师范大学乡村教育研究团队将在"丛论"的基础上，以研究阐释党的十九届六中全会和党的二十大精神及国家社科基金重大项目"推进义务教育均衡发展和城乡一体化研究"为牵引，围绕乡村教育振兴面临的重大战略问题展开持续研究。乡村教育发展应秉持何种价值定位？乡土文化如何融入乡村教育？如何构建需求导向的义务教育财政保障机制，确保农村小规模学校经费配置充足、高效率和公平？如何规避乡村教育信息化发展中的"技术决定论"问题，充分发挥信息技术服务乡村教育的作用？如何加强乡村教师队伍建设，让优秀教师"下得去""留得住""教得好"？如何保障留守儿童、随迁子女等弱势群体享有公平而有质量的教育？如何发挥职业教育在服务乡村振兴、共同富裕战略中的作用？如何为乡村处境不利家庭提供更有效的社会支持？如何从城乡"二元对立"走向"互融共生""美美与共"，实现城乡教育一体化发展？这些问题都是乡村振兴时代乡村教育发展的核心议题，也是本团队持续跟踪研究的重要方向。我们将在乡村教育研究之路上永不懈怠，勤勉努力，再攀高峰！

雷万鹏

2023 年 3 月 20 日

前　言

教师是教育发展的第一资源，是决定教育质量的第一要素。新中国成立至今，中国教师队伍建设卓有成效，但在教师管理体制机制上仍存在一定的问题。为破除教师"校籍"管理带来的诸多问题，中国政府于2014年提出"县管校聘"政策，试图推动教师"无校籍"管理改革，以促进县域内义务教育师资均衡配置。然而，研究表明，政策制定并不等于政策执行，更不存在与政策制定完全一致的"完美"执行，政策执行的实际效果与预期目标之间往往存在一定的差异。有鉴于此，本书从政策执行视角切入，基于广东省S市10个县（市、区）的实证调查，从政策执行环境、执行行为与执行结果三个方面对S市"县管校聘"政策执行进行较为全面的探讨与研究。

当前"县管校聘"政策仍处于"摸着石头过河"的政策初创阶段，政策经验仍不成熟。对此，作为第二批改革示范区之一，S市秉持一种大胆创新与稳健执行的态度，尽可能创新与探索有益的政策经验，并确保平稳顺利地执行政策。结果表明，"县管校聘"政策对S市教师队伍建设产生了一定的积极成效，教师队伍供求的数量与学科结构矛盾得到缓解，教师队伍活力得到激发，一定程度上推动了S市教育事业的优质发展。然而，任何一项新公共政策从制定、颁布、执行到调整完善都需要经历一定的周期，政策执行过程中总是或多或少地存在一定的问题，S市在初次执行"县管校聘"政策时也出现了一定的偏差，政策预期并未完全实现。实证研究的主要结论如下：

第一，从政策执行成效看，S市教师队伍供求数量矛盾显著缓解，初步实现了城乡学校之间教师队伍的数量均衡；教师队伍的学科结构矛盾有所缓解，教师队伍的学科专业更加对口，尤其是音体美教师；教师队伍活力得到激发，缓解了教师的职业倦怠，提高了教师的竞争意识；政策目标群体对"县管校聘"政策的整体满意度较高。

第二，从政策执行结果偏差看，S市在执行"县管校聘"政策后仍存在城乡师资配置不均衡的情况，县城高层次学历、高职称教师占比显著更高；临聘/公办教师同工不同酬，尽管临聘教师的工资待遇有所提高，但仍不到公办教师工资待遇的一半；跨城乡、跨学段、跨学科流动教师工作适应不良，对政策的满意度更低。

第三，从执行行为看，在强大的执行压力下，S市"县管校聘"政策执行者在政策执行过程中采取了目标一致、策略各异的行动，建构出一种"稳健式执行"的总体行动逻辑。而由于缺乏合适的利益补偿与激励机制，政策目标群体的差异化行为产生了一定的"反作用力"：S市的教师群体达成了一种默契和共识——进城是农村骨干教师的事，下乡是县城中老年教师与能力薄弱教师的事，而留校是大多数教师或主动或保守的行为选择。

第四，从政策执行问题的成因看，S市的"县管校聘"政策文本以及政策环境存在一定的缺陷与不足。从政策文本看，政策目标在优先性、一致性、准确性等方面存在一定的模糊性，政策手段在考核评价标准、流动规则等方面存在一定的不合理之处。从政策环境看，有限的地方财政能力、城乡地理跨度大、重视家庭的传统文化制约与影响了政策执行者与政策目标群体；而编制资源供给不充足，配套政策不完善，直接制约了"县管校聘"政策的执行。

综上，从初次执行的角度看，S市执行"县管校聘"政策的结果无疑是成功的。当然，不能忽视的是，由于缺乏成熟的政策经验，加之受到S市地方财政能力、政策制定者政策素养等多方因素影响，其政策设计存在一定不合理之处，而教师个体自发的逐利性行为诱发了政策执行结果的偏差。究其原因，编制平衡与师资均衡两大相互冲突的政策目标、不恰当的激励是引发政策执行偏差的深层原因，也是未来推动"县管校聘"政策必须解决的首要问题。

有鉴于此，本研究从以下几方面提出相应的政策建议：第一，修订政策相关文本，完善相关制度设计，为政策执行者提供科学、合理、明确的政策目标与手段；第二，转变政策执行模式，完善利益表达机制，吸纳教师、校长、家长、专家等不同利益主体参与政策执行过程；第三，建立健全监督机制，完善配套政策，优化"县管校聘"政策执行环境；第四，构建合适的利益协调机制，实现激励相容，确保不同行动者追求个体利益的行为与公共利益最大化的目标相符。

目 录

第一章 绪论 …………………………………………………… 1
　第一节 研究背景 …………………………………………… 1
　　一、社会经济发展 ………………………………………… 3
　　二、义务教育均衡发展 …………………………………… 6
　　三、教师交流政策演变 …………………………………… 10
　第二节 研究目的与意义 …………………………………… 16
　　一、研究目的 ……………………………………………… 16
　　二、研究意义 ……………………………………………… 17
　第三节 核心概念界定 ……………………………………… 18
　　一、义务教育 ……………………………………………… 18
　　二、"县管校聘" …………………………………………… 19
　　三、政策执行 ……………………………………………… 21
　第四节 文献综述 …………………………………………… 23
　　一、"县管校聘"政策研究 ………………………………… 23
　　二、教师轮岗交流政策研究 ……………………………… 26
　　三、政策执行研究 ………………………………………… 35
　　四、研究评述 ……………………………………………… 50

第二章　研究设计 ……………………………………… 53
第一节　研究问题 ………………………………………… 53
第二节　研究方法 ………………………………………… 55
　　一、研究范式 ……………………………………………… 56
　　二、具体方法 ……………………………………………… 60
第三节　资料来源 ………………………………………… 62
　　一、数据来源 ……………………………………………… 62
　　二、个案选择 ……………………………………………… 62
　　三、个案介绍 ……………………………………………… 65
第四节　抽样与样本 ……………………………………… 69
　　一、抽样说明 ……………………………………………… 69
　　二、样本描述 ……………………………………………… 71
第五节　研究框架 ………………………………………… 74

第三章　S 市"县管校聘"政策执行环境研究 ………… 77
第一节　S 市"县管校聘"政策执行环境分析 …………… 78
　　一、宏观环境影响 ………………………………………… 78
　　二、中观环境影响 ………………………………………… 85
　　三、微观环境影响 ………………………………………… 87
第二节　S 市"县管校聘"政策执行文本分析 …………… 97
　　一、政策文本内容 ………………………………………… 97
　　二、政策执行流程 ………………………………………… 105
　　三、政策文本问题 ………………………………………… 110
第三节　本章小结与讨论 ………………………………… 118
　　一、小结 …………………………………………………… 118
　　二、讨论 …………………………………………………… 119

第四章　S市"县管校聘"政策执行行为研究 …… 124

第一节　政策执行者的行动逻辑 …… 126
一、市教育局的行动逻辑 …… 126
二、县教育局的行动逻辑 …… 128
三、学校的行动逻辑 …… 135

第二节　政策目标群体的行动逻辑 …… 145
一、"校聘"前的行动舞台 …… 145
二、"校聘"中教师的行动策略 …… 148
三、"校聘"后教师的差异化行为 …… 156

第三节　本章小结与讨论 …… 165
一、小结 …… 166
二、讨论 …… 167

第五章　S市"县管校聘"政策执行结果研究 …… 171

第一节　"县管校聘"政策执行成效 …… 171
一、教师队伍供求数量矛盾显著改善 …… 171
二、教师队伍供求学科结构矛盾有所缓解 …… 174
三、教师队伍活力得到激发 …… 179
四、目标群体政策满意度高 …… 184

第二节　"县管校聘"政策执行问题 …… 187
一、城乡教师资源配置不均衡 …… 187
二、临聘/公办教师同工不同酬 …… 193
三、特殊教师群体工作适应不良 …… 196

第三节　本章小结与讨论 …… 198
一、小结 …… 198
二、讨论 …… 200

第六章　研究结论与对策建议 …………………………………… 202
　第一节　研究结论与讨论 ………………………………………… 202
　　一、研究结论 …………………………………………………… 202
　　二、讨论 ………………………………………………………… 204
　第二节　对策建议 ………………………………………………… 212
　　一、修订相关政策文本，完善流动制度体系 ………………… 212
　　二、转变政策执行模式，完善利益表达机制 ………………… 216
　　三、建立健全监督机制，优化政策执行环境 ………………… 218
　　四、构建利益协调机制，实现激励相容目标 ………………… 220

参考文献 ……………………………………………………………… 224

附录 …………………………………………………………………… 243

第一章 绪 论

第一节 研究背景

百年大计，教育为本；教育大计，教师为本。教师是立教之本、兴教之源，是决定教育质量的第一要素，甚至能够在一定程度上弥补设施设备等硬件资源的不足。党的十八大以来，以习近平同志为核心的党中央坚持将教师作为教育事业发展的核心，多次在考察、讲话、批示中表达了对教师职业的尊敬和认可，相继出台了《乡村教师支持计划（2015—2020年）》《关于全面深化新时代教师队伍建设改革的意见》等政策文件，对中国教师队伍建设产生了深远影响。尽管如此，当前中国义务教育发展仍面临很多师资方面的制约和挑战，如教师职业吸引力不足，教师专业发展水平有待提高，城乡师资力量存在差异，教师准入、招聘、交流、退出等管理机制不够完善等。如何加强教师队伍建设，推动义务教育优质均衡发展，是新时代中国迈向教育强国和教育现代化的关键议题。

教育系统是社会大系统中的一分子，中国经济社会发展的转型深刻地影响着教育事业的变迁。1978年，中国正式实施改革开放政策，由计划经济体制向市场经济体制转轨，城乡二元户籍制度松动，户口可以在城乡、城市间迁移，人口开始在地区间流动。由于自然环境、资源禀赋、产业结构以及国家政策的差异，不同地区的经济社会发展水平差异日益明显，户籍所捆绑的社会福利及相关利益激励着地区间人口的流动。与此同时，教育领域内的"重点校"政策使得地方政府将有限的优质教育资源向"重点校""名牌校""示范校"倾斜，学校与学校之间吸引力的差异也随之凸显。"孔雀东南飞"，进城、进优质校任教成为当时教师流动的主要方向，加剧了区域、城乡、校际师资力量的差异和义务教育的不均衡发展。

随着经济发展和社会进步，社会公平问题逐渐成为人们关注的焦点，尤其是教育公平问题。21世纪初，为保障适龄儿童平等的受教育权，缩小城乡、区域、校际义务教育发展差距，义务教育均衡发展首次被写入国家政策文件，并成为义务教育领域新的热点词。消除发展差距，实现教育公平是义务教育均衡发展战略的核心价值。但教育均衡发展并不能一蹴而就，需要长期分阶段逐步实现，由初级均衡逐步迈向优质均衡。经过长期努力和持续投入，我国义务教育发展的主要矛盾转变为人民日益增长的优质教育需要和教育发展不平衡不充分之间的矛盾——人们追求更公平的、更高质量的义务教育，义务教育均衡发展也由基本均衡迈向优质均衡的新阶段，师资均衡配置成为新时代义务教育优质均衡发展的重要抓手。

中国政府长期关注教师流动和师资均衡配置问题，相关政策最早可以追溯至20世纪90年代。为了扭转改革开放初期教师自主性流动的无序状态，促进县域内城乡、校际教师资源均衡配置，中国政府在1996年发布的《关于"九五"期间加强中小学教师队伍建设的意见》中首次提出"教师定期交流"的概念，明确鼓励教师从城市到农村、从强校到薄弱学校任教。然而，在城乡二元社会背景下，在缺乏足够激励时，作为理性个体的教师参与交流的积极性不高，鲜有人主动选择从城市到农村、从强校到薄弱校任教，政策执行的效果欠佳。教师交流政策的发展历程可以分为以软激励为导向的初创阶段、人走关系不动的轮岗交流阶段和人走关系动的"县管校聘"阶段。当前中国教师交流政策正在由轮岗交流阶段全面步入"县管校聘"阶段。

第一章 绪 论

"县管校聘"一词最早出现于2014年教育部、财政部、人力资源社会保障部三部门颁发的《关于推进县（区）域内义务教育学校校长教师交流轮岗的意见》这一文件中，该文件要求各地全面推进义务教育教师队伍"县管校聘"管理改革。从2014年至今，全国各地已经开展了丰富多元的实践探索，不同地方"县管校聘"政策的实践模式也各不相同。随着各地"县管校聘"政策实践经验的累积，全面推动"县管校聘"改革的呼声也越来越高。2020年1月，中共中央、国务院印发的《关于抓好"三农"领域重点工作确保如期实现全面小康的意见》再次明确提出要"全面推进义务教育阶段教师'县管校聘'"；2022年3月，《教育部教师工作司2022年工作要点》再次强调"科学推进义务教育教师'县管校聘'管理改革"。何谓科学？如何科学推进？如何评判科学与否？上述问题的回答有赖于更多的学术研究。本书从政策执行研究视角切入，以广东省S市为个案开展"县管校聘"政策执行研究，发现政策执行的问题，分析影响政策执行结果的关键性因素，提出有针对性的对策建议，对"县管校聘"政策的完善以及教师队伍建设有重大现实意义。

一、社会经济发展

改革开放至今，中国经济发展已从高速发展步入中高速发展的"新常态"阶段，经济增长转型对人才培养质量提出了更高要求，加剧了义务教育供求的质量矛盾；城镇化发展带来了区域、城乡间人口的大规模流动，日益挑战着属地化的义务教育管理体制，加剧了义务教育供求的结构矛盾；而计划生育政策的调整和全面三孩政策的实施，加大了未来适龄儿童对义务教育学位的需求，也在一定程度上加剧了义务教育供求的数量矛盾。经济社会发展转型对中国义务教育发展提出了新的挑战，义务教育供求矛盾问题愈加凸显。

第一，中国经济发展步入"新常态"。1952年至2021年末，中国GDP总量从679亿元增长至114.36万亿元，跃居世界第二（见图1-1）。自2011年开始，中国GDP增速放缓，由高速增长转为中高速增长，中国经济进入 L 型增长阶段,经济发展步入"新常态"。2020 年,突如其来的新冠疫情打破了人们惯常的生活、工作节奏,在"人民至上、生命至上"的理念下,中国政府采取了一系列严格的封控措施以切断新冠病毒的传染链,保障了中国人民的生命健康,但也对中国经济发展产生了一定的消极影响。据统计,2020 年中国 GDP 比上年增长 2.2%,增长速度大幅放缓。

面临纷繁复杂的国内国际形势,中国经济发展急需注入新的动力,产业结构的转型与升级已迫在眉睫。根据国家统计局数据整理可得,2021 年末,中国第一、二、三产业增加值占比分别为 7.26%、39.43%、53.31%,三大产业就业人口占比分别约为 22.87%、29.08% 和 48.05%,其中第一产业就业人口占比(22.87%)仍大幅高于第一产业增加值占 GDP 比重(7.26%),第一产业就业人口仍将持续向第二、三产业转移。促进经济复苏、推动产业结构转型,提高经济增长速度都对新时代劳动力质量提出更高要求,教育事业发展亟须适应新时代对人才培养质量的新要求。

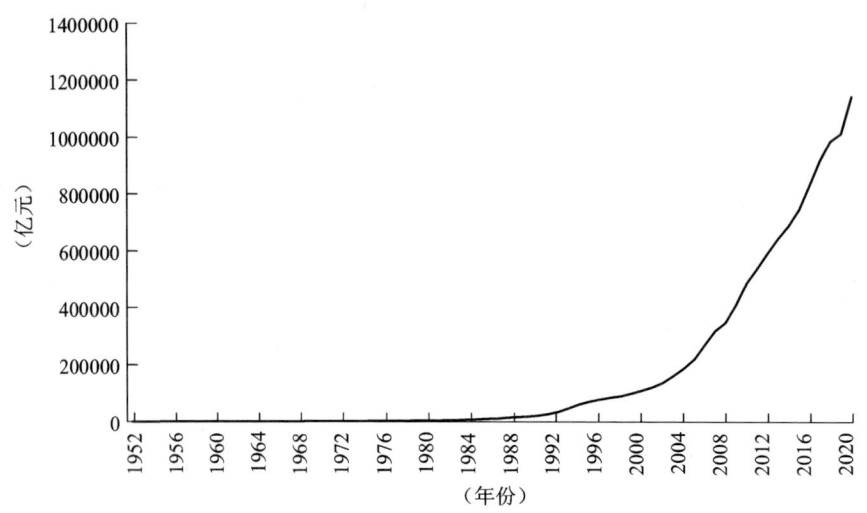

图 1-1　中国历年国内生产总值(1952—2020 年)

(资料来源:国家统计局)

第二，城镇化对属地化的教育管理体制提出新挑战。伴随着中国经济社会发展，产业结构转型与城镇化深度推进，大量人口不断从农村向城市流动，城镇化率逐年提高。城镇化是农业人口、农业地域、农业活动转化为非农业人口、非农业地域和非农业活动的历史过程。据统计，1949年中国城镇化率为10.64%，而2021年中国城镇化率达64.72%，城市人口年平均增长约0.75个百分点（见图1-2）。受制于城乡二元户籍制度，中国城镇化进程中产生了大规模人户分离的流动人口。第七次人口普查数据显示，2020年末，中国城镇常住人口9.02亿人，其中城镇户籍人口有5.26亿人，流动人口有3.76亿人。与传统原子式的个体迁移不同，家庭化迁移已成为当前人口流动的主要特征。在全国流动人口中，流动人口子女数量达1.3亿人，超过中国儿童总数的40%。

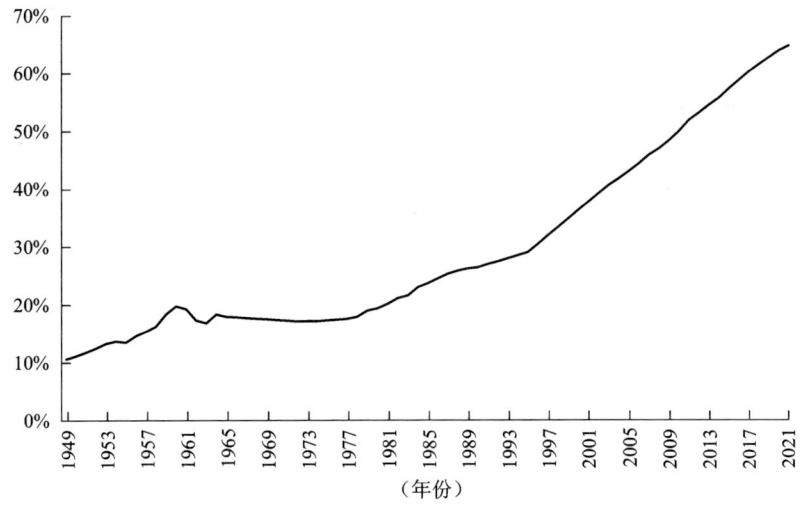

图1-2　中国城镇化率（1949—2021年）

（资料来源：国家统计局）

人口的大规模流动极大地挑战着属地化的教育管理体制，随迁子女与留守儿童的教育问题日益受到社会各界的关注与讨论。正如有学者所说，城镇化不是简单的人口比例增加和城市面积扩张，更关键的是实现产业结构、就业方式、人居环境、社会保障等方面由"乡"到"城"的重要转变①。随迁子女是否能享受和城市儿童同等的受教育权利成为制约城镇化发展的重要因素。对此，2022年《政府工作报告》再次提出："推动义务教育优质均衡发展和城乡一体化，依据常住人口规模配置教育资源，保障适龄儿童就近入学，解决好进城务工人员子女就学问题。"可见，人口的大规模流动带来了适龄儿童教育需求空间分布的重新调整，挑战了以户籍为载体的义务教育资源配置制度和属地化的基础教育管理体制。

第三，生育政策调整加剧义务教育供求矛盾。在长期严格执行计划生育政策的影响下，中国社会开始出现老龄化、低生育率、劳动力供给不足及出生性别失衡等人口问题。为应对上述人口问题，中国政府积极调整生育政策，由计划生育政策迅速向单独二孩、全面二孩、全面三孩政策转变。根据国家统计局数据显示，我国出生人口有且仅有在计划生育政策放开后的第一年有短暂的上涨，此后出生人口逐年下降，由2016年的1786万降低到2021年的1062万。可见，中国政府生育政策的调整并未导致新生儿数量出现"报复性"反弹。无论全面三孩政策的实施是否会带来新生儿总量的报复性反弹，中国人口的变动趋势势必会影响未来在校生规模及其分布的变化，进而对学位供给、教师、经费等教育资源配置产生影响。在此背景下，如何保证每一个适龄儿童的受教育权利，让每一个儿童都享有公平而有质量的教育显得尤为重要。

二、义务教育均衡发展

城乡二元结构是中国的基本国情。在新中国成立初期，为了稳定社会秩序和推动国家工业化战略，政府实施统购统销政策和城乡分割的户籍制度，建构了城市支配和剥夺农村但又严重依赖农村的城乡关系格局②。在这种二元经济结构的长期影响下，中国二元社会结构相继形成，

---

① 雷万鹏,徐璐.城镇化背景下农民工子女就学地选择意愿及其影响因素研究[J].华中师范大学学报(人文社会科学版),2016(6):150-158.
② 陆学艺.当代中国社会结构[M].北京:社会科学文献出版社,2010:258.

城乡在政治、经济、文化、教育等各个方面的差距逐渐拉大①。

城乡教育二元结构加剧教育不公平。已有研究发现,中国城乡教育二元结构主要表现在城乡教育差距以及"教育的半郊区化"。从城乡教育差距看,受到多方面因素的影响,城市成为优质教育资源的聚集地,农村学校在师资水平、教育质量等方面与城市学校存在不小的差距②;从城市内部看,由于土地城镇化的速度远远快于教育发展的速度,城市的中心区教育质量高于近郊区,近效区又高于远郊区③。随着社会经济的发展、教育规模的扩展和教育机会的增长,城乡教育的差距并没有缩小,反而有所扩大④。

为保障适龄儿童平等的受教育权,促进城乡、区域、校际义务教育的均衡发展,中国政府出台了一系列促进义务教育均衡发展的政策,在教育经费投入、学校标准化建设、教师队伍建设等方面采取一系列保障措施。2001年,《全国教育事业第十个五年计划》首次在国家政策文件中提出教育事业"均衡发展"。2005年,第一部关于义务教育均衡发展的专门政策《关于进一步推进义务教育均衡发展的若干意见》正式颁布,标志着均衡发展成为中国义务教育改革和发展的中心任务。2006年,《中华人民共和国义务教育法》从法律层面正式将义务教育均衡发展确定为政府的法定义务。2010年,《国家中长期教育改革和发展规划纲要(2010—2020年)》将义务教育均衡发展确定为中国义务教育中长期发展的战略性任务。为深入贯彻落实义务教育均衡发展目标,2012年,教育部颁布《县域义务教育均衡发展督导评估暂行办法》,正式开展义务教育发展基本均衡县(市、区)的评估认定工作。经过8年的长期投入和不懈努力,全国31个省(自治区、直辖市)和新疆生产建设兵团的2895个县都实现了县域义务教育基本均衡发展,中国义务教育均衡发展

---

① 刘豪兴.农村社会学[M].北京:中国人民大学出版社,2008:466-467.
② 褚宏启.城乡教育一体化:体系重构与制度创新:中国教育二元结构及其破解[J].教育研究,2009(11):3-10.
③ 邬志辉.城乡教育一体化:问题形态与制度突破[J].教育研究,2012(8):19-24.
④ 李春玲.中国社会分层与流动研究70年[J].社会学研究,2019(6):27-40.

已实现基本均衡的战略目标。

随着教育经费、办学条件等均衡目标的逐步实现，以师资均衡配置为核心的均衡目标逐渐成为义务教育优质均衡发展的重要着力点。2019年，中共中央、国务院印发的《关于深化教育教学改革全面提高义务教育质量的意见》首次提出要促进县域义务教育从基本均衡向优质均衡发展的战略目标，义务教育优质均衡发展开始成为新时代义务教育发展的新目标；2021年，教育部颁布的《关于开展县域义务教育优质均衡创建工作的通知》明确要求经过3到5年的努力，在各省（自治区、直辖市）创建一批率先实现义务教育优质均衡发展的县（市、区），为到2035年全面实现义务教育优质均衡发展奠定坚实基础；2022年，国务院在《政府工作报告》中再次提出推动义务教育优质均衡发展和城乡一体化，以促进教育公平和质量提升。在义务教育优质均衡发展的新阶段，师资均衡配置成为义务教育优质均衡发展的着力点（见表1-1）。

表1-1 中国义务教育均衡发展政策回顾

年份	颁布单位	政策文本	政策内容
1997	国家教委	《关于进一步推进城市教育综合改革的若干意见》	首次提出促进义务教育学校均衡化发展
2001	教育部	《全国教育事业第十个五年计划》	首次提出教育事业"均衡发展"的概念
2002	教育部	《关于加强基础教育办学管理若干问题的通知》	明确提出积极推进义务教育阶段学校均衡发展
2005	教育部	《关于进一步推进义务教育均衡发展的若干意见》	第一次专门提出促进教育均衡发展的政策
2006	全国人大	《中华人民共和国义务教育法》	均衡化战略被正式写入义务教育法，以法律形式确立

续表

年份	颁布单位	政策文本	政策内容
2010	中共中央	《国家中长期教育改革和发展规划纲要(2010—2020年)》	将推进义务教育均衡发展作为国家义务教育中长期发展战略任务
2010	国务院	《关于深入推进义务教育均衡发展的意见》	明确义务教育均衡发展目标任务
2012	教育部	《县域义务教育均衡发展督导评估暂行办法》	开展义务教育发展基本均衡县的评估认定工作
2016	国务院	《关于统筹推进县域内城乡义务教育一体化改革发展的若干意见》	明确到2020年,"县域义务教育均衡发展和城乡基本公共教育服务均等化基本实现"的目标
2019	中共中央 国务院	《中国教育现代化2035》	提升义务教育均等化水平,建立学校标准化建设长效机制,推进城乡义务教育均衡发展
2019	中共中央 国务院	《关于深化教育教学改革全面提高义务教育质量的意见》	促进县域义务教育从基本均衡向优质均衡发展
2020	中共中央	《关于制定国民经济和社会发展第十四个五年规划和二〇三五年远景目标的建议》	坚持教育公益性原则,深化教育改革,促进教育公平,推动义务教育均衡发展和城乡一体化
2021	教育部	《关于开展县域义务教育优质均衡创建工作的通知》	经过3到5年的努力,在各省(自治区、直辖市)创建一批率先实现义务教育优质均衡发展的县(市、区)
2022	国务院	《政府工作报告》	推动义务教育优质均衡发展和城乡一体化

教师是决定教育质量的第一要素,教师队伍建设对义务教育优质均衡发展具有重要意义。然而,受到以往教师编制管理制度,县级教育主

管部门的行政管理职责、力量及权力的约束①，中国义务教育教师形成了教师"校籍"管理状态②。教师"校籍"管理对中国义务教育教师队伍建设产生一定的负面影响。其一，伴随着城镇化发展和二孩政策的推进，相较于 21 世纪初，城乡适龄儿童的分布发生了一定转变。与学生的自由流动不同，教师是相对固定、不能自由流动的，进而形成了当时农村学校教师"总量超编，结构性缺编"与县城学校教师"整体缺编"的编制供求不均衡问题。其二，"校籍管理"的"单位所有制"也约束了教师轮岗交流的意愿，不利于义务教育师资的均衡配置，约束义务教育的优质均衡和公平发展。其三，受计划经济体制和事业单位人事管理制度的影响，以往教师聘任制在实施过程中往往流于形式，教师队伍缺乏一定的竞争与退出机制，教师职业仍属于"铁饭碗"，在一定程度上制约与限制了教师队伍的活力③。在此背景下，中国政府于 2014 年提出要推进义务教育教师"县管校聘"改革，试图通过"县管校聘"改革解决教师管理中面临的诸多困境，加强县域教师队伍建设，并以此推进县域内城乡义务教育优质均衡发展。

三、教师交流政策演变

自 1978 年改革开放后，受到城乡二元结构、重点校战略等因素的影响，不同区域、城乡、校际教师岗位的福利待遇、工作环境及其吸引力存在一定差异。基于个体的理性选择，中国教师流动呈现出明显"自下而上"的单向流动特征④，优质师资进一步集聚，城乡间、学校间教师资源配置不均衡问题日益突出，不利于中国义务教育的均衡发展。为改

---

① 朱小蔓,李敏."以县为主"农村义务教育管理体制下的教师专业管理[J].教育发展研究,2008(2):39-43.

② "校籍"管理与"无校籍管理"相对应,它并非一种具体的制度安排,而是一种管理理念。"校籍"管理是指在教师编制管理制度的机构性、终身性等属性的影响下,教师是属于某一学校、由学校管理的人。

③ 李茂森."县管校聘"实施方案研究与再思考:基于浙、皖、粤、鲁、闽等 5 省"县管校聘"改革实施意见的内容分析[J].教育发展研究,2019(2):67-72.

④ 自下而上的单向流动特征是指优质师资由薄弱学校流向重点学校,由农村学校流向城市学校,由欠发达地区流向发达地区。

善教师的"逆序流动",推动义务教育师资均衡配置,从20世纪末21世纪初开始,中国政府积极探索与实施教师交流政策①,以推动教师的政策性流动,试图强制推进城镇优秀教师向农村学校、薄弱学校流动。由此,本书对中央政府出台的教师流动政策文本进行了梳理与分析,明确不同阶段的分类与特征。

(一) 以软激励为导向的初创阶段(1993—2005年)

在政策文本中"教师交流"一词最早出现在1993年的《中国教育改革和发展纲要》,该政策明确提出了加强高校教师交流,但其范围仅限定在高等教育,未涉及义务教育。1996年,教师交流政策对象首次从高等教育教师扩大至中小学教师,《关于"九五"期间加强中小学教师队伍建设的意见》首次提出推进中小学教师的定期交流,鼓励教师"从城市到农村,从强校到薄弱学校任教",义务教育教师交流政策正式启动。

为增强农村学校、薄弱学校工作岗位的吸引力,吸引与激发更多的城镇优秀教师参与交流,支援与推动农村学校、薄弱学校的优质发展,中共中央、国务院尝试将农村学校、薄弱学校的任教经历作为职称晋升的前置条件。只要义务教育教师想评聘高级职称,他就必须要在农村学校或薄弱学校工作1年及以上。2003年,《关于进一步加强农村教育工作的决定》中首次提出教师定期交流制度:"积极引导鼓励教师和其他具备教师资格的人员到乡村中小学任教……建立区域内城乡'校对校'教师定期交流制度"。在国家的倡导下,全国各地纷纷展开形式多样的教师定期交流,探索了丰富的教师交流政策经验,如骨干巡回授课、农村学校任教服务期等。在总结各地经验的基础上,2005年教育部出台了《关于进一步推进义务教育均衡发展的若干意见》,其中明确要求推进区域内骨干教师巡回授课、城镇教师到农村学校任教服务期等制度,以此强化教师向农村缺编学校的流动。

---

① 在本书中,研究者用教师流动政策统括中国的教师流动相关政策,包括教师轮岗交流政策与"县管校聘"政策等。

可见，这一时期的教师流动政策话语的典型特征是引导和鼓励，通过一定的激励措施、制度化手段引导城镇教师到农村学校、薄弱学校交流，这一特征也在一定程度上制约着相关政策的执行效果。

（二）人走关系不动的轮岗交流阶段（2006—2014年）

为提高教师流动政策效果，促进县域内城乡、校际师资的均衡配置，中国政府逐渐采取强制性措施对教师交流加以明确规定，强制推动城乡、学校之间的教师交流。2006年，《中华人民共和国义务教育法》正式明确执行教师交流政策的责任主体，县级教育行政部门负责县域内教师流动工作。2010年，《国家中长期教育改革和发展规划纲要（2010—2020年）》着重强调建立教师流动机制的总体要求和方向，促进义务教育师资均衡发展。经过近20年的实践探索，中国政府在教师流动政策方面积累了丰富的政策经验，探索了定期交流、对口支援、集团化办学、联校走教等多种交流模式。2014年，教育部等多部门联合颁布了第一部关于校长教师交流轮岗的政策文件——《关于推进县（区）域内义务教育学校校长教师交流轮岗的意见》[①]，从工作目标、人员范围、方式方法、激励保障、责任主体等六方面对校长教师交流轮岗做了详细的说明，并明确规定在同一所学校连续任教达到一定年限的专任教师均应参与交流轮岗，教师交流的强制性属性得以大大增强。

然而，不同于经费、设施设备等物质资源的配置，教师资源的均衡配置面临更多、更大的困难。教师交流轮岗牵涉编制、管理、考核等不同内容，事关教育、编制、人社、财政等多个部门，涉及校长、教师、学生和家庭等多元利益主体。在这一复杂的政策网络中，基层官员执行教师交流轮岗政策面临诸多困境，即使通过行政手段、命令等方式让教师强制交流到另一所学校，教师也可能在流入校使用迟到、早退等行动策略进行抵抗[②]，导致轮岗交流政策效果不佳，对促进农村学校、薄弱学校等流入校发展的作用有限。对此，义务教育教师"县管校聘"改革

---

① 下文简称为《交流轮岗政策》。
② 李先军.城乡教师交流轮岗政策的失真与对策[J].教育科学研究,2019(2):82-86.

在《交流轮岗政策》中首次被提出,标志着中国教师流动政策进入新阶段。

(三)关系随人走的"县管校聘"阶段(2014年至今)

自2014年"县管校聘"改革提出以来,为加快落实"县管校聘"政策,积累政策经验,以及降低政策执行的风险,教育部先后于2015年、2017年公布了两批义务教育教师队伍"县管校聘"管理改革示范区名单,由内地(大陆)各省、直辖市及自治区根据地方实际情况执行"县管校聘"政策。根据两批示范区名单可以发现,除山西、辽宁、海南、青海、宁夏、天津等省(自治区、直辖市)外,其余省(自治区、直辖市)均参与改革[①]。随着各地"县管校聘"改革的推进与政策经验的积累,当前已有七个省[②]出台了专门的省级政策文件,拟从省级层面全面推进义务教育教师队伍"县管校聘"管理改革。

与此同时,中国中央政府对"县管校聘"改革的重视程度也在不断提高。从表1-2可以看出,自2014—2022年间,几乎每年或每隔1年,中国中央政府会出台一项与教育相关的政策,其中均会提到要全面推进义务教育教师"县管校聘"改革,政策的颁布层级也在逐渐提高,由教育部到国务院再到中共中央、国务院。经过多年的试点改革,全国各地积累了丰富的"县管校聘"政策经验、做法与措施;2020年1月,《中共中央、国务院印发的《关于抓好"三农"领域重点工作确保如期实现全面小康的意见》再次提出全面推进义务教育阶段教师"县管校聘",有计划地安排县城学校教师到乡村支教;2021年,教育部在《关于开展县域义务教育优质均衡创建工作的通知》中提出全面深化"县管校聘"管理改革,科学有序地推进校长教师交流轮岗,实现校际师资均衡配置、教师队伍能力素质整体提升;2022年,教育部、中央宣传部、中央编办等八部门出台了《新时代基础教育强师计划》,该文件再次明确要深入推进县域内义务教育学校教师"县管校聘"管理改革。

---

① 此处不包括香港特别行政区、澳门特别行政区和台湾省。
② 这七个省分别是山西、浙江、安徽、福建、山东、广东、海南。

表 1-2 教师流动政策梳理

年份	颁布单位	政策文本名称	政策内容
1993	中共中央	《中国教育改革和发展纲要》	加强高校教师交流
1996	国家教育委员会	《关于"九五"期间加强中小学教师队伍建设的意见》	首次提出"教师定期交流"的概念，鼓励教师从城市到农村、从强校到薄弱学校任教
2002	教育部	《中小学教师队伍建设"十五"计划》	提出"建立教师交流制度"
2003	国务院	《关于进一步加强农村教育工作的决定》	"建立区域内城乡'校对校'教师定期交流制度"
2005	教育部	《关于进一步推进义务教育均衡发展的若干意见》	"建立区域内骨干教师巡回授课、紧缺专业教师流动教学、城镇教师到农村学校任教服务期等项制度"
2006	全国人大	《中华人民共和国义务教育法》	规定组织校长教师交流是县级教育行政部门的职责
2010	国家中长期教育改革和发展规划纲要工作小组办公室	《国家中长期教育改革和发展规划纲要（2010—2020年）》	提出"实行县（区）域内教师、校长交流制度"
2012	国务院	《关于加强教师队伍建设的意见》	提出"建立县（区）域内义务教育学校教师校长轮岗交流机制"
2014	教育部等	《关于推进县（区）域内义务教育学校校长教师交流轮岗的意见》	第一部关于校长教师交流轮岗的专门性政策文件，对交流轮岗做了详细的规定，并提出全面推进义务教育教师队伍"县管校聘"管理改革

续表

年份	颁布单位	政策文本名称	政策内容
2015	国务院	《乡村教师支持计划（2015—2020年）》	全面推进义务教育教师队伍"县管校聘"管理体制改革，为组织城市教师到乡村学校任教提供制度保障
2016	国务院	《关于统筹推进县域内城乡义务教育一体化改革发展的若干意见》	全面推进教师"县管校聘"改革，着力解决乡村教师结构性缺员和城镇师资不足问题
2018	中共中央 国务院	《关于全面深化新时代教师队伍建设改革的意见》	实行义务教育教师"县管校聘"，深入推进县域内义务教育学校教师校长交流轮岗，实行教师聘期制、校长任期制管理，推动城镇优秀教师和校长流向乡村学校、薄弱学校
2020	中共中央 国务院	《关于抓好"三农"领域重点工作确保如期实现全面小康的意见》	全面推进义务教育阶段教师"县管校聘"，有计划地安排县城学校教师到乡村支教
2021	教育部	《关于开展县域义务教育优质均衡创建工作的通知》	全面深化"县管校聘"管理改革，科学有序地推进校长教师交流轮岗
2022	教育部等八部门	《新时代基础教育强师计划》	深入推进县域内义务教育学校教师"县管校聘"管理改革

回顾教师交流政策的演变历程可以发现，教师交流政策在以下几方面发生变化：第一，政府对教师交流的态度逐渐由鼓励、引导向强制转变，从最初引导教师主动参与转变为强制教师参与交流；第二，教师流动形式从"人走关系不动"转变为"关系随人走"，"县管校聘"政策中教师编制、人事关系等可以随教师流动而调动；第三，教师流动方向从城镇教师单向支援农村学校、薄弱学校变为县域内城乡教师资源统筹调配；第四，教师流动政策的颁布层级不断提高，从教育部到国务院与中共中央，彰显了国家对教师流动政策重视程度的不断提高。在上述背景

下，立足发展公平而有质量的教育理念，深入探讨"县管校聘"政策执行问题及其优化路径，对于科学实施"县管校聘"政策、推进义务教育优质均衡发展和城乡一体化具有重要的理论价值和实践意义。

第二节　研究目的与意义

一、研究目的

自 2014 年"县管校聘"政策提出后，各地纷纷开展试点改革，积累了丰富的政策经验。但不同利益主体对"县管校聘"政策的评价存在较大差异。笔者在百度、微信等不同平台，以"县管校聘"政策为关键词进行搜索，对相关资料进行阅读、整理与分析发现，社会各界对"县管校聘"政策的评价褒贬不一。支持者普遍认为"县管校聘"政策产生了积极作用，促进了县域内教师队伍均衡配置；反对者则认为"县管校聘"政策执行可能会造成新的教育不公平，导致师资配置愈发不均衡，而教师评价的模糊性还会为寻租行为提供一定的空间。对此，以"县管校聘"为关键词在知网上进行检索发现，现有围绕"县管校聘"政策的研究文献并不多见，相应的实证研究数量较少，而从政策执行视角切入的研究更为稀少，在缺乏充足实证研究的基础上，在对"县管校聘"政策执行的真实状况不够了解时，国家全面推动义务教育教师"县管校聘"管理改革仍然存在一定的风险。

从理论上讲，"县管校聘"政策打破了以往教师管理的体制机制障碍，赋予了教师编制流动的可能性，解决了以往"人走关系不动"模式下轮岗交流教师的管理问题，也在一定程度激发了教师参与流动的意愿，对加强县域内教师队伍建设、推进县域内义务教育优质均衡发展有重要意义。然而，大量的政策执行研究表明，政策制定并不等于政策执行，而政策执行在很大程度上决定了政策的实质效果。因此，本书基于对广东省 S 市的调查研究，试图采用质性与量化相结合的混合研究范式，从政策执行环境、执行行为以及执行结果等方面客观翔实地研究 S 市"县管校聘"政策。通过开展"县管校聘"政策执行研究,揭开"县管校聘"政策执行的"黑箱",了解在具体情境中政策执行者与政策目标群体的行为与互动,发现政策执行中的问题,分析问题产生的原因,进而完善"县管校聘"政策。

二、研究意义

本研究从教育经济学、教育政策学的多维视野出发,利用S市10个县(市、区)的实证调查数据探讨"县管校聘"政策执行环境、行为与结果,发现政策执行过程中的问题,评估其对县域内教师队伍建设的真实影响,具有一定的理论与实践意义。

第一,本研究能够进一步丰富与充实教师流动政策研究。21世纪以来,县域内教师交流问题逐渐引起学者们的关注,学术界围绕轮岗交流教师流动意愿、政策效果以及政策执行的制约因素等方面展开了丰富的讨论。但是不同于教师轮岗交流政策,"县管校聘"政策具有一定的独特性,其改革内容涉及教师编制、岗位、招聘、交流、退出等方方面面。自"县管校聘"政策提出至今,学术界围绕"县管校聘"政策的实证研究仍相对较少,据笔者所知,尚未有实证研究专门从政策执行视角研究与探讨"县管校聘"政策。本研究从政策文本、政策环境、基层政策执行者与政策目标群体几个角度切入开展"县管校聘"政策研究,评估政策执行结果,以加深对"县管校聘"政策执行过程的理解,弥补相应研究领域的空白。

第二,本研究有助于促进S市"县管校聘"政策的完善。本研究通过对S市10个县(市、区)的调查研究,发现政策执行中存在的问题,分析问题产生的原因,以纠正政策执行偏差,完善政策文本与制度设计,对加强S市教师队伍建设、促进县域内义务教育优质均衡发展、实现教育现代化、办人民满意的教育有着重大现实意义。

第三,本研究有助于为政府决策提供有效的信息,降低"县管校聘"政策执行的风险,探索有效的政策执行路径。本研究能够为全国同类型区域推动"县管校聘"政策提供有益借鉴,对其他地方政府执行

"县管校聘"政策起到一定的预警作用,预防与纠正政策执行过程中可能产生的问题,推动"县管校聘"政策的有效执行。同时,基于实证调查,本研究能够了解样本区域"县管校聘"政策执行中的利弊得失,从而为高层政府更有效地推行"县管校聘"政策提供有价值的信息,减少政策执行与推广的风险。

第三节 核心概念界定

一、义务教育

义务教育,又称为强迫教育、免费教育或普及义务教育,是国家用法律形式规定对一定年龄儿童免费实施的一定年份的学校教育[①]。当前已有诸多学者对义务教育作界定,对这一概念的内涵已基本达成共识,此处不再赘述。在中国,义务教育主要是指包括小学、初中在内的九年义务教育。

回顾新中国的发展历程,中国义务教育发展取得了辉煌的成就。据统计,新中国成立之初,中国文盲率超过80%。人力资本是21世纪经济社会发展的重要源泉,对此,1985年,《中共中央关于教育体制改革的决定》首次明确提出实行九年制义务教育,次年《中华人民共和国义务教育法》颁布,标志着中国义务教育进入了法制化阶段,开启了义务教育的新篇章。在当时"地方政府负责、分级管理"的教育管理体制下,地方政府通过教育集资、教育费附加等多种筹资形式筹集教育经费,有效地促进了中国义务教育的普及,但与此同时,也产生了人民群众教育负担重及教育乱收费等问题。1994年,分税制改革后,农村义务教育开始转向"以县为主"的教育管理体制。为进一步推进义务教育,中国政府先后实施了"一费制""两免一补""农村义务教育经费保障新机制"等政策,并于2008年起全面免除城市义务教育阶段学生学杂费。2011年,中国全面实现"两基"目标,完成全面普及九年义务教育的目标。随着

---

① 周德昌.简明教育辞典[M].广州:广东高等教育出版社,1992:162.

义务教育的全面普及和义务教育均衡发展战略的深入推进，社会各界逐渐有呼声强调义务教育应"向上向下"延伸，即将幼儿园或高中阶段纳入义务教育，拓展义务教育的年限。但是，自 1985 年首次提出义务教育以来，中国义务教育的法定年限始终是 9 年，目前延伸义务教育年限的条件尚未成熟。

需要说明的是，S 市的"县管校聘"政策对象包括基础教育各学段教师①，而本研究之所以沿用"义务教育"表述，理由有以下两方面：第一，国家层面出台的"县管校聘"政策文件中全部是以义务教育为表述对象，强调推进义务教育教师"县管校聘"改革；第二，尽管 S 市"县管校聘"市级政策文本将基础教育各学段教师均包含在政策对象之中，但从实际情况看，仅少数县（市、区）将高中与幼儿园教师真正纳入"县管校聘"改革中，义务教育段教师仍是 S 市"县管校聘"政策的主体。因此，整体上本研究仍然沿用"义务教育"的表述。

二、"县管校聘"

"县管校聘"作为一个新名词，最早出现在 2014 年教育部、财政部、人力资源和社会保障部《关于推进县（区）域内义务教育学校校长教师交流轮岗的意见》文本中，该文件将"县管校聘"分为两个部分：从县级层面，明确提出县级教育行政部门会同有关部门制定本县（区）域内教师岗位结构比例标准、公开招聘和聘用管理办法、培养培训计划、业绩考核和工资待遇方案，规范人事档案管理和退休管理服务；从校级层面，明确强调学校依法与教师签订聘用合同，负责教师的使用和日常管理。本研究中的"县管校聘"一词专门指这一政策。

这一名词实际上可以分解为"县管"和"校聘"两个词，它把教师管理活动分解为"县"和"校"两个层级，两者各司其职，负责教师管理的不同内容。回顾中国义务教育教师管理体制的变革历程发现，21 世纪以来中国县域内义务教育教师一直是由"县"和"校"共同管理的。

---

① 由于 S 市的"县管校聘"政策涉及跨学段编制的调整，即把高中、初中富余编制向小学、幼儿园调整，因此后文中会涉及高中、幼儿园等非义务教育段的相关数据与信息。

从这一层面看,"县管校聘"并非一个纯粹的新名词,更多的是对以往义务教育教师管理制度的进一步深化,是新时期"县管"和"校聘"内涵的进一步发展,其诞生与发展深深扎根于我国教育发展的"土壤"之中。

实际上,"以县为主"是新世纪中国义务教育管理体制的基本特征。1994年中央政府实施的分税制改革,导致乡镇政府的财权与事权严重不匹配,"以乡为主"的义务教育管理体制难以适应新需求。在此背景下,2001年,国务院明确提出进一步完善农村义务教育管理体制,实行在国务院领导下,由地方政府负责、分级管理、以县为主的体制;2006年6月,《中华人民共和国义务教育法》从法律层面明确了以县为主的义务教育管理体制,"以县为主"成为我国义务教育管理体制的基本状态。同时,该法律进一步规定义务教育教师的工资待遇、培养培训、轮岗交流、职务评聘等均归属于县级政府管理。其中,轮岗交流明确由县级人民政府教育行政部门负责。但是,受到正式制度对教师管理权力分工精细化、条块化的影响,县级教育行政部门有着根深蒂固的责任失衡和对其他部门的依赖性[1],县级教育行政部门在管理交流教师中面临一定的体制机制约束。

从"校聘"层面看,教师聘任制最早出现于1993年的《中华人民共和国教师法》。该法律规定学校要逐步实行教师聘任制,学校而非政府成为聘用教师的主体,教师与学校之间构成横向的聘用关系,并一直延续至今。然而,已有研究发现,以往的教师聘任制在实际操作过程中存在一定的问题,容易流于形式化[2],制度的预期效果并未完全实现。综上,21世纪以来,我国义务教育教师实行的就是县级政府管理、学校聘用的人事管理制度。

那么,与以往的教师管理体制相比,当前"县管校聘"政策的实践内涵究竟有哪些方面的不同呢?相对而言,"县管校聘"政策在"县管"和"校聘"两个层面的实践内涵上均有所变化。从"县管"层面看,该

---

[1] 付昌奎,邬志辉.教育扶贫政策执行何以偏差:基于政策执行系统模型的考量[J].教育与经济,2018(3):75-81.

[2] 罗爽.义务教育学校教师聘任制的制度反思及其重构[J].现代教育管理,2014(8):61-66.

政策进一步突出了县级教育行政部门在教师管理活动中的主体地位，要求教育部门会同有关部门共同制定管理的各项政策；从"校聘"层面看，学校依然要与教师签订聘用合同，在教师管理活动中承担一定的日常管理职责，同时该政策要求落实学校的用人自主权，依据一定的制度安排，学校有一定的权力决定聘用或不聘用教师。

三、政策执行

政策执行，在国内有时也被称为政策实施。《新华汉语词典》将执行定义为依照政策、法令、计划等去做；《当代汉语词典》则将执行解释为实施政策、法律、计划、命令、判决中规定的事项等。可见，执行与实施在内涵上有一定的相似之处，均是指将政策付诸实践的一种活动。在本书中，政策执行与政策实施的内涵基本等同，不作区分。

政策执行研究的奠基者普林斯曼和威尔达夫斯基（1973）对政策执行的概念做了一个形象的解释：执行即实现、成就、完成，被执行的就是政策，政策执行即将政策付诸实践。这一形象的解释表明了政策执行是一项将政策付诸实践、实现政策预期意图的过程。但是，当涉及具体定义时，不同学者根据研究侧重点的差异，对政策执行概念的界定仍有一定的差异。

从不同研究路径的差异看，自上而下的研究路径把政策执行看作是一个强制的、贯彻上级政策与命令的过程。如有国外学者认为，政策执行就是贯彻基本的政策决定，通常包括基本法令或法规的制定，政策执行组织制定相关政策，目标群体对相应政策的遵从等一系列过程[1]。国内学者则认为教育政策执行就是政策执行者依据教育政策文本，将教育政策内容转变为政策现实的过程[2]；还有学者认为政策执行广义上是指法律的执行，包括不同的行动者、组织、程序和技术一起协同作用，把被采纳的政策付诸实施，努力实现政策或项目的目标[3]。

---

[1] MAZMANIAN D A, SABATIER P A. Implementation and public policy [M]. Glenview, Ill: Scott, Foresman, 1983: 20-21.
[2] 袁振国.教育政策学[M].南京:江苏教育出版社,1996:179.
[3] 张昕,李泉.公共政策执行[M].北京:科学出版社,2019:2.

而自下而上或整合型的研究路径把政策执行看作是一个互动的过程。如政策执行是确定政策目标和政策执行者为实现政策目标所采取的一系列行动之间的一种互动过程；有学者则将政策执行进一步界定为具有不同目标、利益和资源的多个行动者在政策网络结构中互动博弈，并形成一定执行结果的过程①。

还有学者认为政策执行有广义与狭义之分。狭义的政策执行就是在既定条件下，某些组织与个人将一项政策付诸实践的具体过程②。而广义的政策执行是指在政府机构确定政策意图与预期目标后，以及在政策效果产生前所发生的所有活动③。类似地，有学者认为政策执行就是在政策预期目标确定与政策结果产生之间所发生的所有活动④。而国内学者认为广义的政策执行是一项政策转化为具体的落实、推行和实施等实践活动的全部过程，即一种由政策方案过渡到政策实践活动的动态行为过程⑤。

上述不同学者的概念界定侧重点各有差异，基本上都凸显了政策执行的动态性属性，即政策执行是一种将政策方案付诸实践的行为或活动。从自上而下的研究路径看，政策执行是一个贯彻上级政策的过程；从自下而上或整合型的研究路径看，政策执行是一个行动者进行互动，产生政策结果的过程。从广义的概念看，政策执行是指政策意图确定后直至政策结果产生前所发生的所有实践活动，可以包括解释、宣传、准备、实施与调整等一系列活动；从狭义上讲，政策执行主要指政策执行组织或个人具体实施政策的过程。综上，本研究认为政策执行就是在政策预期意图确定后与政策结果产生前所发生的所有活动，是政策执行者与政策目标群体围绕政策相互互动，直至产生政策结果的过程。

---

① BARRETT S M.Implementation studies: time for a revival? personal reflections on 20 years of implementation studies[J]. Public administration,2004,82(2):249-262.
② 张芳全.教育政策导论[M].台北:五南图书出版公司,2001:267.
③ O'TOOLE L J. Research on policy implementation: assessment and prospects[J]. Journal of public administration research and theory,2000,10(2):263-288.
④ DELEON P.The missing link revisited: contemporary implementation research [J].Policy studies review,1999,16(3/4), 311-338.
⑤ 孙绵涛.教育政策学[M].武汉:武汉工业大学出版社,1997:145.

第四节 文 献 综 述

现有关于"县管校聘"政策的研究成果非常少,笔者以"县管校聘"为主题词在知网上进行检索发现,相关文献不足10篇。通过对中国教师流动政策的梳理可以发现,"县管校聘"政策与教师轮岗交流政策存在一定的共性与差异。对此,根据研究议题的需要,笔者将研究文献的检索范围适当扩大,从"县管校聘"政策研究、教师轮岗交流政策研究、政策执行研究三方面对相关文献进行梳理。

一、"县管校聘"政策研究

由于当前"县管校聘"政策研究的文献数量较少,故笔者将文献的检索范围适当扩大,对"县管校聘"政策的相关研究进行了梳理与分析。

以往中国的教师事业单位编制是一种集编制、岗位和人员三位一体的用人体系,具有空间性、单位性、终身性等特征[①]。教师编制具有事业单位机构属性,即使教师人走了,编制也无法"随人走"。教师属于"学校人",由学校负责管理,不可轻易调动,也被形象地称为"校籍"管理体制。然而,有研究发现,现有义务教育教师编制供给不适应城镇化发展、全面二孩政策推进以及新课程改革对教师编制增长的需求,城镇学校和农村学校同时面临教师"总量性缺编"和"结构性缺编"的局面。尤其是随着城镇化的推进,农村学生可以通过跨区域流动大规模进城就学,但是在"校籍"管理体制的约束下,教师编制无法随着学生的流动而流动,进而导致当前农村学校"相对超编",而城镇学校"整体缺编"。此外,在"校籍"管理体制下,教师编制具有终身性的特点,即教师工作成为"铁饭碗",这也使得教师聘任制在实施过程中成为一

---

① 杨卫安,袁媛.义务教育教师编制"市域调剂"的障碍与改革思路[J].中国教育学刊,2019(8):35-38.

种形式①，限制了教师队伍的活力与竞争力。

在此背景下，为了完善教师管理体制，中国政府推动与探索义务教育教师"县管校聘"改革，将教师编制归属单位由学校提高至县级教育行政部门，变原来的"学校人"为"系统人"，推动教师"无校籍"管理改革。实际上，"无校籍"管理是关于教师编制管理的理念，而非具体的制度，具体的制度安排是由"县管校聘"政策制定与提出的。任何一项改革必然会面临一定的风险与问题，对风险的合理评估与预判有助于提前解决问题。有研究指出，当前"县管校聘"政策主要风险包括：改革内容涉及教师管理的不同职能部门，不同行政部门之间行政协调与合作困难没有引起足够的重视；过于强调行政机制，使用行政命令等强制手段推动教师交流，而忽视市场机制、公民责任机制、文化机制的作用；破坏了教师原有的工作生态，导致教师人力资源的浪费②。基于安徽省芜湖市弋江区的个案研究指出，"无校籍"管理改革可能伤害教师、家长、学生以及学校等多方的利益，进一步削弱专业权力，且不一定能提升教育质量③。上述研究提出的风险与问题在已有的实证研究中得到验证。一项基于广东省A县的调查发现，"县管校聘"政策执行过程中仍然存在县管职能部门多，不同行政部门之间的协调难，而学校校聘权力小，只负责执行政策，并没有权力参与"县管校聘"政策的制定过程④等问题。

实现教师从"单位人"到"系统人"的转变是实现县域内教师流动常态化、制度化的基本保障。对教师轮岗交流政策的研究发现，教师的"单位人"归属感在一定程度上制约了教师参与流动的意愿。当教师真正形成"系统人"身份认同后，在县域内学校间流动将不再是政策强加

---

① 朱益明.中小学教师人事制度改革：问题、思路与建议[J].教育发展研究,2005(17):66-70.
② 姜超,邬志辉."县管校聘"教师人事制度改革的政策前提与风险[J].四川师范大学学报(社会科学版),2015(6):57-62.
③ 辛治洋,朱家存.无校籍管理：价值诉求与政策审思：以安徽省芜湖市弋江区为个案[J].教育科学研究,2018(8):18-23.
④ 方征,谢辰."县管校聘"教师流动政策的实施困境与改进[J].教育发展研究,2016(8):72-76.

的任务或命令，而转变为教师自主选择岗位的应然状态，教师参与县域内学校流动的可行性就会大大提高。然而，实现教师从"单位人"到"系统人"的转变，不只是将教师编制的归属权上移至县级教育行政部门，更要将教师资源从单位所有制变为区域共有制，唯有秉持教育的公共性属性，才能突破"县管校聘"制度创新所带来的与现有制度的矛盾①。否则，即使推动"县管校聘"改革也只是使教师从某一所学校的人变为另一所学校的人，而不会形成"系统人"的身份认同。正如有调查发现，"县管校聘"政策实施后，跨校交流的教师归属感弱，表现为学校认同感低，人际关系淡漠，工作责任心弱化与奉献精神缺失。流动教师并没有形成"系统人"的归属感，也丢掉了"单位人"的归属感，反而成为"无根的草，飘零的花"，不知道自己下一个聘期将流向哪里②。

分析现有的省级"县管校聘"政策文本可以发现，"县管校聘"政策一般会包含编制、岗位、聘用、考核、退出、权益保障等方面的内容。在编制管理与岗位设置上，"县管校聘"政策均提出"总量控制、动态管理"的原则，要求在总量控制的基础上，教育部门应当根据实际情况统筹调配，实行动态调整；在聘用管理上，为改变以往教师聘任制流于形式化的问题，该项政策均要求落实学校用人自主权，由学校自主设定学校岗位竞聘方案，并签订聘用合同；在教师考核上，该项政策对教师考核评价的主体、标准、方式等方面作了一定的规定；在退出机制上，该项政策建立了校内调整岗位、学校解除聘用合同、退出教师队伍的逐级退出机制；在权益保障上，该项政策要求建立一定的权益保障机制，保障教师的知情权、监督权与申诉权等基本权利。对此，有学者基于对五省市政策文本的内容分析提出，教师专业技术人员的身份定位，学校用人自主权监督问责机制不明晰，不同部门教师管理服务的碎片化、分

---

① 操太圣,卢乃桂."县管校聘"模式下的轮岗教师管理审思[J].教育研究,2018(2):58-63.
② 李国强,袁舒雯,林耀."县管校聘"跨校交流教师归属感问题研究[J].教育发展研究,2019(2):78-84.

割化，农村教师职业吸引力不足等均可能导致"县管校聘"改革产生一定的问题①。

师资均衡和编制平衡是当前"县管校聘"政策文本中的两大主要目标，两者都依赖于教师的流动，却又存在一定的矛盾。关键的问题是：在农村学校教师整体上富余的背景下，究竟什么样的农村教师可以进城工作？农村优秀教师还是农村能力薄弱教师？优秀教师进城将不利于教育的均衡发展，而能力薄弱教师进城则可能形成不恰当的激励，使得"劣币"驱逐"优币"，对教育的长远发展不利。两者之间构成一定的内在矛盾与冲突，但在当前的政策文本中并没有引起政策制定者足够的重视，并在实践场域中引发了一定的非预期效应②。相关实证调查研究也发现，"县管校聘"政策执行绩效不佳，存在如下问题：相关教师权利未得到充分体现，职业吸引力下降；教育生态破坏，校际差距进一步拉大；教师归属感降低，专业发展受阻；行政协调难度大，配套措施不完善③；国家及地方政策体系不完善，执行机构的政策执行能力弱化，目标群体对政策认同度不高以及缺乏良好的政策执行环境等④。

二、教师轮岗交流政策研究

比较"县管校聘"与轮岗交流政策可以发现，两者的具体选拔方法有所不同，但都采用了一定的强制性措施让教师参与流动，由一所学校到另一所学校工作。梳理教师轮岗交流政策研究的文献能够为本研究的开展提供一定的信息与知识基础。

（一）教师交流意愿研究

教师参与交流的意愿高低关乎教师轮岗交流政策能否有效落实。

---

① 李茂森.“县管校聘”实施方案研究与再思考：基于浙、皖、粤、鲁、闽等5省“县管校聘”改革实施意见的内容分析[J].教育发展研究,2019(2):67-72.
② 朱家存,马兴.城乡教师编制管理：从无校籍走向一体化[J].教育研究与实验,2018(6):76-80.
③ 张文斌.阻滞与突破：“县管校聘”政策实施的困境与改进[J].教育学术月刊,2021(5):37-41.
④ 赵垣可,刘善槐.教师“县管校聘”政策执行的制约因素与路径选择：基于史密斯政策执行过程模型的分析[J].教育与经济,2022,38(2):53-61.

县域内教师交流意愿越高，县域内教师资源的流动愈加频繁，就更可能实现教师轮岗交流政策的预期效果。然而，当前中国教师交流政策执行仍采用强制措施，要求教师服从政策安排，导致政策目标群体的交流意愿、责任意识不强[1]。教师交流意愿的影响因素是当前开展教师轮岗交流意愿研究的关键所在，在明确教师交流意愿的影响因素后，有关政府部门可以采取有针对性的措施，以提高与促进教师参与交流的意愿。

经济激励、流动成本、工作环境以及家庭因素是影响教师参与交流的主要因素。从理性人假设看，理性的教师总是追求更高的工资收入、更好的工作环境以及更舒适的生活环境。已有研究发现，教师工作岗位的工资收入与教师流动意愿成反比，工资收入越高，教师的流动意愿就越低[2]。也就是说，当某些学校工作岗位的经济激励越高，就越能吸引到优秀教师去工作。一项基于 7 省市 278 所学校的实证研究发现，发放津补贴能够有效促进教师校际交流的意愿，而住房福利能够降低他们对津补贴的期望水平[3]。类似地，另一项研究采用选择实验方法，基于河南省三个县城镇教师的抽样调查数据估算发现，城镇教师期望参与交流轮岗的平均补助标准是 1.59 万元/年/人，采用职称类激励和荣誉类激励可以适度降低政策成本，但无法完全替代货币补助[4]。

直接的经济激励对吸引优秀教师到农村学校、薄弱学校工作有不可替代的作用，而教师流动产生的成本则在一定程度上限制了教师交流的意愿。大量研究发现，教师参与轮岗交流具有多种流动成本，如收入差距成本、流动直接成本、环境差异成本、心理成本等[5]。教师参与交流

---

[1] 张源源,刘善槐.县域内教师交流的机制梗阻与政策重建[J].中国教育学刊,2016(10):97-102.
[2] DOLTON P, KLAAUW W V D. Leaving teaching in the UK: a duration analysis[J]. Economic journal, 1995, 105(429):431-444.
[3] 黄斌,张琼文,云如先.货币性激励能提升中小学教师校际交流意愿吗?:基于 7 省市 278 所学校的调查数据[J].华东师范大学学报(教育科学版),2019(6):94-108.
[4] 全世文.教师交流轮岗制度的政策成本估算:基于对河南省城镇教师的调查[J].教育与经济,2018(5):73-81.
[5] 夏茂林,冯文全.定期轮换制度下流动教师利益补偿机制探讨[J].教师教育研究,2011(1):39-43.

面临不同学校工资待遇、福利的机会成本差异，产生通信费、交通费、搬迁费等直接成本，而不同学校之间的环境特征存在一定的差异，艰苦边远地区的经济地理环境对当地公共事业部门工作人员的职业效用产生了负面影响，需提供经济上的补偿才能弥补这种心理收益的损失①。然而，受到地方财政能力的限制，在实践场域中，教师交流轮岗政策配套的津补贴和住房福利等与教师期望还有较大差距，制约了教师参与交流的意愿②。

工作环境也是影响教师流动意愿的重要因素之一。当教师工资收入达到一定阈值后，其对教师流动的作用会有所衰竭，教师工作环境对教师流动的影响更加重要。已有研究发现，在控制薪水后，学校种族成分、低收入家庭学生比例、工作条件（大班级规模、设备问题、缺少教材）等因素仍会显著影响教师流动率③。除了硬件设施外，学校的软环境，如领导关系、同事关系、师生关系等也会影响教师流动的意愿。一项基于中国本土的大规模调查的数据分析发现，流入校的师生关系、师师关系以及民主氛围对教师交流意愿的影响最大，流入校越支持交流教师，交流教师的流动意愿就越强烈④。

家庭是影响中国教师参与流动的重要因素之一。与西方国家不同，中国的传统文化强调安土重迁，强调家庭责任。家校距离的远近，能否兼顾家人，子女教育问题能否得到有效的解决等都是影响教师交流的重要条件。有研究基于北京市的抽样调查数据，采用回归模型分析发现，家人离不开照顾是影响教师流动意愿的重要因素，家人离不开照顾的教师的流动意愿偏低⑤。

---

① 马红梅,雷万鹏,钱佳.教师工作环境的经济价值:基于地区经济地理特征的工资成本补偿[J].华东师范大学学报(教育科学版),2018(5):129-137.
② 黄斌,张琼文,云如先.货币性激励能提升中小学教师校际交流意愿吗?:基于7省市278所校的调查数据[J].华东师范大学学报(教育科学版),2019(6):94-108.
③ LOEB S, DARLING-HAMMOND L, LUCZAK J.How teaching conditions predict teacher turnover in California schools[J].Peabody journal of education,2005,80(3):44-70;HANUSHEK E A, KAIN J F, RIVKIN S G.Why public schools lose teachers[J].Journal of human resources,2004,39(2):326-354.
④ 安晓敏,佟艳杰.教师轮岗交流意愿影响因素研究[J].教育科学,2019(3):43-50.
⑤ 杜屏,张雅楠,叶菊艳.推拉理论视野下的教师轮岗交流意愿分析:基于北京市某区县的调查[J].教育发展研究,2018(4):37-44.

（二）政策效果研究

从教师轮岗交流政策看，要实现义务教育均衡发展，需要落实以下两点：第一，引导骨干教师向农村学校、薄弱学校流动，推进优质教师资源的合理配置；第二，发挥交流教师能量，促进农村学校和薄弱学校发展①。除了交流教师的属性外，即是否选派优秀教师参与流动，交流教师在流入校的能量发挥状况也会影响教师轮岗交流政策的效果。如果交流教师在流入校能够充分发挥自身能量，则更能够促进流入校的发展。反之，则相反。然而，大量研究证实，受城乡二元结构、教师管理制度缺失、个体的趋利性行为等因素的影响，中国教师轮岗交流政策执行结果存在一定的偏差，存在优秀教师"派不出""下不去""教不好"，交流教师政策满意度低，甚至城镇、农村学校联合"抵制"交流政策等现象。

尽管有研究发现，当前教师轮岗交流政策执行情况良好，骨干教师交流比例超过预期②，但更多的研究指出，当前中国教师轮岗交流政策执行中存在一定的选择性执行行为，表现为政策缺损执行、替代执行等。表现在政策内容上，政策执行者只执行交流任务，不落实交流政策规定的福利待遇；在轮岗时间上，随意变更轮岗时间，由政策规定的至少2年变为1.5年、1年，甚至更短；在教师选拔上，用抓阄、末位淘汰、领导指定等方式选拔交流教师；在选拔结果上，用普通教师、能力薄弱教师代替优秀教师、骨干教师③。

上述选择性执行行为的直接后果是优秀教师"派不出""下不去"。一项基于北京市M县的交流教师数据显示，非骨干教师占交流教师的比例达到75%，普通教师的占比达58%。而其访谈资料证明，从县城交流

---

① 叶菊艳,卢乃桂."能量理论"视域下校长教师轮岗交流政策实施的思考[J].教育研究,2016(1):55-62.
② 张建伟,王光明.教师交流轮岗政策实施研究:基于天津市16个区县的样本分析[J].教育理论与实践,2018(29):32-35.
③ 邢俊利,葛新斌.我国西部边远地区教师轮岗政策的执行困境与破解:基于西藏教师轮岗政策执行的调查分析[J].教师教育研究,2018(6):31-36.

到农村学校的教师的教育观念、教学水平不适应农村学校，难以驾驭农村教学环境，而且也缺乏对农村教师的引导①；另一项基于西部学校的调查也发现，县城学校在政策执行中会选择"雪藏"优秀教师，而倾向于将教学水平一般或富余学科的教师派出去交流②。

而且，即使优秀的交流教师到流入校工作，也不一定能够有效发挥其自身能量，促进流入校的发展。根据交流教师在流入校中扮演的角色、参与的程度，有学者将交流教师划分为"领导者""适应者""服从者""局外人"四种类型③；教育集团的领导教师通过有选择性地汲取过往的工作经验和阅历，并基于当前所处情境的资源与结构进行重构后，能够影响同伴的工作方式和学校文化，进而促进个人能量的再生与扩散④。关键是促进交流教师从局外人逐渐向服从者、适应者以及领导者转变。

然而，大量研究表明，当前交流教师在流入校表现出边缘性参与的特征，在流入校的学校发展、教师队伍建设等方面的参与度不够。在长期"校管校用"制度的影响下，教师形成鲜明的"单位人"认知，普遍不认同轮岗交流政策，认为教师参与轮岗交流是上级政策要求的不得不做的事情，这在一定程度上导致部分交流教师自我定位为局外人。一项基于上海市一所小学的个案研究发现，交流教师主要表现出边缘性参与、边界参与以及充分参与三种参与形式，但边缘性参与是主要的参与形式⑤。此外，由于学校将教师交流政策当作一种消除"无效教师"的管理手段，使得部分交流教师在流入校采用"弱者的武器"，表现出迟到早退、消极怠

---

① 鲍传友,西胜男.城乡教师交流的政策问题及其改进:以北京市 M 县为例[J].教育研究,2010(1):18-22.

② 司晓宏,杨令平.西部县域校长教师交流轮岗政策执行中的问题与对策[J].教育研究,2015(8):74-80.

③ 宋萍萍,黎万红.轮岗教师的共同体实践:样态及其优化[J].教育发展研究,2018(4):45-50.

④ 乔雪峰,卢乃桂.跨边界能量再生与扩散:跨校专业学习共同体中的教育能动者[J].教育发展研究,2017(24):1-7.

⑤ 宋萍萍,黎万红.轮岗交流政策中的教师参与:基于上海市一所小学的个案研究[J].教育科学,2017(6):38-42.

工、请病假等消极抵抗行为[①]，对流入校的发展帮助甚微。当然，交流教师能否在流入校发挥自身的能动作用，实现能量的再生与扩散，不仅取决于教师个人的主观能动性，还受到流入校的人际关系与支持氛围、校外支持系统等多方面因素的影响[②]。

（三）制约因素研究

考虑到教师轮岗交流政策执行并未达到预期的效果，不同学者从不同的视角分析了制约教师轮岗交流政策执行的因素。纵观已有研究可以发现，绝大多数研究是在现状调查的基础上，对影响教师轮岗交流政策执行的各种因素进行全面分析，极少有研究单独讨论某一因素对教师轮岗交流政策的影响。综合已有文献可以发现，当前教师轮岗交流政策存在教师选拔机制不明确、缺乏配套经费、缺乏监督与纠正机制、激励和保障机制不健全等问题。概括起来，笔者认为可以从技术（政策）、利益与环境三个维度分析教师轮岗交流政策存在的问题。

1. 技术维度

政策的合法性、政策内容的模糊性是教师轮岗交流政策中存在的主要技术问题。基于教师法、教育法等法律文件分析可以发现，校长是由县级教育行政部门依法聘任的，而学校和教师之间是平等的聘任合同关系，其聘用合同的效力也仅限于所签订的学校。换言之，教师是履行教育教学职责的专业人员，教师与政府不构成基于干部身份而产生的内部行政法律关系。由此看，从法理上看，除非将教师的身份转变为公务员或公务雇员，教育行政部门实际上无权统筹调配教师，强制交流实质上也违背了程序公正和正义的合法性保障原则[③]。这一合法性不足使得教师对轮岗交流政策的认知存在一定的偏差，他们普遍认为参与轮岗交流是被迫、无奈的，是为了完成上级任务，而非本职工作。

---

① 李先军.城乡教师交流轮岗政策的失真与对策[J].教育科学研究,2019(2):82-86.
② 贺文洁,李琼,叶菊艳,等."人在心也在":轮岗交流教师的能量发挥效果及其影响因素研究[J].教育学报,2019(2):58-65.
③ 邓旭.从教师交流政策看实施教育公平的政策逻辑[J].现代教育管理,2013(8):46-49.

基于模糊—冲突理论分析可以发现，教师轮岗交流政策具有低模糊性和高冲突性，教师轮岗交流政策的政策对象与目标都较为清晰，有利于农村学校发展，而不利于既得利益者（县城教师与学校），在政策执行过程中容易受到既得利益者的反抗[1]。尽管国家政策对教师轮岗交流的目的与对象进行了明确的规定，但是在政策传递的过程中，随着政策层级的增加，基层政府再制定的政策会发生一定的变化，可能偏离了中央政策的意图。已有研究发现，在交流教师待遇方面，部分地方政策只规定有干部待遇，但不提供具体明确的标准[2]；在教师选拔标准方面，有些地方政策没有明确规定选拔交流教师的标准与规则，有些地方则将教龄、山区经验、有评职称需要等作为选拔标准。在地方政策对交流教师选拔标准不明确的情况下，交流教师的选拔存在一定的瞄准偏差，学校也有足够的动机为了维护自身组织的利益而不派出优秀教师。

2. 利益维度

当前教师轮岗交流政策缺乏有效的利益补偿机制，难以调和不同的利益相关者之间的利益冲突，是政策执行结果偏差产生的主要原因。教师、学校校长以及教育局人员是教师轮岗交流政策最主要的三类利益相关者。但是，他们的利益诉求不尽相同，有时候甚至是相互矛盾的。一般而言，地方教育局人员关注宏观的公共利益或政绩，校长关注学校组织的利益（教师质量、学校声誉），而教师考虑个人利益。当教师交流政策执行导致个人利益或学校利益受损而得不到必要的补偿时，个体往往会为了维护局部利益或个人利益而扭曲执行政策。一项基于S县的十年追踪调查发现，在联校走教政策中，骨干教师、代课教师、新入职教师等不同教师群体基于自身的利益诉求表现出差异化的行为[3]。另一项

---

[1] 王正惠.教师交流政策目标悬置分析:基于国家试验区的调查研究[J].教育发展研究,2015(18):27-34.

[2] 马焕灵,景方瑞.教师轮岗政策实施问题检视[J].中国教育学刊,2009(6):28-30.

[3] 雷万鹏,王浩文.真实情境中教师的差异化行为:S县"联校走教"政策十年观察[J].华东师范大学学报(教育科学版),2019(4):129-141.

调查也发现,在教师轮岗交流政策执行中,一些学校没有根据乡村学校的需要来选派教师,而是将该政策异化为一种教师管理手段,将其视为消除"无效教师"的契机①。

实际上,教师轮岗交流政策在职称待遇、专业发展、住房保障、津补贴等方面都有规定给予优惠以补偿与激励交流教师。但是,一方面,已有措施只关注教师而忽视对学校与教育局的补偿。受到教师管理体制、城镇化发展的影响,当前中国城乡教师编制分布已转变为农村学校结构性缺编,县城学校有岗无编的状况。在县城学校师资短缺的背景下,教师轮岗交流政策还要求县城学校委派优秀教师支持薄弱学校,是导致教师轮岗交流政策形式化的主要原因。而县级教育行政部门作为政府部门之一,在县域维稳治理的约束下,为了尽量少出事、不出事,也缺乏足够的动机强制选拔优秀教师到农村学校支教。另一方面,教师轮岗交流政策的配套经费不足,交流教师的津补贴、周转房建设经费、教师职称政策等普遍存在落实难的问题,使得教师交流政策几乎是在不计成本回报的状态下推进的②。而且,由于中国部分县城乡之间距离远,交通不便,教师参与交流会产生一系列的流动成本,包括校际收入差距、流动费用、环境差异损失,上述成本往往要高于教师参与交流的补贴,也在一定程度上进一步制约了教师流动的意愿。

究其原因,当前地方的教师轮岗交流政策主要是由地方政府主导制定的,学校、教师、学生等相关利益主体在政策制定中缺乏话语权,在没有充分吸纳教师、校长、家长、学生等利益相关者意见的基础上,以行政命令自上而下强行推动政策执行,导致利益相关者的政策认同感不高③。有调查数据显示,超过五成的教师表示教师交流政策制定并没有

---

① 李先军.城乡教师交流轮岗政策的失真与对策[J].教育科学研究,2019(2):82-86.
② 司晓宏,杨令平.西部县域校长教师交流轮岗政策执行中的问题与对策[J].教育研究,2015(8):74-80.
③ 田汉族,戚瑜杰,李丹华.北京市义务教育教师交流的现状、问题与对策建议[J].教育科学研究,2014(12):24-30.

征求过学校和教师的意见①。而在缺乏有效利益补偿机制的情况下，校长、教师会根据自身利益的诉求而表达出一定的政策规避行为，制约了政策执行效果。

3. 环境维度

"属校化"的义务教育教师管理体制不适应教师轮岗交流政策。教师交流政策并不是在真空环境下执行的，而是镶嵌在中国特有的经济、社会、政治、文化以及教育体制之中。有研究指出，当前义务教育教师管理体制不符合教师交流政策的需求。受到现有教师事业单位编制性质的约束，一旦编制下发到学校，编制就固定在学校，教师也就属于某一学校。而教师交流政策需要教师在学校之间流动，与这一"属校化"的义务教育教师管理体制不相符。而且，在教师轮岗交流政策中，教师管理权限归属于不同职能部门（教育、人社、财政、编办等），人社部门掌握教师的职称聘任、岗位管理和考核等管理权限，财政部门掌管教育经费，编制部门掌管教师编制，而县级教育行政部门则负责教师轮岗交流活动。相对而言，教育部门只有确定交流轮岗教师名单的权利，对教师的编制、待遇、职称等无能为力②。此外，在"人走关系不动"的交流模式中，尽管交流教师参与流动，到流入校工作，但是其编制和人事关系仍隶属于原学校，造成教师工作单位（流入校）和管理单位（流出校）分离，教师在编不在岗等不合理状态③。当教师工作单位与管理单位相分离时，不利于交流学校的日常管理工作，也无法对交流教师进行公正合理的评价，使教师形成"干好干坏一个样"的心态④。

同时，教师轮岗交流的配套政策不完善，缺乏健全完善的监督机制

---

① 邓旭.从教师交流政策看实施教育公平的政策逻辑[J].现代教育管理,2013(8):46-49.

② 李宜江.城乡教师交流政策实施中问题与对策:基于对安徽省A县的调研分析[J].中国教育学刊,2011(8):5-8.

③ 李潮海,徐文娜.校长教师交流的困境分析与实践建构[J].中国教育学刊,2015(1):16-19.

④ 鲍传友,西胜男.城乡教师交流的政策问题及其改进:以北京市M县为例[J].教育研究,2010(1):18-22.

也是制约教师轮岗交流政策执行效果的因素之一。当前在教师轮岗交流政策执行中，县级教育行政部门既负责制定本级教师轮岗交流政策，又负责执行与评价政策执行效果，在教师轮岗交流政策中扮演多重角色。而有调查发现，由于县级教育行政部门既是运动员，又是裁判员，他们普遍对教师交流政策的执行情况"报喜不报忧"[1]，仅仅向上级政府汇报某些有利的信息。而且，即使有国家层面的监督机制，如督导检查，但是这些督导检查也多流于形式，存在重过程轻结果、重派出轻监管、重到岗轻使用的评估倾向[2]，导致上级政府缺少教师轮岗交流政策的真实信息。

三、政策执行研究

政策科学诞生于20世纪50年代，是一门在统合不同学科知识的基础上研究公共政策制定与执行的社会科学。政策过程理论是公共政策研究的重要理论，这一理论内部包含许多差异化的理论分析框架，其中政策过程阶段论是早期公共政策研究的重要内容，其理论将政策过程划分为若干个阶段，通过对每一个阶段以及不同阶段之间的关系进行研究与考察，以此增进对政策过程的理解。不同学者对政策过程阶段的划分具有一定的差异。政策科学的奠基者拉斯韦尔将政策过程分为信息收集、方案提出、政策制定、生效、应用、终结、评估七个阶段。安德森则将政策过程分为政策议程、制定、选择、执行与评估五个阶段。将政策过程划分为不同的阶段，实际上是希望从整体性的视角连贯有序地梳理政策过程的各个环节，进而增进对政策过程的理解。

在政策阶段分析框架的启发下，公共政策学者们开始展开对政策过程中不同环节（制定、执行、评估等）的具体研究。大量的政策研究表明，政策制定并不等同于政策执行，而政策执行是决定一项政策能否实

---

[1] 李宜江.城乡教师交流政策实施中问题与对策：基于对安徽省A县的调研分析[J].中国教育学刊,2011(8):5-8.
[2] 司晓宏,杨令平.西部县域校长教师交流轮岗政策执行中的问题与对策[J].教育研究,2015(8):74-80.

现预期意图的最重要环节。有鉴于此，本研究从政策执行的视角切入开展"县管校聘"政策研究。需要说明的是，尽管本研究涉及对"县管校聘"政策文本内容的分析，但是研究的重点并不是讨论"县管校聘"政策文本如何制定，而是关注已经制定的政策文本对政策执行会产生怎样的影响。

（一）政策执行路径研究

政策制定或决策是早期政策研究的关注点，其存在一个前提假设，即"政策决议将会自动地按照预设的目的自动执行并取得预想的效果"，政策决策会直接带来政策的完美执行。然而，由于现代社会利益和信念分散性加剧，公共事务的复杂性、多样性、不确定性不断拓展，社会矛盾冲突增加，学者们日益发现在政策执行中实现政策目标绝非易事。早在20世纪五六十年代，执行问题已受到公共行政研究和组织研究的关注，但并未被置于"政策执行"的标签之下[①]，也未受到学界的广泛重视。直到20世纪70年代初，随着"伟大社会计划""奥克兰计划""新镇运动"等政策执行的失败，以及政策执行研究开山之作《执行：华盛顿的期望如何在奥克兰成为泡影》的出版，政策执行不变性的神话[②]开始受到诸多学者的质疑与挑战。此后，政策执行逐渐成为学者们认识与理解政策目标实现过程的重要视角，政策执行"黑箱"逐渐被打开，政策执行研究得以形成与发展。

从政策执行研究阶段看，国内外学者们倾向于采用已有学者的分类，将政策执行研究分为三个阶段，这三个阶段分别对应自上而下的研究路径、自下而上的研究路径与整合型的研究路径。

1. 第一代政策执行研究：自上而下的研究路径（20世纪60年代）

20世纪60年代末，随着"奥克兰计划"等一系列公共政策执行的

---

① HILL M, HUPE P. Implementing public policy: governance in theory and in practice [M]. London: Sage Press, 2002.

② 政策执行不变性的神话：政策一旦制定，政策即被执行，政策结果将与政策制定者所预期的相差无几。

失败，政策执行研究开始进入学者的视野，并形成了第一代政策执行研究。古典行政模式和逻辑实证主义哲学①对第一代政策执行研究产生了深远影响。

此阶段的执行研究秉持一种阶段论思想，认为政策制定（决策）与政策执行是分离的，有前后顺序的，政策制定先于政策执行，而政策执行就是将上级制定的政策付诸实践的过程。受到科层制、官僚组织思想的影响，第一代政策执行研究认为政策执行发生在官僚组织中，上级政府发号施令，下级政府服从，两者形成指挥命令的阶层系统。

同时，此阶段的执行研究认为，在政策制定、执行与产出间存在一条明确的、不可改变的因果链，只要遵循这一因果链，政策执行就能实现预期目的。因此，政策执行研究者试图穷尽与罗列所有影响政策执行的因素，以纳入政策方案之中，以尽可能完善政策方案。有学者从政策本身、执行结构、外在因素、执行者方面提出完整的政策执行所需要的条件②；也有学者认为完美的政策执行需要充足的时间与资源、支持政策执行的环境条件、相关指令清晰明确、政策执行权威单一、政策预期结果明确清晰、政策目标的一致认同、不同群体间完美的沟通③。然而，即使满足了上述条件，政策执行者的能力与担当也会影响政策的执行，而社会经济条件的变化程度也会对政治支持与否产生影响④。可以预料，在政策执行过程中满足上述所有前提条件是不现实的，正如有学者所说，"完美的政策执行是不可能的，执行总是会碰上困难"。

简言之，第一代政策执行研究认为政策执行始于中央政府的决策，政策执行过程是一条指挥链条，政策执行就是"让一个好的政策得到完

---

① 李允杰,丘昌泰.政策执行与评估[M].北京:北京大学出版社,2008:47.

② HAM C. HILL M J.The policy process in the modern capitalist state[M]. New York: St. Martins Press,1984.

③ GUNN L A.Why is implementation so difficult[J]. Management services in government,1978(4): 169-176.

④ SABATIER P A, MAZMANIAN D A. The conditions of effective implementation: a guide to accomplishing policy objectives[J]. Policy analysis, 1979,5(4):481-504.

美落实"①。政策执行的成败往往取决于政策设计的合理性、政策执行架构和中央政府对下级政府的控制。只要有完备的政策设计和强大的政治意志支持，那么政策就可以"自上而下"完美地执行，实现政策预期目的②。

显然，第一代政策执行研究存在一定的局限与不足，受到不同学者的质疑与批判。已有的批判主要集中于以下几点：第一，受到泰勒主义与科学管理学派的影响，第一代政策执行将执行者等利益相关者看作没有反对意志、只会唯命是从的人③；第二，过于强调高层政府以及政策制定者的地位，高估政策制定者的目标设定与方案规划的能力，带有明显的"精英统治论"色彩，认为统治阶级精英可以设计科学、合理、完美的政策，被统治阶级的成员只需执行政策便能实现政策意图；第三，忽略或者低估了基层组织、政策执行者、政策相关团体在政策执行过程中的"反生产力效果"④；第四，研究适用范围有限，仅适用于具有支配性且"一条鞭"式的公共计划，面对跨界特征明显且没有主导机构的复杂政策情境，第一代政策执行研究无法有效解决⑤。

2. 第二代政策执行研究：自下而上的研究路径（20世纪70年代—80年代）

20世纪70年代末80年代初，政策执行研究者逐渐发现，在科层制体制中，政策并未像政策制定者所预期的那样顺利地在一系列层级中传递、执行下去，政策制定者在政策方案中所预设的因果链条也被大量证伪，自上而下的研究路径受到学者们的质疑⑥。有鉴于此，以利普斯基、赫恩等为代表的学者开始转向政策执行研究的另一个视角，即从"街头

---

① 张昕,李泉.公共政策执行[M].北京:科学出版社,2019:11-12.
② 格林德尔,托马斯.公共选择与政策变迁[M].黄新华,陈天慈,译.北京:商务印书馆,2016:141.
③ 李允杰,丘昌泰.政策执行与评估[M].北京:北京大学出版社,2008:51.
④ 李允杰,丘昌泰.政策执行与评估[M].北京:北京大学出版社,2008:47.
⑤ SABATIER P A. Top-down and bottom-up approaches to implementation research: a critical analysis and suggested synthesis[J]. Journal of public policy,1986,6(1):21-48.
⑥ 朱亚鹏.公共政策过程研究:理论与实践[M].北京:中央编译出版社,2018:140.

官僚"的层面切入,关注街头官僚的行为与动机,探讨影响政策执行行为的因素。

第二代政策执行研究认为,考虑到基层复杂的政策情境以及"信息不对称"现象的存在,基层官僚被认为比中央政策制定者更接近,也更可能解决真实的政策问题。在政策执行过程中,街头官僚并不总是遵从正式规则的约束,而是会根据自己的习惯、经验和工作压力等使用"自由裁量权"重塑政策。街头官僚根据实际情况行使自由裁量权被认为是有助于促进政策的成功执行。因此,在第二代政策执行研究者看来,成功的政策执行不是下级政府服从上级政策命令的过程,中央政策制定者不需要竭尽全力去设计完美的政策以及周密的执行架构,而是要为基层政府提供充分的自由裁量空间,由基层官僚因地制宜地重塑与执行公共政策。

总之,第二代政策执行者将基层政策执行者视为主要参与者,将街头官僚的执行行为作为研究的主要对象,认为政策执行是政策执行人员和高层决策者之间讨价还价的结果。街头官僚的责任心和执行技巧是影响政策执行的关键因素[1],而成功的中央政策必须与基层官僚的意图或行为方式相一致[2]。

当然,自下而上的研究路径也受到诸多学者的批判:第一,与第一代政策执行研究相反,这一路径过于重视基层官僚的作用而忽视中央政策制定者的作用,忽视中央人员以及中央政策对地方的影响;第二,对自由裁量权作用的估计过于乐观,只看到基层官僚自由裁量行为的正面影响,而低估了其负面作用;第三,这一路径关注基层执行者"事实层面"的经验分析,但对政策执行本身以及政策"价值层面"的伦理分析较为欠缺;第四,第二代政策执行研究更适合于宽松的、生成性的公共

---

[1] LIPSKY M. Street-level bureaucracy and the analysis of urban public services[M]. New York: Russell Sage Foundation, 1980: 98.

[2] LINDER S H, PETERS B G. A design perspective on policy implementation: the fallacies of misplaced prescription[J]. Review of policy research, 1987, 6(3): 459-475.

政策。

3. 第三代政策执行研究：整合型的研究路径（20 世纪 80 年代至今）

20 世纪 80 年代中后期，第一代、第二代政策执行研究受到诸多学者的批判与反思：其一，第一代、第二代政策执行研究深受政策过程阶段理论的影响，把政策制定与政策执行分割为两个阶段，然而，阶段论在逻辑上有天然的自上而下的缺陷，割裂了政策过程的连续性，无法解释阶段划分的依据，也无法提供关于政策过程的因果解释[①]；其二，尽管政策执行理论正处于多元范式并存的时代，但各种理论过于纷繁复杂，一方面应用范围有限，缺乏可推广性，另一方面理论知识各行其是，相互间难以对话，缺乏积累性，理论解释力和预测能力有限[②]；其三，两代政策执行研究只关注中央政府和底层政府在政策执行中的角色，忽视中间层政府以及政策中其他行动者的作用；其四，第一代政策执行理论把政策执行者视为服从命令的"组织人"，第二代政策执行理论则把执行者视为总是能恰如其分地运用自由裁量权促进政策执行的理性人，两代政策执行研究都把执行者简单化，忽视政策执行者自身的复杂性。

基于对前两代政策执行研究的批判可以发现，学者们逐渐认识到，无论是自上而下还是自下而上的研究路径，或是过度偏向于结构视角的解释，或是过度偏向于行动视角的解释，单一维度都无法完全解释政策执行的复杂性。由此，第三代政策执行研究有机整合自上而下与自下而上两种研究路径，故又被称为整合型研究路径。

第三代政策执行理论摒弃了政策制定与执行二元对立的假设，认为政策执行过程是政策行动者（中央政策制定者、地方政策执行者、政策目标群体等）在政策网络中达成政策共识的过程。正如奥斯特罗姆所说，政策执行研究不能拘泥于描述分析政策执行过程的单一向度，而要

---

① NAKAMURA R T. The textbook policy process and implementation research [J]. Policy studies review, 1987, 7(1):142-154.

② LESTER J P, BOWMAN A O, GOGGIN M L, et al. Public policy implementation: evolution of the field and agenda for future research[J]. Review of policy research, 1987, 7(1):200-216.

重视政策执行过程中多个行动主体之间的相互作用以及由此形成的制度共识。成功的政策执行一方面要依赖自上而下的路径，确保政策方案设计的合理性，政策资源的配套与支持等；另一方面也要通过自下而上的研究路径，明确政策行动者的实际情况，广泛掌握不同层次机构团体间的结构，充分激励与调动政策行动者做出有利于政策目标实现的行为。政策执行不再只是发生在政策制定/执行某一端的静态过程，而是发生于不同时间与空间的一系列决策和行动的过程，是一个不断重新塑造和重新界定的演化过程。

第三代政策执行研究克服了自上而下与自下而上研究路径过于偏向一极的不足，试图整合两种研究路径的优势。尽管如此，也有不少学者批评第三代政策执行研究，认为简单的整合反而不利于政策执行理论的发展。如有学者指出，不同研究路径的对立与争论有力推动了揭示政策执行"黑箱"的过程，以至于寻求综合这两条路径的努力就像是在尝试将两个"不对称的范式"结合起来一样[①]。

（二）政策执行影响因素研究

对政策执行影响因素的梳理能够为本研究的开展提供一定的分析框架。自20世纪70年代政策执行研究诞生以来，研究影响政策执行的因素是非常重要的议题之一，不同研究路径的学者围绕政策执行展开了丰富的讨论，提出了许多富有启发性的政策执行模式，如政策执行的过程模式、调适模式、博弈模式、系统模式、循环模式等。其中，过程模式、调适模式以及系统模式为研究框架的制定提供了一定的启发。有鉴于此，此处将在介绍上述三种执行模式的基础上，结合实证研究文献资料，梳理影响一项公共政策执行的因素，为本研究建构研究框架提供一定的支持。

通过对政策执行的过程模式、调适模式、系统模式的梳理可以发现，

---

① NELSON R R. Public policy: an introduction to the theory and practice of policy analysis[J]. Journal of policy analysis and management,1997,16(1):176-178.

大多数的政策执行研究框架会将政策目标群体、政策执行机构或执行者、政策以及政策环境纳入模型框架之中。如史密斯的政策执行理论认为理想化的政策、目标群体、执行机构以及政策环境四类因素是影响政策执行的最主要因素，政策执行实际上就是上述四个主要变量相互作用、相互影响并对政策效果产生影响的过程；范·米特和范·霍恩的系统模式关注政策目标及资源、政策执行机构、政策执行者、政策执行方式、系统环境等对政策执行的影响。但是，有所不同的是，秉持自下而上研究路径的学者则认为成功的政策执行最终有赖于政策执行者与政策目标群体之间的互动与调适。如麦克拉夫林的调适模型认为教育政策执行就是在一定的环境背景下，教育政策执行机构与目标群体围绕政策相互调适的互动过程。

通过对过程模式、系统模式以及调适模式的梳理可以发现，尽管不同研究所涉及的具体政策各有差异，但是政策执行的影响因素可以分为政策本体因素、政策执行组织、政策执行者、政策目标群体、政策环境五大因素。

1. 政策因素

政策因素，即政策自身的因素。已有研究发现，政策类型、政策自身属性（模糊性、科学性）会对政策的有效执行产生重要影响。从政策类型看，依据政府强制的可能性及其发生作用的途径，洛伊将公共政策分为分配政策、构成性政策、规则政策与再分配政策四种类型[1]；哈格罗夫使用上述分类框架进行分析发现，相对于分配政策而言，再分配政策的执行难度更大，而规则政策执行的成功与否取决于它们对利益分配的影响程度[2]；奥登（1991）基于大量的案例总结发现，不同政策项目执行的有效程度存在较大差异，而相比于其他政策，再分配政策项目在执行过程中面临的争议要多得多；国内学者魏姝（2012）基于上述

---

[1] LOWI T J. Four systems of policy, politics, and choice[J]. Public administration review, 1972, 32(4):298-310.

[2] 黑尧.现代国家的政策过程[M].赵成根,译.北京:中国青年出版社,2004:113.

分类框架，以 13 个中国公共政策为具体案例进行多案例比较分析，结果发现，政策本身的合理性是分配政策的执行偏差产生的主要原因，不同执行机构之间的沟通和协调是影响构成性政策执行的关键，规制者与被规制者之间的合作共谋是规制政策执行难度大的主要原因，地方政府、生产商和公众等利害相关者复杂的利益博弈会影响再分配政策的有效执行[①]。

然而，当涉及某一项具体政策时，政策文本自身的属性也会影响到政策的有效执行。对此，马特兰德建构了"模糊—冲突"理论来进一步解释政策自身对政策执行的影响。根据政策的模糊性与冲突性的高低程度，他将政策执行划分为行政执行、政治执行、实验性执行和象征性执行四种类型[②]。模糊性是任何公共政策都无法避免的属性，正如有研究指出，在当代社会中，由于中央政策制定者与地方政策执行者之间存在信息不对称，模糊性是任何国家中央政府制定公共政策所必不可少的属性[③]。在中国，为了协调地方情境的差异性以及不同职能部门之间的合作，中央政策的文本表述往往具有"指导性和宏观性"的特征[④]，政策文本存在一定的模糊性，其技术手段不完全清晰。

然而，大量研究发现，经过中央—地方的政策传递后，基层政策文本仍然具有较强的模糊性与不合理性，直接影响与制约着政策的有效执行。有研究发现：一方面，当前精准扶贫政策目标多，任务重，在层层责任考核压力的情势下，基层扶贫干部往往应接不暇，不得不采取策略性政策执行来应对上级[⑤]；另一方面，教育扶贫政策执行目标科学性不足，地方政策目标缺乏合理设计与评估，部分目标之间相互冲突，导致

[①] 魏姝.政策类型与政策执行：基于多案例比较的实证研究[J].南京社会科学,2012(5):55-63.

[②] MATLAND R E. Synthesizing the implementation literature: the ambiguity-conflict model of policy implementation[J]. Journal of public administration research and theory,1995,5(2):145-174.

[③] 胡业飞,崔杨杨.模糊政策的政策执行研究：以中国社会化养老政策为例[J].公共管理学报,2015,12(2):93-105.

[④] 贺东航,孔繁斌.公共政策执行的中国经验[J].中国社会科学,2011(5):61-79.

[⑤] 郭春甫,薛倩雯.扶贫政策执行中的形式主义：类型特征、影响因素及治理策略[J].理论与改革,2019(5):140-152.

教育扶贫政策执行出现"文本"扶贫、"数字"扶贫的现象①。从教育政策看，一项基于义务教育教师绩效工资政策的调查研究发现，很多省、市、县等各级政府制定的教师绩效工资实施办法，只是对中央或上级政策的照搬照抄，而结合本地实际、体现本地特色、比较细化的政策举措非常少，由此导致义务教育教师绩效工资政策执行的偏差②；对随迁子女义务教育政策执行的研究也发现，政策问题特性（主要表现为难易程度）以及政策内容质量（主要表现为是否合理、合法和清晰等）等因素会影响到教育政策的有效执行③。

2. 组织因素

跨组织、跨机构的政策如何运行越来越受到学者们的关注与探讨，组织内部与组织之间的协调、控制和命令系统影响着政策的有效执行。然而，大量研究发现，在公共政策执行过程中，政府机构间在职能、资源、信息、利益等方面的分割往往会导致政策执行的"孤岛现象"，不同层级政府、不同职能部门之间存在合作的困境。

一方面，同级不同部门在政策执行过程中存在利益冲突或分化时，不同部门之间的利益博弈就有可能发生，进而可能导致政策执行的走样④。基于乡镇煤矿管制的个案研究发现，由于煤矿管制权的分割，各管制部门普遍持有"搭便车"心态，导致乡镇煤矿管制出现一种"反公共地悲剧"现象⑤。对精准扶贫政策的分析也发现，不同利益的组织与主体往往会基于自身利益的考量采取逆向选择的博弈策略⑥，导致扶贫政策执行的走样。

另一方面，也有研究指出，由于不同部门各自的法定职责不同，其

---

① 付昌奎,邬志辉,景凤.教育扶贫政策执行何以偏差：基于政策执行系统模型的考量[J].教育与经济,2018(3):75-81.

② 叶怀凡.义务教育教师绩效工资政策的执行偏差与矫正[J].中国教育学刊,2016(4):31-36.

③ 周佳.农民工子女义务教育政策执行研究[J].中国青年研究,2006(9):23-27.

④ O'TOOLE L J.Rational choice and policy implementation: implications for interorganizational network management[J].The American review of public administration,1995,25(1):43-57.

⑤ 定明捷."反公共地悲剧"：政策执行网络困境解析[J].理论探讨,2009(2):145-148.

⑥ 张欣.精准扶贫中的政策规避问题及其破解[J].理论探索,2017(4):86-92.

认知的政策目标以及目标排序也会各异，同时受到激励和体制约束的程度不同，看似整齐划一的执行组织实际是高度分化的科层结构①。正如有学者指出，在公共政策执行博弈中，横向地方政府自主理性的微观抉择必然会导致非理性的宏观恶果②。对中国四次公务员工资改革的研究也发现，执行部门间有相互依赖关系、配合较差，且纵向上执行链条过长是导致政策执行扭曲的主要原因③。基于委托—代理理论分析县级政府与上级政府之间的行为发现，信息不对称和目标效用函数不一致是县级政府政策规避行为产生的重要条件，县级政府的自利性与自主性为政策规避行为提供了可能与空间，而维稳考核的弱激励与强约束的效应催生了政策规避行为的产生④。

在教育政策中也存在不同组织之间的博弈与合作问题。尽管市、县级教育行政部门处于教育政策执行网络的中心位置，但教育政策执行所涉及的行动者较多，利益与资源更不相同，教育部门很难影响到其他行动者的决策。当某地的教育部门强势或积极时，它就能够建构强大的执行网络推动教育政策执行，而消极或弱势的教育部门则可能因为缺乏有力的网络支持而选择性执行或不执行⑤。有研究发现，以异地高考政策执行为例，中国教育政策执行存在央地关系碎片化、同地关系碎片化、部际关系碎片化和政社关系碎片化等问题，进而导致教育政策执行的碎片化⑥。一项基于随迁子女教育政策执行偏差的分析发现，中央政府制定政策，但是没有相应的资金投入；流入地政府基于财政压力要求公办学校招收更多随迁子女，而公立学校面临教学质量降低、教师负担加重

---

① 陈丽君,傅衍.我国公共政策执行逻辑研究述评[J].北京行政学院学报,2016(5):37-46.
② 宋林霖,彭丰民.横向府际间公共政策执行博弈的困境：以集体行动的逻辑为视角[J].国家行政学院学报,2011(4):60-65.
③ 吴木銮.中国政策执行中的目标扭曲研究：对中国四次公务员工资改革的考察[J].公共管理学报,2009(3):32-39.
④ 聂军,黄强.县级政府维稳的政策规避行为分析：基于委托—代理的视角[J].社会主义研究,2015(2):63-69.
⑤ 官华.社区教育政策体系和执行网络研究[J].教育学术月刊,2019(7):21-28.
⑥ 孙科技.教育政策执行碎片化及其防治策略：一个整体性治理的视角[J].教育发展研究,2018(1):33-38.

等问题,其执行动力不足①。作为教育政策执行的主体,当教育政策的公共利益与学校利益发生冲突时,学校在执行教育政策的过程中会产生个体选择行为,进而导致教育政策执行的偏差②。

3. 政策执行者

政策执行者是将公共政策付诸实践的个体,其政策素养、认同与行为会影响到政策的有效执行。有研究指出,基层政策执行者能否准确理解政策制定者要他们做的事情会影响政策执行成功与否,而基层政策执行者无法准确理解上级政策制定者的意图是政策执行失败的原因之一③;即使政策执行者能够完全理解上级政策制定者的意图,政策的有效执行还有赖于执行者的政策素养。一项基于计划行为理论的分析也发现,教育政策执行者的态度、执行者感知到的执行压力以及自身执行能力会引发教育政策执行主体的行为偏差④。当政策执行者感知到执行压力过大或者执行能力不足以完成政策,就容易发生教育政策执行的偏差。简言之,一项复杂政策的制定与执行往往需要相应的专业知识,而中国基层政策执行者专业素养的匮乏制约了政策的科学制定与执行。一项基于云南省M县教育局的个案分析发现,教育局股级及以上领导中,本科学历者仅占8%,以大专学历者为主,他们普遍来源于普通中小学教师,有限的专业知识使他们往往依赖经验与推理来制定与执行政策⑤。

此外,政策执行者的执行行为也会对政策执行结果产生重要影响。对政策执行者执行行为的理解需要嵌入在一定的政治体制下,西方联邦

---

① 吴宏超,吴开俊."两为主"政策执行困境的实证考察:以广东省东莞市某镇为例[J].教育发展研究,2010(21):1-5.

② 吴回生.减除"个体选择":学校提高教育政策执行效率的关键[J].华南师范大学学报(社会科学版),2013(2):29-32.

③ 丁煌.政策执行阻滞机制及其防治对策:一项基于行为和制度的分析[M].北京:人民出版社,2002.

④ 隋幸华.教育政策执行偏差的主体因素及对策分析:计划行为理论视角[J].广西社会科学,2018(12):222-226.

⑤ 姚佳胜.城乡教育一体化视域下的政策执行反思:以云南省M县撤点并校为例[J].教育科学研究,2019(3):32-36.

制国家注重向下负责,而中国的政治体制有助于集中力量办大事,但是也导致了基层政策执行者行为的异化,如临时的被动应对、关注短期目标、依据条件变化不断调整的政策执行行为①。"趋利避害"是每位理性政策执行者的典型心理。一项基于精准扶贫政策的个案研究发现,在"挤压型体制"制度运行环境中,由于压力和阻力并存,形成了狭窄且缺乏灵活度的制度空间,使得基层执行者在执行低保政策过程中表现出"自保式执行"的特征。所谓自保式执行,即每一个层级的基层执行者看似"照章办事"地执行了上级政府的政策和文件,但执行结果仍会产生"有利于自身"的偏差②。

4. 政策目标群体

根据自身利益得失的权衡,在政策执行过程中,政策目标群体也会做出一定的行为反应(遵从/反抗),进而对政策执行结果产生影响。即使政策目标群体不敢公然反抗正式的权力,他们也可能会采取"弱者的武器",通过日常的抗争行为消解政策的影响。服从、敷衍、变通、逃避、抗拒是当前中国政策执行中目标群体常采用的五种消极策略行为③。服从并不意味着目标群体不考虑个人得失,服从行为的背后往往蕴含着行动者的自我打算。

成本—收益分析是影响政策目标行为选择的重要因素。有研究发现,理性权衡成本与收益是政策目标群体是否采取遵从行动策略的主要依据④。当目标群体感知到遵从公共政策的成本大于收益时,他们往往会表达出一定的抗争行为。有研究发现,由于出租车司机这一政策目标群体在出租车经营规制政策制定过程中的有限参与与利益表达受阻,该政策导致出租车司机的利益受损,直接导致出租车司机有组织地、公开地、

---

① 周雪光.中国国家治理的制度逻辑:一个组织学研究[M].北京:生活·读书·新知三联书店,2017:239-248.
② 李棉管.自保式低保执行:精准扶贫背景下石村的低保实践[J].社会学研究,2019(6):188-212.
③ 叶响裙.论政策执行中目标群体的策略行为[J].华东经济管理,2014(7):114-117.
④ 朱光喜.公共政策执行:目标群体的遵从收益与成本视角:以一项农村公共产品政策在三个村的执行为例[J].云南行政学院学报,2011(2):41-46.

非暴力地拒绝遵从政策①。

当然，在国家意志的推动下，当目标群体感知到成本收益不平衡，虽然也会遵从政策安排，但仍可能导致政策执行的偏差。对撤点并校政策的研究发现，科层思想以及顺民性格使得政策目标团体在缺乏表达权与参与权的情况下，只能服从政策执行者的安排②，而群众对撤点并校政策的服从，也在一定程度上导致了地方政府过度撤并教学点。在教育政策中，教师扮演了决策者、执行者、评价者等多重角色，其在政策中的参与度在很大程度上影响教育政策执行的结果③。但是，一项基于教育政策执行研究的反思发现，中国现有教育政策执行研究主要采取以政策为出发点的单向度研究路径，而忽略了实践中"最小单位"——教师和学生的微观研究④。

5. 政策环境因素

政策执行的环境视角认为，政策是在由各种正式或非正式的制度所编织的"制度网"中运行的，政策执行的宏观环境、制度环境等对政策执行主体和目标群体的行为起着规范作用⑤。

从宏观社会环境看，任何公共政策的执行必然发生于一定的现实场域，而不同地方的自然环境、社会经济状况、文化发展的差异等情境性因素会对政策执行产生影响。有研究指出，任何公共政策的执行最终都嵌入在特定的地方情境之中，受到地方情境的约束，当公共政策与地方情境存在一定的冲突时，地方情境就会"教化"政策执行主客体遵循地方规范，以此影响执行主体的相关决策⑥。而且，恶劣的执行环境也会

---

① 龚虹波.论公共政策执行中的目标团体不服从现象：以某市出租车司机拒交经营权及有偿使用金为例[J].宁波大学学报(人文科学版),2010(2):94-98.

② 姚佳胜.城乡教育一体化视域下的政策执行反思：以云南省M县撤点并校为例[J].教育科学研究,2019(3):32-36.

③ 侯佛钢,张振改.教师参与教育政策执行的价值与路径探索[J].国家教育行政学院学报,2013(8):56-60.

④ 刘惠.学校日常生活中的政策呈现：教育政策执行研究的新立场[J].教育科学研究,2018(4):36-40.

⑤ 吴小建,王家峰.政策执行的制度背景：规则嵌入与激励相容[J].学术界,2011(12):125-134.

⑥ PALANITHURAI G. Good governance at grassroots[J]. Indian journal of political science,2005,66(2):79-93.

在一定程度上影响政策的有效执行。大部分贫困地区地理位置偏远，物质资源缺乏，自然环境恶劣，生态环境脆弱，基础设施落后，导致扶贫政策执行中产生了"敷衍"式执行、"形象"式执行、"加压"式执行、"作假"式执行等形式主义倾向①。

从政治制度环境看，不同的政府体制会对政策执行产生一定的影响。中国的公共政策执行有其特殊的政治、经济、社会、文化环境。有研究发现，中国的政府体制具有"压力型体制"的特征。政治化机制是压力型体制的核心内容，即上级政府将某些重要任务确定为"政治任务"，在要求下级政府和职能部门全力完成的同时，会施加政治或经济上的激励或惩罚②。干部目标管理责任制是压力型体制的构成要素之一，其拥有一票否决和定量化指标考核两大特点，在与干部交流制度的交互影响下，中国基层政策执行者往往会表现出短期化、自利化的选择性执行行为③。而责任落实的连带机制导致基层上下级政府间在执行更上级政策时往往会达成一定的共谋行为，进而导致政策执行偏离预期的结果④。

例如，伴随着农村税费改革，由于农村基层财政和乡镇行政力量日益空壳化，许多原本由基层政权提供的公共管理和公共服务职能变成了难以落实的空头任务，导致基层政府行为的迷失⑤；而且，当前基层政权的运转要依赖于上级政府的财政转移支付，也削弱了基层政权干预的动机，导致了"悬浮型政权"的产生⑥；悬浮型政权和压力型体制塑造了压力与阻力并存的"挤压型"体制环境。在压力型体制的影响下，基层政权不得不执行上级布置的"政治任务"；在悬浮型政权的影响下，

---

① 郭春甫,薛倩雯.扶贫政策执行中的形式主义:类型特征、影响因素及治理策略[J].理论与改革,2019(5):140-152.
② 杨雪冬.压力型体制:一个概念的简明史[J].社会科学,2012(11):4-12.
③ 陈丽君,傅衍.我国公共政策执行逻辑研究述评[J].北京行政学院学报,2016(5):37-46.
④ 周雪光.基层政府间的"共谋现象":一个政府行为的制度逻辑[J].社会学研究,2008(6):1-21.
⑤ 付伟,焦长权."协调型"政权:项目制运作下的乡镇政府[J].社会学研究,2015(2):98-123.
⑥ 周飞舟.从汲取型政权到"悬浮型"政权:税费改革对国家与农民关系之影响[J].社会学研究,2006(3):1-38.

基层政权没有意愿也没有能力有效执行上级政府的政策,进而导致政策执行结果产生偏差①。

从教育制度看,教育政策执行深受正式制度确立的合法性和非正式制度确立的合理性的双重制约。正式制度在教育政策执行中具有"强制、规范、理性"的本质特性,它能为教育政策执行提供合法性保障;而非正式制度则具有"弹性、规约、非理性"的特征,它是教育政策执行的合理性基础②。从教育政策执行制度分析框架看,正式制度包括教育法律制度、教育组织制度和教育运行机制,非正式制度包括非权力影响力、人际关系及潜规则和教育信念③。已有研究发现,教育行政制度条块分割,教育行政权力划分缺乏规范,教育政策执行监督制度不健全,评估机制缺位等正式制度缺陷,是导致当前教育政策执行偏差的主要原因④。对随迁子女教育政策执行的研究支持了上述结论,政策执行中缺乏强有力的监督机制影响着随迁子女教育政策的执行⑤。

四、研究评述

综上,作为新时代义务教育教师管理体制改革的关键措施,"县管校聘"政策对解决城乡教师"缺编",优化教师资源配置,加强教师队伍建设,促进义务教育优质均衡发展有重要影响。相关文献也对"县管校聘"政策的理论基础、制度保障、风险研判和执行问题等重要议题进行了充分的讨论与分析,基本达成了"县管校聘"政策执行难的共识。从模糊—冲突理论看,"县管校聘"政策属于典型的"高冲突—高模糊"政策,极易发生"象征性执行"问题,亟须学者深入系统地研究与破解。整体而言,现有研究,如教师轮岗交流政策研究、政策执行研究等,

---

① 李棉管.自保式低保执行:精准扶贫背景下石村的低保实践[J].社会学研究,2019(6):188-212.
② 邓旭.教育政策执行研究:一种制度分析的范式[M].北京:教育科学出版社,2010:95-182.
③ 邓旭.教育政策执行的制度分析框架[J].现代教育管理,2010(7):36-39.
④ 衣华亮,夏丹丹.转型期教育政策执行偏离探析:制度分析视角[J].现代教育管理,2015(9):54-59.
⑤ 岳伟,于利晶."两为主"政策执行失真的原因及对策研究[J].教育理论与实践,2013(17):9-12.

为本研究开展提供了一定的研究基础和分析框架,但仍存在以下几方面的问题:

第一,现有"县管校聘"政策研究以理论思辨为主,或是关注风险评估,或是分析政策文本,或是探讨理论基础等。相应的实证研究数量非常少,有且仅有两篇实证研究文献讨论了"县管校聘"政策执行问题以及轮岗教师的归属感问题,尚未有文献从政策执行视角开展"县管校聘"政策研究。

第二,现有研究围绕教师轮岗交流政策展开了丰富的讨论,包括教师流动意愿、政策执行效果以及政策执行的制约因素等方面内容,但是"县管校聘"政策与教师轮岗交流政策两者存在一定的区别。"县管校聘"政策包含教师编制、岗位、招聘、考核、交流、退出等系统改革。两种政策执行过程中面临的困境、可能发生的执行偏差都不尽相同。围绕教师轮岗交流政策的研究能够为"县管校聘"政策研究提供的一定的经验与视角,但不能代替"县管校聘"政策研究本身。检索与分析文献发现,当前"县管校聘"政策研究的数量非常少,相应的政策研究仍存在一定的空白,有待学者的研究与补充。

第三,现有政策执行研究建构了丰富多元的政策执行研究模式,其中,政策自身因素、政策执行组织、政策执行者、政策目标群体以及政策环境是影响政策执行的主要因素。但是已有研究相对侧重于对政策自身因素、政策执行组织、政策执行者、政策目标群体等方面的讨论与分析,而对政策执行所嵌入的情境性因素关注度不够,而不同的执行情境,如政策执行地的经济、政治、文化、地理状况,会对政策执行结果产生重要影响。

第四,政策执行是一个互动过程,但现有文献在讨论政策执行时较少关注政策执行者与政策目标群体的行为、策略及其互动过程。实际上,在政策执行过程中,由于不同行动者利益诉求的差异,其所采取的行动策略与具体行为都会存在一定的差异,而行动者差异化的行为会对政策执行结果产生重要影响。忽视政策执行中行动者的因素,很可能会持续导致政策执行的偏差无法及时得到纠正。

有鉴于此，在全国推动"县管校聘"改革的呼声越来越高的现实背景下，开展"县管校聘"政策执行研究显得尤为必要。只有通过扎实的实证研究，为政府部门提供丰富、真实的政策执行相关信息，才能进一步完善"县管校聘"政策，降低政策执行风险。因此，本研究拟从政策执行的视角开展 S 市"县管校聘"政策研究，从政策执行环境、执行行为以及执行结果三方面系统地开展 S 市"县管校聘"政策执行研究，以增进对 S 市"县管校聘"政策执行的理解，纠正政策执行中的偏差，完善"县管校聘"政策。

第二章 研究设计

第一节 研究问题

美国著名行政学者艾莉森指出:"在实现政策目标的过程中,方案确定的功能只占了10%,其余的90%则取决于有效的政策执行。"政策执行是连接政策预期目标与政策实际结果的中间环节,决定了政策实际结果。但实践证明,几乎任何政策付诸实践时都或多或少会产生政策执行问题,"完美行政"① 只是一种乌托邦式的幻想,在现实世界中并不存在。当前政策执行研究达成以下基本共识:政策执行与政策制定并非直线关系,政策制定并不等于政策执行,也不存在与政策制定预期完全一致的"完美"执行②。

历经40多年的发展,西方政策执行研究经历第一代政策执行研究、第二代政策执行研究、第三代政策执行研究三个阶段,提出了"自下而上""自上而下""综合型"三种研究路径,对西方公共政策执行中的复杂性、不确定性与动态性进行了更全面的解释。然而,与西方的公共政策执行不同,中国的公共政策执行嵌入在中国特有的政治、经济、社会、

---

① "完美行政"由英国学者胡德提出,意指在某种条件下,可用的资源和政治认同程度等"外部"因素与"行政"相结合,从而能够实现完美的政策执行。参见黑尧.现代国家的政策过程[M].赵成根,译.北京:中国青年出版社,2004:111.
② 冯猛.政策实施成本与上下级政府讨价还价的发生机制:基于四东县休禁牧案例的分析[J].社会,2017(3):215-241.

文化环境中。从政治环境看,中国的公共政策执行发生在一个"以党领政"、党和国家相互"嵌入"的独特结构和政治生态中,上级政府经由"压力型体制"①推动下级执行与实施公共政策;从政策网络看,中国有着复杂的府际关系和组织网络,其政策执行网络具有"条条""块块"的特征②;从利益相关者看,基层干部(地方政治精英)、政策目标群体等利益相关者在政策执行过程中会依据自身的利益与理解"变通执行"政策。在中国特殊的政治、文化、社会、经济等背景下,理解基层行动者的政策执行具体行为及其背后的行动逻辑、利益诉求尤为重要。

教育服务是公共服务的一种类型,教育政策隶属于公共政策领域,同样镶嵌在中国特殊的政治、经济、社会、文化体制中。毋庸置疑,教育政策执行也带有诸多公共政策执行的特征,甚至可以说许多"教育政策执行的问题"在某种角度上代表了"公共政策执行的中国问题"。已有研究发现,即使部分示范区已经执行了"县管校聘"政策,师资配置不均衡的问题仍没有得到实质性的解决,城镇学校不愿意派出优秀教师,优秀教师"下不去"的现象仍在重复再现。重复再现的组织现象是建筑在稳定持续的组织制度基础之上和相应的组织环境之中的③。如果不透视"县管校聘"政策执行过程,揭开"县管校聘"政策执行的黑箱,分析其背后的运行逻辑,那么无论未来教师流动政策如何演变,其执行困境仍可能在不同时空下重复上演。

有鉴于此,本研究试图从以下三方面探讨与分析 S 市"县管校聘"政策:

(1) S 市的"县管校聘"政策执行环境如何?政策执行嵌入在怎样的宏观、中观与微观环境中?具有什么特征?政策文本内容如何?存在

---

① 荣敬本.从压力型体制向民主合作体制的转变:县乡两级政治体制改革[M].北京:中央编译出版社,1998:257.压力型体制具体表现为,上级凭借其财权和人事权的优势,通过纵向的高位推动,可以很好地动员下级执行政策。但是,地方政府也并非消极被动的政治行为体,他们会运用政策的空间来弹性操作政策。

② "条条"是指不同层级的地方政府之间上下贯通的职能部门或机构,也包括部门、机构与其直属的事业单位。"块块"是指各级地方政府内部按照管理内容划分的不同部门或机构。

③ 周雪光.基层政府间的"共谋现象":一个政府行为的制度逻辑[J].社会学研究,2008(6):1-21.

什么问题？对 S 市执行"县管校聘"政策有何影响？

（2）在 S 市独特的环境中，面对"县管校聘"政策，各级政策执行者、政策目标群体表达出怎样的行为？有何特征？具体而言，市教育局、县教育局与学校是如何执行"县管校聘"政策的？其具体执行行为有何共性与差异特征？作为政策目标群体，教师在政策执行过程中是如何行动的？其背后的行动逻辑与利益诉求是什么？又采取了哪些行动策略？表现出怎样的差异化行为？

（3）从政策执行结果看，S 市"县管校聘"政策执行达成了怎样的结果？对县域内教师队伍的影响如何？政策执行结果存在什么问题？问题产生的原因又是什么？

第二节 研 究 方 法

研究问题决定研究范式，什么样的研究问题决定采用什么样的研究范式。本研究既要通过量化的、结构化的问卷数据，分析"县管校聘"改革对县域内教师队伍建设的影响，了解"县管校聘"政策执行产生了怎样的现实结果；又要基于质性的、半结构化的访谈资料，深描县级教育行政部门和学校组织成员所处的环境、采取的行动与策略，理解组织成员行动策略的原因与动机，解释"县管校聘"政策执行结果"为什么是这样"。一方面，如若不基于大范围的问卷调查而选择少量个案进行研究，尽管能深描与透视"县管校聘"政策执行过程，但是其研究结论的代表性、经验做法的可推广性仍需谨慎考虑；另一方面，从组织成员的行动看，无论是基层官僚还是校长、教师均置身于一定的政治、经济、社会环境中，在正式与非正式规则的约束下，基于自身对政策的理解与认同以及利益考虑而执行政策。单纯依赖量化的、结构化的问卷数据难以回应"县管校聘"政策执行的复杂性。

有鉴于此，基于本研究的研究问题，纯量化研究范式或者纯质性的研究范式都不足以完全解释与回应研究问题，混合研究范式更适合于本研究。

一、研究范式

(一)混合研究范式

回顾混合研究范式的发展历史发现,混合研究范式已形成独立的哲学理论基础、程序设计、具体方法、话语体系,并获得研究社群的认可与推广,是有别于量化、质性研究的研究范式。混合研究范式真正诞生于20世纪末的"范式之争",不同流派的学者围绕量化与质性研究的优劣和兼容议题展开了激烈的争论,纯量化论者和纯质性论者均认为在认识论、价值论、本体论和方法论等方面,两种研究范式存在本质的不同,和解是不可能的。然而,也有部分学者承认两种范式的可兼容性,认为在客观与主观之间存在着一种中间状态,既承认客观事实的确存在,又认为事实有赖于研究者的主观理解。此后,混合研究范式作为第三种研究范式正式诞生。混合研究范式的诞生使得学者不再拘泥于质性与量化范式之争,而将更多精力投入研究问题中。

从混合研究范式看,实用主义是混合研究范式的哲学基础,它认为研究问题远比方法或哲学世界观更为重要,拒绝量化研究或质性研究二元对立的关系,强调要根据研究问题混合使用两种范式,整合质性与量化研究的优势,使其研究劣势最小化,通过互补性优势和非重叠性弱势加强研究的效度与信度[1]。简言之,混合研究范式是一种研究者或研究团队整合两种不同研究范式的要素(如质性或量化研究视角,资料收集、分析与推论技术),以增进对研究问题理解的深度与广度的研究类型[2]。

从研究规范看,确定研究问题、范式选择理由、选择研究设计、收集资料、分析资料、解释资料、信度验证、研究结论是完整的混合研究需要包含的几个步骤。根据研究问题的需要,混合研究的流程是可以调

---

[1] BREWER J, HUNTER A. Multimethod research: a synthesis of styles [M]. Newbury Park, CA: Sage, 1989.

[2] JOHNSON R B, ONWUEGBUZIE A J, TURNER L A. Toward a definition of mixed methods research [J]. Journal of mixed methods research, 2007, 1(2): 112-133.

整的，如回到之前的步骤重新收集、整理与分析资料，直到获得关于研究问题的全部信息与知识①。

一旦一项研究在某种程度上结合了定量和定性技术，这项研究就不再是采用单一研究设计，而被视为混合研究设计。形象地说，纯量化设计和纯质性设计位于一个连续体的两端，而部分混合设计和完全混合设计则位于两端之间。根据混合研究中的混合程度、时间顺序、方法地位，有学者对已有的混合研究设计进行了总结与归纳，并提出了八种混合研究设计②。混合程度是指混合研究是部分研究过程混合，还是研究全过程混合；时间顺序是指量化方法和质性方法是大致发生在同一时间点，还是相继发生；方法地位是指质性和量化研究方法在解决研究问题方面是具有大致相等的地位，还是一种方法占据主导地位，另一种方法处于辅助地位。

然而，正如有学者指出，混合研究范式仍处于发展之中，尚未完全成熟，在哲学基础、概念立场、研究问题、话语体系、研究设计、分析模式、推论质量等方面仍有待进一步的讨论③。而且，由于除纯质性和纯量化研究之外，其余研究均属于广义的混合研究，故混合研究也容易被误认为是简单的调查+访谈。有研究发现指出，当前国内宣称采用混合研究范式的博士论文存在许多问题，如混淆与随意使用方法概念，缺乏对混合方法研究的理论基础与运用的合理性论述，在研究过程与研究结论上未整合量化与质性两种研究范式④。有鉴于此，本研究依据混合研究的基本流程，阐述选择混合研究范式的缘由，说明量化研究与质性

---

① JOHNSON B, ONWUEGBUZIE A. Mixed methods research: a research paradigm whose time has come[J]. Educational researcher, 2004, 33(7): 14-26.

② ONWUEGBUZIE A J, COLLINS K M T. A typology of mixed methods sampling designs in social science research[J]. Qualitative report, 2007, 12(2): 281-316.

③ TEDDLIE C, TASHAKKORI A. Overview of contemporary issues in mixed methods research[M]// TASHAKKORI A, TEDDLIE C. Sage handbook of mixed methods in social & behavioral research. Thousand Oaks: Sage, 2010: 1-41.

④ 李刚,王红蕾.混合方法研究的方法论与实践尝试:共识、争议与反思[J].华东师范大学学报（教育科学版）,2016(4):98-105.

研究的混合程度、时间顺序和方法地位。

（二）范式选择缘由

本研究从两个方面回应选择混合研究的缘由：第一，为什么是混合研究，而不是纯质性或纯量化研究，更适合本研究；第二是在本研究中，质性研究与量化研究范式的混合程度、时间顺序和方法地位如何。

第一，本研究为什么适合采用混合研究范式？从研究问题看，正如本节一开始所说，本研究既关注S市"县管校聘"政策执行结果，需要获取教师资源在县域内分布的群体性、截面性信息；同时，本研究又试图从行动者视角理解"县管校聘"政策执行结果何以如此，需要获取教育行政部门人员、教师、校长在政策执行过程中的个体性、过程性信息。由此，"纯粹主义①"的研究方法并不足以解决本研究的研究问题，而混合研究范式可以增进对"县管校聘"政策执行的理解，揭开S市"县管校聘"政策执行之"黑箱"。

尽管混合研究方法理论上能产生互补性优势和非重叠性弱势，但是它也存在费用更大、时间精力投入大、研究方法素养要求高等不足②，对研究者拥有的方法素养和研究条件提出了更高要求。笔者拥有多年的田野调查经验，在量化研究和质性研究方面均拥有一定的经验与心得。而且，本研究得到了S市地方政府、地方高校的大力支持，样本或个案的可回溯性较强，相对而言比较适合采用混合研究范式开展研究。

第二，借鉴里奇等人的分类方式，笔者从混合程度、时间顺序和方法地位三方面对范式选择缘由进行说明。在混合程度上，本研究属于部分混合。在资料收集方面，本研究结合问卷调查方法和访谈法，既通过问卷调查收集"县管校聘"政策相关的量化数据，也通过半结构式访谈获取质性资料；在资料分析方面，围绕研究问题，本研究在分析过程中

---

① 程天君.从"纯粹主义"到"实用主义"：教育社会学研究方法论的新动向[J].教育研究与实验，2014(1)：5-12.

② JOHNSON B, ONWUEGBUZIE A. Mixed methods research：a research paradigm whose time has come[J]. Educational researcher,2004,33(7)：14-26.

同时运用量化数据与质性资料增进对研究问题的理解与解释。在时间顺序上，尽管笔者曾多次跟随课题组负责人到 S 市开展实地调研、试调研活动，并根据前期调研的情况调整与修订研究工具。但是，需要说明的是，本研究的主体数据来源于 2019 年 12 月底开展的正式调研活动，在这次调研活动中问卷调查与访谈调查发生的时间间隔仅在两周之内，可以说两者是同时发生的，并没有明显的先后之别。从方法地位看，量化研究是对"县管校聘"政策执行结果的宏观把握，而质性研究是对政策行动者行为的微观透视，两者具有同等重要的地位。

综上，本研究的混合研究设计属于部分混合同时同地位研究。为了更直观地展现本研究的混合研究范式特征，笔者遵循前人提出的混合研究基本流程，从研究问题、范式选择理由、混合研究设计、资料收集、资料分析、资料解释、合法化、研究结论八个维度绘制了本研究的设计思路图（详见图 2-1）。

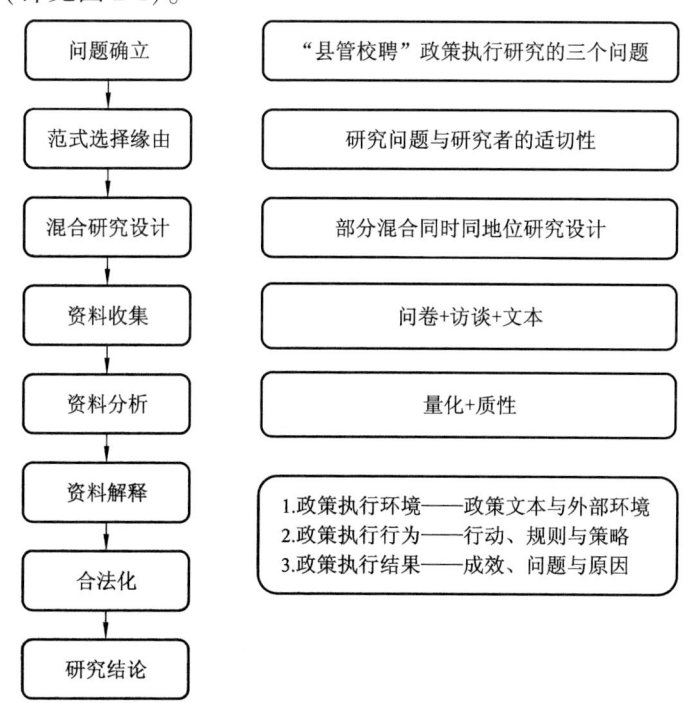

图 2-1 混合研究设计思路

二、具体方法

本研究采用量化与质化相结合的资料收集方式，收集 S 市"县管校聘"政策执行的相关资料。本研究的调查工具包括调查问卷、访谈提纲。调查工具的设计充分吸纳了教育行政人员、教育研究者、一线校长与教师的意见。为测试调查工具的有效性，尽可能迅速、准确且高效地采集信息，课题组先后开展两次试调研活动。2019 年 10 月 21—23 日，笔者在 S 市的两个县（市、区）开展试调查工作，对两县负责制定与执行"县管校聘"政策的教育局人员以及 4 所中小学学校的校长及教师开展试调研；基于第一次试调研结果，课题组对调查工具加以修订与完善，并于 2019 年 12 月 5 日在 S 市开展第二次试调研工作，以完善与修订调查工具，形成正式的 S 市"县管校聘"政策研究课题调查工具。

本研究采用了问卷调查法、访谈调查法和文献法三种方法。

（一）问卷调查法

为获取 S 市"县管校聘"政策执行的量化信息，课题组从校长、教师两个层面设计了《S 市基础教育[①]教师"县管校聘"政策调查（校长问卷）》《S 市基础教育教师"县管校聘"政策调查（教师问卷）》。教师问卷包括教师个人信息、政策沟通、政策参与度与满意度、政策效果等方面的问题，校长问卷包括校长个人信息、学校信息、政策实施问题、政策效果、学校办学自主权等方面的问题。考虑到研究的可行性，在具体实施过程中，课题组采用电子问卷的形式，由市教育局统一拟文，下发到县（市、区）教育局，再由县（市、区）教育局下发到调研学校，由调研学校负责组织相应的调查对象参与电子问卷的填写[②]。最终，课

---

① 由于 S 市"县管校聘"政策将幼儿园、高中教师也纳入改革范围内，故此处用基础教育，而非义务教育。

② 考虑到调研工作开展的可行性问题，在有限的时间内完成 S 市 10 个县（市、区）的实地问卷调查及资料转录工作是非常困难的，需要数量众多的调研员，由此会产生大量的沟通、协调问题。因此，课题组通过行政手段推动电子问卷调查，以提高问卷调查的效率。对于电子问卷调查中存在的随意填写等行为，课题组会根据填写效果反馈样本学校，如果学校填写质量不过关，问卷有效信息过低，则会上报市教育局，要求市教育局组织该学校重新填写，以尽可能保证学校能够严肃、认真、如实地填写电子问卷。

题组共回收了校长问卷 163 份、教师问卷 9037 份。

(二) 访谈法

为获取政策相关人员对"县管校聘"政策的多方面信息，课题组共设计了"S 市'县管校聘'政策研究访谈提纲（教师）""S 市'县管校聘'政策研究访谈提纲（校长）""S 市'县管校聘'政策研究访谈提纲（教育局人员）""S 市'县管校聘'政策研究访谈提纲（编办人员）"四类访谈资料，采用半结构式访谈方法，通过座谈、一对一交流等多种形式访谈教育局人员、编办人员、校长和教师四类人群。最终课题组共获取教育局人员访谈资料 4 份，编办人员访谈资料 4 份，校长访谈资料 24 份，教师访谈资料 200 余份。

(三) 文献法

此外，本研究还采用文献法收集了官方统计资料、"县管校聘"相关政策文本、期刊文章等文献资料。第一，从国家统计局、广东省统计局、S 市统计局等多种渠道，收集历年的中国教育统计年鉴、广东省统计年鉴、S 市国民经济和社会发展统计公报等文件，为描述研究背景与 S 市"县管校聘"政策执行提供必要的环境信息，弥补本研究问卷数据的不足，增强研究的信度与效度。

第二，文本是"县管校聘"政策研究的重要资料之一，对政策文本的梳理可以加深对政策的理解与思考，更好地了解政府所期望的政策效果。首先，本研究通过互联网、地方教育局、实地调研等不同途径获取多元的文本资料，在中国政府网以及广东等 31 个省（自治区、直辖市）政府门户网站、教育网站以"县管校聘"为检索关键词，收集在政策文件的主题词或内容中出现"县管校聘"词汇的全部政策文本，检索工作截止于 2019 年 11 月 30 日。笔者共收集到 5 份国家级政策文本、8 份省级政策文本；其次，在实地调研过程中，收集 S 市市、县在政策执行过程中产生的相关文本资料，如市、县两级"县管校聘"政策以及配套政策文件，"县管校聘"政策改革自评报告、总结报告等资料。

第三节 资料来源

一、数据来源

本研究采用量化与质性并用的混合研究方法，实证探讨 S 市"县管校聘"政策执行问题。研究数据主要来源于导师主持的"S 市'县管校聘'政策研究"课题以及网上公开的政策文本、教育统计年鉴等资料。

作为该课题研究的执行者之一，笔者参与该课题研究的全过程，包括调查工具研发、试调研活动、实地调研活动、数据整理与分析等，对课题的研究设计、调查工具与实地调研等均较为熟悉。在研究设计的初期阶段，2019 年 5 月 14—15 日，课题组负责人带领笔者及两名硕士生在 S 市开展实地调研，分别对 SA 区教育局"县管校聘"政策操刀手、4 名正副校长及 6 名专任教师进行座谈，获取了该区"县管校聘"政策执行的初步信息；2019 年 6 月 25—28 日，笔者独自到山东参与了 S 市组织的山东经验学习会议，在会议过程中，S 市 10 个县（市、区）教育局代表和学校代表各自介绍了执行"县管校聘"政策的经验、问题与建议。通过这两次活动，课题组掌握了 S 市实施"县管校聘"政策的部分资料。在研究设计的中期阶段，笔者与 S 市地方高校负责人频繁对接，沟通调研方案的可行性、调查工具的适用性与有效性等问题，其间多次对调研方案（包括调查工具）进行修订与完善。在研究设计的后期阶段，笔者亲自参与 2 次试调研活动，发现与总结调查工具的问题，进一步修订与完善调查工具。

在实地调查阶段，笔者作为研究团队的组织人，一方面组织团队成员参与实地调研，另一方面笔者也亲自到 S 市开展实地调研，在与县教育局人员、县编办人员、学校校长与教师的沟通中获取 S 市"县管校聘"政策执行的相关信息。

二、个案选择

本部分将从个案的典型性与研究的可行性两个层面回应选择 S 市个

案的缘由。

(一) 个案的典型性与代表性

典型性与代表性是个案研究中最容易受到质疑的地方。关于典型性与代表性的争议，学界对费孝通先生《江村经济》个案选择的争议较为经典。其争议的焦点是：以吴江开弦弓村为个案的研究，其研究结论能否代表中国农村的普遍情况？费孝通先生认为，虽然以江村为代表的类型研究不能代表中国的所有农村，但是能代表一些和江村条件相似的中国农村。如果能对中国农村进行合理的分类，并对每一种类型的典型农村进行研究，那就可以通过"逐渐接近"的方式了解中国所有的农村。换言之，个案研究对象所需要的不是统计学意义上的代表性，而是质的分析所必需的典型性[①]。当研究的个案满足典型性的特征，那么，通过尽可能完善地构建一个个特殊的、具体的、典型的个案，采取"逐渐接近"的方法，研究也能够达到从局部了解整体的目的。

本研究以S市为调查个案，这一个案具备一定的典型性特征。第一，从"县管校聘"改革看，S市的经验做法具有一定的典型性。作为第二批义务教育学校教师"县管校聘"管理改革示范区之一，S市是广东省全省唯一一个从地级市层面推行"县管校聘"政策的示范区。据了解，从2016年4月起，S市就开始探索推进中小学教师"县管校聘"管理改革，并分别于2018年和2019年的7、8月份全面推动"县管校聘"改革。经过近5年的政策制定、执行与调整，S市积累并形成了独特的改革经验，新华社、《中国教育报》、《南方日报》分别做过专题报道，省内外众多地市率队到S市交流学习。通过新闻媒体、实地考察等多种方式，S市"县管校聘"政策经验得以迅速扩散与推广，在全国范围内产生了广泛影响。从这一点看，S市积累了丰富的政策经验，并取得了一定的成效，是全国各地"县管校聘"政策执行的典型示范区之一。

第二，从S市的环境特征看，S市地处粤北地区，是经济欠发达地

---

① 王宁.代表性还是典型性：个案的属性与个案研究方法的逻辑基础[J].社会学研究,2002(5)：123-125.

区的山区城市，人口构成复杂、多元，汉族与瑶族、畲族等31个少数民族共存；地方政府财政能力有限，属于典型的"吃饭财政"；城乡社会经济发展差异明显，存在明显的城乡二元分割；受到城镇化与"校籍"教师管理体制的影响，也形成了农村学校教师"整体超编、结构性缺编"与县城学校教师"整体缺编"的基本格局。由此，以S市为个案的调查研究，能够为具有相似特征的地级市推动"县管校聘"政策提供有益的经验和帮助。

（二）研究的可行性

第一，本课题组与S市地方学院课题组、市教育局有一定的课题合作基础。2018年，围绕S市校长职级制风险评估课题，课题组与S市地方学院课题组初次合作开展课题研究。在顺利完成校长职级制改革课题研究的基础上，双方课题组再次合作开展"县管校聘"政策研究课题，围绕"县管校聘"政策的制定、执行与调整，对S市展开了长期跟踪调查，见证了S市"县管校聘"政策发展的全历程。在课题研究的基础上，以S市地方院校为纽带，课题组与S市教育局建立了稳固、紧密的合作关系，为本研究的开展提供了必要的基础条件。

上述合作的形成有一定的背景，为本研究的开展提供了强有力支持：其一，S市教育局对开展本地区的"县管校聘"政策研究有较强的需求[①]，但缺乏足够的人力、智力支持；其二，S市地方高校团队有一定的人力、物力，但是希望获得更高层次的智力支持，提高政策研究的质量；其三，课题组在坚持立足中国大地办教育、推动教育学科建设的时代背景下，积极与地方院校合作开展教育研究，推动教育事业发展。由此，研究团队提供智力支持，S市市教育局提供行政支持，S市地方高校则提供具体调查过程中所需的部分人力、物力等方面的支持。当然，在实地调研过程中，研究团队也派出9位团队成员参与"县管校聘"政策的实地调研。在实地调研过程中，S市教育局非常配合课题组开展政策研究，

---

① S市教育局希望借助华中师范大学高校专家团队的智力支持推动开展S市"县管校聘"政策研究项目，凝练S市"县管校聘"政策经验，发现政策执行过程中的问题，以完善政策文本，并为国家提供可供借鉴的、科学的"县管校聘"政策经验。

在整个研究过程中以开放、信任的态度接纳研究者，有助于本研究的开展。

第二，作为课题组成员之一，笔者有幸多次参与双方合作，与 S 市地方高校、政府部门和部分中小学之间构建了一定的信任关系，一定意义上从"局外人"转向"局内人"。2018 年 10—12 月，围绕"校长职级制改革及风险评估"，笔者先后参与了研究工具制作、实地调研以及调研报告撰写等工作；2019 年 6 月底，笔者受邀参与 S 市组织的山东经验学习会议，并作主旨发言。除此之外，笔者也曾以调研者的身份多次下到 S 市做田野调查，调查不同区域、不同类型的教育局人员、校长以及教师对"县管校聘"政策的评价。除正式合作之外，笔者还先后多次参与具有中国特色的饮食社交活动，通过正式/非正式的交往，笔者对 S 市教育发展情况有初步了解，并与 S 市地方高校、教育局、校长以及教师构建了一定的信任关系，这种信任关系为再次进入现场，顺利开展调研，获取更真实的信息提供了有益帮助①。

三、个案介绍

进入 21 世纪以来，S 市贯彻落实教育优先发展战略和重点发展战略，以加强农村基础教育和大力发展高中阶段教育为工作重点，不断深化教育领域改革，持续提高教育经费投入力度，在推进教育事业持续发展方面取得了较好成绩。在基础教育得到巩固和发展的同时，教育发展向两头延伸，学前教育实现整体推进，高中教育基本普及，职业教育、特殊教育、高等教育齐头并进，公民办教育相互补充，教育事业发展取得了良好的成效。2017 年 6—10 月，S 市 SH、SJ、SG、SA、SL 等 6 个县（市、区）完成教育现代化先进县（区）暨教育强县（区）复评督导验收申报工作，剩余 4 个县（市、区）于 2018 年顺利通过督导验收工作。S 市获"广东省推进教育现代化先进市"称号，并获颁牌匾。

---

① 在两次试调研过程中，笔者发现 S 市各县（市、区）学校校长、教师对调查者（陌生人）有较强的抵触、戒备心理，交流时较为官方化，不愿吐露真实声音，不利于本研究采集真实有效的信息。

"县管校聘"政策是一项教育领域内的改革，S市的基础教育发展状况直接影响与制约"县管校聘"政策执行。从基础教育段看，自2000—2018年，S市中小学数量持续减少，其中小学数量减少幅度最大。数据显示，2000年S市有小学1303所，初中181所，高中39所。到2018年时，S市小学数量减少为196所，初中数量减少为124所，高中数量减少为24所，小学数量减幅达85%，初中数量减幅达31.5%，高中数量减幅达38.5%（详见图2-2）。S市小学数量大幅减少在很大程度上是源于21世纪初农村学校布局调整政策的影响，在当时经济理性价值的主导下，地方政府过度追求教育的规模效益①，使得S市大量农村小规模学校/教学点被撤并。

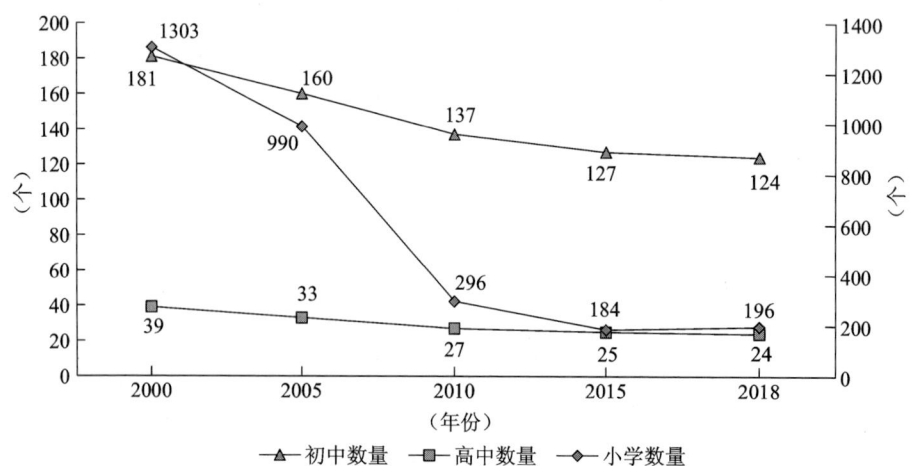

图2-2　S市中小学校数量变化图（2000—2018年）

（资料来源：S市2000—2018年国民经济和社会发展统计公报）

伴随着学校数量的急剧减少，S市中小学学生规模也发生了一定的变化。从学生规模看，小学生、初中生规模整体呈现减少趋势，而高中生规模有所增加。从表2-1可以看出，小学生数从2000年的338916人减少至248414人，减少幅度达26.7%，初中生数从2000年的157960人减

---

① 雷万鹏,张婧梅.学校布局调整应回归教育本位:对学校撤并标准的实证分析[J].教育研究与实验,2010(3):6-10.

少至106296人，减少幅度达32.7%，高中生数从2000年的29890人增加至50541人，增加幅度达69.1%。然而，从不同年份比较看，S市小学生、初中生数量分别在2010年、2015年左右达到底端，随后有所反弹，尤其是小学生规模。数据显示，在2010—2018年间，S市小学生规模增加了19.8%，由2010年的207299人增加至248414人。本地户籍人口或是选择返乡务工，或是选择让子女留守接受教育，外地户籍人口到S市务工人数的增加①，以及新生儿数量的增加②是导致上述变化的主要原因。

表2-1　S市中小学学生规模变化表（2000—2018年）　　单位：人

年份	小学		初中		高中	
	学生数	校均规模	学生数	校均规模	学生数	校均规模
2000	338916	260	157960	873	29890	766
2005	290860	294	168092	1051	55342	1677
2010	207299	700	135955	992	63910	2367
2015	218150	1186	94080	741	60709	2428
2018	248414	1267	106296	857	50541	2106

资料来源：S市2000—2018年国民经济和社会发展统计公报。

伴随着学校数量的急剧减少以及学生规模的变化，S市中小学校均规模持续扩大。从表2-1可以看出，初中学校校均规模的变化不大，但小学和高中学校的校均规模发生了极大的变化。具体而言，小学学校规模由2000年的260生/校扩大为1267生/校，小学学校规模扩大幅度达到387.3%，初中学校规模由873生/校减少为857生/校，整体规模变化不大，高中学校规模由766生/校扩大至2106生/校，扩大幅度超174.9%。可见，S市高中与小学学校的校均规模持续扩大。

① 2013年，S市印发了《关于进城务工人员随迁子女接受义务教育后参加初中升学考试工作方案》，解决了外来务工人员子女在S市中考升学问题，吸引了更多外地人口到S市工作。
② 根据2015—2018年S市国民经济和社会发展统计公报数据显示，随着"全面二孩"政策的放开，S市新生儿数量有所增加，2015—2018年间，S市全年出生人口数量不低于3万人。具体而言，2015年，S市全年出生人口3.16万人，2016年为3.62万人，2017年为4.3万人，2018年为3.6万人。

在学校与学生规模急剧变化的情况下，S市中小学教职工规模却变化不大，长期处于超编状态。从表2-2可以看出，S市小学教职工数量缓慢增长，由2013年的12090人增加至2017年的12307人，而中学教职工数量有所减少，由16341人减少至15626人。然而，从应然编制数看，采用《关于统一城乡中小学教职工编制标准的通知》规定的编制核定标准，结合学生规模换算可以发现，S市中小学教职工队伍长期处于超编状态。从小学看，随着学生数量的增加，2013—2017年间，S市小学超编情况逐渐改善，由2013年的超编1207人到2017年的缺编128人；从中学看，尽管S市中学教职工数量逐年减少，但S市中学始终处于超编状态，由2013年的超编[3526，4475]人变为2017年的超编[3263，4179]人，中学超编情况仍较为严重。

表2-2　S市中小学教职工规模变化表① 单位：人

年份	小学			普通中学		
	学生数	应然编制数	教职工数	学生数	应然编制数	教职工数
2013	206775	10883	12090	160192	[11866,12815]	16341
2014	210459	11077	11973	160678	[11902,12854]	16068
2015	218150	11482	11817	154789	[11466,12383]	15776
2016	227248	11960	12015	153462	[11368,12277]	15751
2017	236257	12435	12307	154534	[11447,12363]	15626

资料来源：S市2014—2018年统计年鉴。

S市中小学师生规模变化以及城乡分布的差异性在一定程度上加剧了教育供求的矛盾。从上述分析可以看出，尽管近年来S市小学、初中学生规模增长幅度不小，但中小学教职工的规模变化始终不大，甚至整体上有减少的趋势。而且，受到城镇化发展、布局调整政策、全面二孩政策等多方因素的影响，大量的农村学生进城就学，S市适龄儿童的城

---

① 普通中学包括初中与高中；应然编制数是指按照国家标准以及S市学生数换算的编制数。由于S市统计年鉴中未区分初中、高中教职工数量，故此处普通中学的应然编制数是一个区间范围，而非准确的数字。

乡分布发生了极大的变化，呈现出县城学校规模大，农村学校规模小的基本格局。S市教育事业发展"十三五"规划明确提出：由于城镇人口增长速度远快于学校建设速度，目前S市的城镇学位紧张，中小学大班额、大校额现象严重，制约了学校的教育教学质量。然而，在教师编制总量上，S市中小学教师编制整体上处于超编状态，增长乏力，但是已有研究表明，用城乡统一的生师比核定城乡学校教师编制数量存在一定的不合理性，尤其是小规模学校。小规模学校对教师编制的实际需求数量要远远大于用生师比核定的编制数；此外，在教师编制统筹调配上，受到教师"校籍"管理体制的影响，教师编制不能随着学生的流动而流动。在教师编制总量增长乏力以及内部统筹调配受限的情况下，S市中小学教师的供给与分布状况不适应学生变化的趋势，城乡教师分布呈现出城镇教师编制总量短缺和农村教师"超编缺员"的"双缺"状态。在上述背景下，为进一步推动S市教育事业发展，加强教师队伍建设，S市积极探索、推动与执行"县管校聘"政策。

第四节　抽样与样本

一、抽样说明

样本选取的成功与否直接影响研究结论的正确性与可推广性。抽样的方式一般可以分为概率抽样和非概率抽样两种方式。考虑到本研究的目的与设计，既需要从具有代表性的样本中推论总体结果，又需要在有限的时间内深入挖掘具有典型意义的个案，故本研究采用概率抽样与非概率抽样相结合的方式抽取调查样本。在问卷调查样本选取上，本研究采用分层整群抽样的方法，随机选取10个县（市、区）的问卷调查对象；在访谈调查样本选取上，本研究采用判断抽样的方式，选择较有代表性的4个县（市、区）开展访谈调查。

国家政策将"县管校聘"改革限定在义务教育段，而S市在执行政策时将高中学校教师也纳入政策对象范围，并在不同学段内调整富余编制。由此，本研究在抽样调查时，适当扩大调查范围，将高中学校也纳入调查范围之内，即学校样本包括高中、初中与小学。问卷调查对象包括中小学教师和校长，访谈调查对象不仅包括中小学教师和校长，还包括县（市、区）教育局人员和编办人员。具体抽样流程与规则如下：

第一，在县（市、区）样本上，问卷调查采用全样本调查的方式，S市10个县（市、区）均参与电子问卷调查；访谈调查采用判断抽样的方式，由S市教育局基于对S市各县（市、区）"县管校聘"政策典型性的判断，最终选择SS市、SA区、SL县、SZ县四个县（市、区）作为S市"县管校聘"政策执行的访谈调查样本。

第二，在每个县（市、区）内选择1个县城、2个乡镇作为调查的县镇样本。每个县（市、区）的县城为固定取样样本，乡镇样本则采取分类随机抽样的方式确定；在选择乡镇样本时，考虑到距离是影响教师流动意愿的重要因素，故课题组根据乡镇与县人民政府的距离，以10公里为标准，将10公里以内的乡镇划分为近城乡镇，将10公里以外的乡镇划分为远城乡镇。依据上述标准，课题组对每个县（市、区）的乡镇进行分类编码，并使用EXCEL软件的RAND函数功能随机确定乡镇样本。最终在每个县（市、区）选择1个县城、1个近城乡镇与1个远城乡镇。

第三，在每个县城中，课题组共随机选取6所学校作为问卷调查样本，其中中学、小学各3所，在6所中小学中再随机确定1所中学、1所小学作为访谈调查样本；在每个乡镇中，课题组随机选择2所学校作为（问卷、访谈）调查样本，其中中学、小学各1所；在确定具体学校样本的过程中，课题组分类处理不同情况[①]。县（市、区）学校样本抽样逻辑见图2-3。

[①] 在问卷调查方法中，其一，当乡镇样本仅有1所中学和1所小学，则2所学校直接参与调查，无须抽样；其二，当乡镇样本中任一学段学校总数大于2所时，乡镇学校依学段分类编码后以随机抽样的方式确定；其三，当县城学校样本有且仅有3所中学、3所小学时，则6所学校直接参与调查，无须抽样；其四，当县城任一学段学校总数大于3所时，县城学校依学段分类编码后以随机抽样的方式确定。访谈调查基本沿袭问卷调查确定的学校样本，仅在县城学校样本上有所区别。

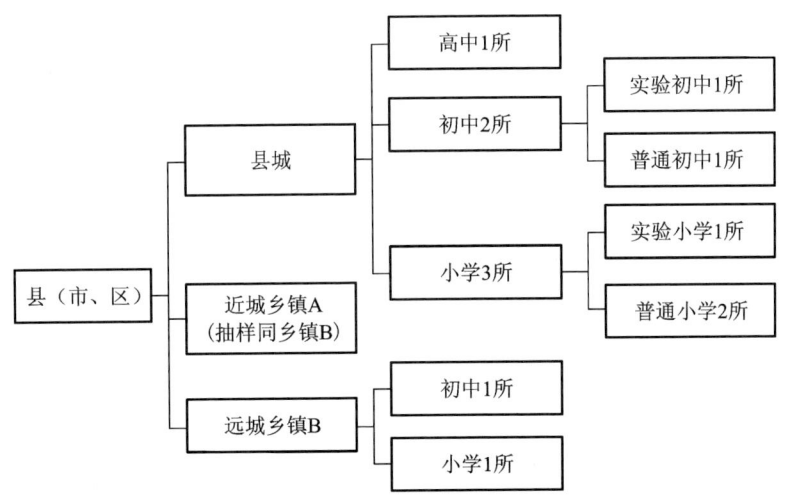

图 2-3 县（市、区）学校样本抽样逻辑

第四，在确定具体调研人员时，课题组调查采用全样本调查的方式开展电子问卷调查，由学校校长组织全体教师填写电子问卷；访谈调查按教育局人员、编办人员、学校校长和教师分类开展调查。其中，在 4 个访谈调查县（市、区）中，每个县（市、区）教育部门选择 2~3 名"县管校聘"政策的"操刀手"，编制部门选择 1~2 名参与"县管校聘"政策的相关干部，学校选择 2~5 名全程参与校级"县管校聘"政策过程的正（副）校长及中层干部参与访谈，并根据"县管校聘"政策的规定，选择不少于 10 名公办教师参与访谈调查，其中尽可能包含校内直聘、校内竞聘、跨校竞聘和组织调剂①四种类型的教师。

二、样本描述

课题组于 2019 年 12 月中旬正式启动调查，于 12 月底完成正式调研。其中，问卷调查于 12 月 16 日至 31 日间开展，完成 S 市 10 个县

---

① 直聘教师是学校按照直聘规则直接聘用的教师；校内竞聘教师是原教师队伍通过竞聘考核后留在学校的教师；跨校竞聘是指在跨校竞聘环节中离开原学校到其他学校竞聘成功的教师；组织调剂教师是指在校内竞聘、跨校竞聘中均未应聘成功，由县（市、区）教育局直接分配的教师。

（市、区）的电子问卷调查，访谈调查于 12 月 23 日至 31 日开展，完成 4 个典型县（市、区）的调查。在访谈调查中，课题组与 S 市地方高校课题组联合组成四个实地调查小组，笔者担任其中一个调查小组的小组长。经过为期半个月的调查，课题组围绕"县管校聘"政策，从教育局管理人员、编办人员、校长和教师等不同群体收集了大量的第一手资料，共回收问卷资料 9000 余份、访谈资料近 200 份，汇总与整理后形成 S 市"县管校聘"政策研究数据库（详见表 2-3）。

表 2-3　调研样本分布情况　　　　　　　　　　　　　　单位：人

地区	问卷样本量		访谈样本量			
	中小学教师	校长	教育局人员	编办人员	校长	教师
SS 市	1167	15	1	1	6	40
SD 市	817	18	—	—	—	—
SA 区	595	24	1	1	6	40
SH 区	604	15	—	—	—	—
SG 区	571	13	—	—	—	—
SL 县	890	15	1	1	6	40
SZ 县	1262	12	1	1	6	40
SJ 县	1063	24	—	—	—	—
SF 县	789	14	—	—	—	—
SK 县	1278	13	—	—	—	—
总计	9036	163	4	4	24	160

对校长样本进行分析后发现：（1）从任职学校类别看，完全小学的校长占 39.9%，36.8% 的校长任职于初中学校，10.4% 的校长任职于完全中学，6.1% 的校长任职于九年一贯制学校；（2）从任职学校的城乡属性来看，49.1% 的校长任职于县城学校，44.2% 的校长任职于乡镇学校，6.7% 的校长任职于乡村学校；（3）从地理位置看，27.0% 的校长任职学校位于平原，9.8% 的校长任职于丘陵地区学校，57.1% 的校长任职

于山区学校；（4）从寄宿与否看，超过一半（55.2%）的学校校长任职于寄宿制学校；（5）从学校层次看，14.7%的校长任职于薄弱学校，57.1%的校长任职于普通学校，27.6%的校长任职于省/市/县示范校（详见表2-4）。

表2-4 学校校长基本信息表

类别	值	类别	值	类别	值
任职学校类别(%)		学校层次(%)		城乡属性(%)	
教学点	1.8	薄弱学校	14.7	乡村学校	6.7
完全小学	39.9	普通学校	57.1	乡镇学校	44.2
初中	36.8	县/市示范校	19.0	县城学校	49.1
九年一贯制	6.1	省级示范校	8.6	学校质量(%)	
完全中学	10.4	其他	0.6	较差	3.1
高中	4.3	地理位置(%)		中下	8.0
其他	0.6	平原	27.0	中等	30.1
寄宿与否(%)		丘陵	9.8	中上	46.6
寄宿制学校	55.2	山区	57.1	最好	12.3
非寄宿制学校	44.8	其他	6.1	样本量(个)	163

以上分析表明，在学校样本中，以完全小学、初中为主，大部分学校分布在山区与平原，少量学校分布在丘陵，并存在不小比例的寄宿制学校；县城与乡镇学校占比大致相当，优质校、薄弱校与普通校样本均占有一定的比例，学校样本的覆盖面较广。

对教师样本进行分析后发现：（1）从人口学特征来看，教师平均年龄为42.1岁，男性占41.2%，已婚教师占86.1%，以汉族为主；（2）从学历背景看，19.6%的教师拥有大专学历，超过四分之三的教师拥有本科及以上学历（77.6%）；（3）从职称看，7.3%的教师未定级，5.5%的教师为三级教师，19.3%的教师为二级教师，55.9%的教师为一级教师，高级及以上教师占比达12.0%；（4）从教学背景看，教师平均教龄为20.5年，13.5%的教师担任中层管理干部或校级领导职务，具有一定的行政职务；（5）从教师待遇看，教师的平均工资为6.9万元/年（详见表2-5）。以上分析表明，在教师样本中，中小学教师整体年龄偏大，汉族教师、已婚教师居多，教师普遍具有较高的学历水平，超过五分之三的教师拥有中级以上职称。

表2-5 中小学教师基本信息表

类别	值	类别	值	类别	值
男性(%)	41.2	职称(%)		婚姻状况(%)	
汉族(%)	97.6	未定级	7.3	未婚	10.3
家庭经济条件(%)		三级	5.5	已婚	86.1
非常好	0.3	二级	19.3	其他	3.6
比较好	7.4	一级	55.9	最高学历(%)	
一般	78.4	高级	11.9	高中及以下	2.8
比较差	12.9	正高	0.1	大专	19.6
非常差	1.1	行政职务(%)		本科	76.4
平均年龄(年)	42.1	中层管理人员	10.4	研究生	1.2
平均教龄(年)	20.5	校级领导	3.1	平均工资(万元/年)	6.9
				样本量(个)	9036

第五节 研究框架

结合现有文献，研究者在借鉴史密斯的政策执行过程模式、麦克拉夫林的调适模式、范·米特的系统模式等多种政策执行模式的基础上，建构了本研究的理论框架，如图2-4所示。

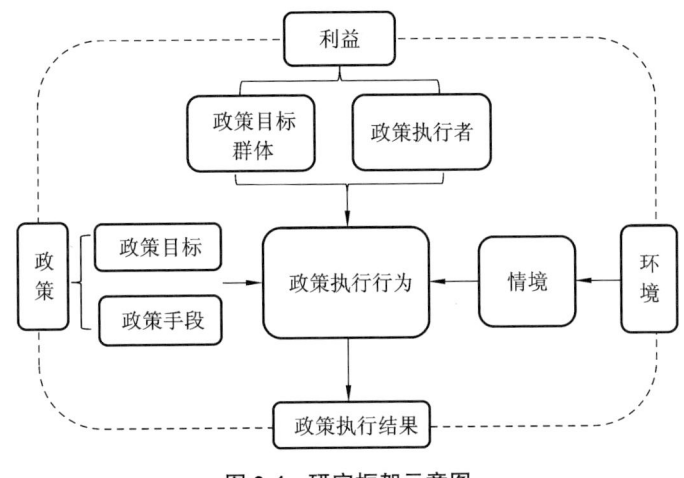

图 2-4 研究框架示意图

本研究的分析框架包含以下几方面的要素：政策文本、政策环境、政策执行者、政策目标群体以及政策执行结果。第一，理想化的政策是影响政策执行的首要因素，政策目标合理、清晰与否，政策手段科学、明确与否，直接影响政策的有效执行。

第二，政策环境构成政策执行的外部条件，从宏观、中观、微观环境分析环境因素对"县管校聘"政策执行的影响；本研究中的政策环境是指一种广义的政策环境，政策文本以及政策环境都是影响政策执行的前置性条件，是 S 市执行"县管校聘"政策的背景环境。需要说明的是，本研究将政策文本作为分析政策执行的重要影响因素之一，仅仅分析已经制定好的政策文本存在什么问题，及其对政策执行产生怎样的影响，而不过多讨论与介绍 S 市"县管校聘"政策制定的问题。

第三，研究框架进一步纳入政策执行人员与政策目标群体的执行行为。本研究认为，对于一项公共政策而言，政策执行者以及政策目标群体的执行行为至关重要，无论是执行机构的人员、属性或执行能力，还是政策目标群体对政策的认同，其最终都会表现为一定的执行行为。如果政策执行者或政策目标群体的实际行为与政策预期行为相符，那么就能够实现政策的预期结果。反之，则不能。根据理性人假设，利益博弈是影响政策执行者与政策目标群体执行行为的关键因素，深入理解政策相关群体的行动逻辑及其背后的利益诉求是推动政策有效执行的关键。

第四，本研究进一步将政策执行结果纳入研究框架之中。基于对已有执行研究文献的梳理可以发现，政策执行"发生了什么"，影响执行"发生的事情"是政策执行研究关注的两大议题①。而政策执行结果，是评价政策执行效果的重要依据，也会形成一定的张力，对政策修订与完善产生影响，是政策执行研究的重要内容。

此外，整体而言，本研究的整体结构安排如下所述。第一章是绪论，在介绍研究开展的社会经济背景、教育发展背景与政策背景的基础上，对研究目的与意义、相关概念作了一定的说明，并梳理了相关的文献，为本研究的开展提供了一定的背景性知识；第二章是研究设计，对研究问题、研究设计、资料来源、抽样与样本等多方面信息做了初步交代；第三章是S市"县管校聘"政策执行环境研究，分析与描述了S市政策环境与政策文本，及其对政策执行的影响；第四章是S市"县管校聘"政策执行行为研究，研究了政策执行者与政策目标群体在政策执行过程中的具体行动与策略，增进对不同行动者的具体行动及其背后利益诉求的理解，以期揭开"县管校聘"政策执行过程的"黑箱"；第五章研究了S市"县管校聘"政策执行产生的结果，即政策执行对教师队伍建设有何成效，政策执行结果存在的问题，整体呈现了S市的政策执行结果；第六章是研究结论与对策建议，对前几章研究进行总结，并根据研究发现，提出相应的对策建议。

---

① 希尔,休普.执行公共政策[M].黄健荣,等译.北京:商务印书馆,2011:2.

第三章　S市"县管校聘"政策执行环境研究

"县管校聘"政策的执行成效与所处地域的社会经济环境、教育变迁以及相关政策有着十分紧密的关系。广东省位于华南地区，是中国第一经济大省，连续30年位居全国第一，但因区位、历史、发展战略等多种原因，省内的经济发展水平并不均衡，珠三角、粤东、粤西和粤北存在较大差距。经济发展水平影响与制约教育事业发展。S市位于广东省北部，连续多年GDP总量在全省排行倒数几位，是广东省内经济欠发达地区。近几十年来，广东省S市经济社会发展经历了从传统农业到工业到生态发展的演变，加之传统文化的影响，广东省S市形成了具有自身鲜明特征的区域性社会文化。这种社会文化也深深地嵌入广东省S市经济、社会、教育的发展之中，以或外显或内隐的方式影响着当地人民的生活。犹如《村落中的国家》所说：作为国家政权建制的一部分，丰年县与中国任何一个县、市都没有二致①，但是中国每一个县、市因为地方历史和生活区域环境的不同，其社会文化又显现着它有别于其他区域的独特性。由此来看，广东省S市，既是普通的，又是特殊的，具有一定的研究价值和意义。

作为一项新政策，经过持续6年的实践探索，中国大地上积累了丰富的"县管校聘"改革实践经验，如成都经验、潍坊经验、武穴经验

---

① 李树磊.村落中的国家：文化变迁中的乡村学校[M].杭州：浙江人民出版社，1999：2.

等，但不同经验的发生环境不同，其实践做法也千差万别。学习与借鉴示范区的改革做法或经验时，不可忽视不同区域的环境差异以及某些经验模式赖以生成的环境因素，否则很可能会出现"水土不服"的问题。在S市的"县管校聘"政策执行过程中，县级政府是执行政策的基层政府组织，对于县级政府而言，市级政府制定的政策文本是其将政策付诸实践的外部约束条件。"县管校聘"政策的文本内容、经验做法及其所处的环境系统都是影响公共政策执行效果的关键变量。

那么，广东省S市的"县管校聘"政策执行嵌入在怎样的环境特征中？其制定的政策文本具有哪些方面的内容，又存在哪些问题？政策本体以及政策环境对"县管校聘"政策执行产生了怎样的影响？对此，笔者首先从S市的宏观、中观、微观环境分析环境因素对政策执行的影响，其次对S市的"县管校聘"政策目标、内容与手段进行介绍，分析其政策本体存在的问题，为后续章节分析"县管校聘"政策执行提供背景性的信息。

第一节 S市"县管校聘"政策执行环境分析

一、宏观环境影响

S市的经济环境、地理环境以及文化环境是"县管校聘"政策执行所嵌入的宏观环境，这一宏观环境特征会对后续的政策执行行为与结果产生一定影响。

（一）经济环境

S市地方政府有限的财政能力制约了其对"县管校聘"政策资源的供给能力。近年来，S市的经济发展水平不高，在广东省各市GDP排名中持续靠后，而且其经济发展方式正在转型，追求绿色生态的发展战略，也在一定程度上影响了S市的经济增长速度。

从图3-1可以看出，"收不抵支"是S市市政府的财政收支常态，地方一般公共预算收入仅为地方一般公共预算支出的五分之一左右。2018年，S市地方一般公共预算收入为94.70亿元，而地方一般公共预算支出达到338.73亿元，前者占后者的比重为27.96%。从变化趋势看，这一比重有逐渐缩小的趋势，2017年S市地方一般公共预算收入占比为28.55%，而2018年这一占比降低了约0.6个百分点。也就是说，近年来S市市政府收不抵支的状况更加严重。

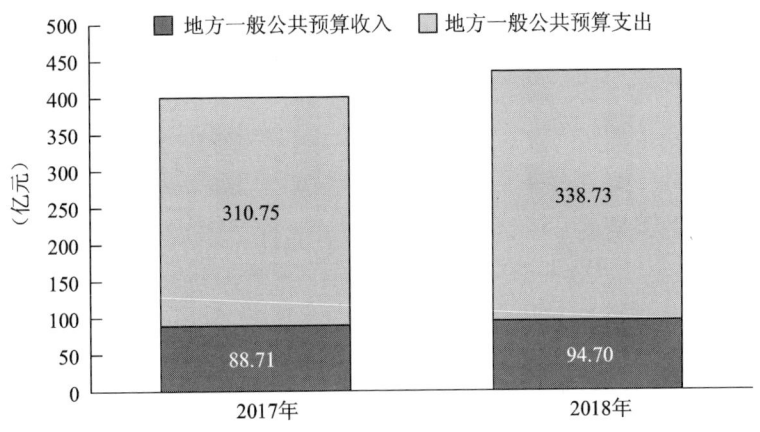

图3-1　S市地方财政收支图

（资料来源：广东省2019年统计年鉴）

一般而言，受到分税制改革的影响，地方一般公共预算收入小于地方一般公共预算支出是中国地方政府的常态。但是，比较S市与广东省的收支差异可以发现，S市的一般公共预算收入占比远远低于平均水平。数据显示，广东省2017年地方一般公共预算收入占支出的比例为75.28%，2018年这一比例则达到76.96%。

由于经济发展状况存在差异，S市不同县（市、区）政府的财政收支状况也存在一定的差异，而县级政府是执行"县管校聘"政策的基层政府组织，其财政能力会影响与制约政策执行结果。从图3-2可以看出，S市10个县（市、区）均处于"收不抵支"的状况，收支差额的区间范围为［8.8，32.3］，不同县（市、区）政府之间收支状况差异悬殊。绝大多数县（市、区）的预算收支差额在10亿元以上，个别县（市、区）的预算收支差额超过25亿元，甚至有县（市、区）的收支差额达到32.3亿元。

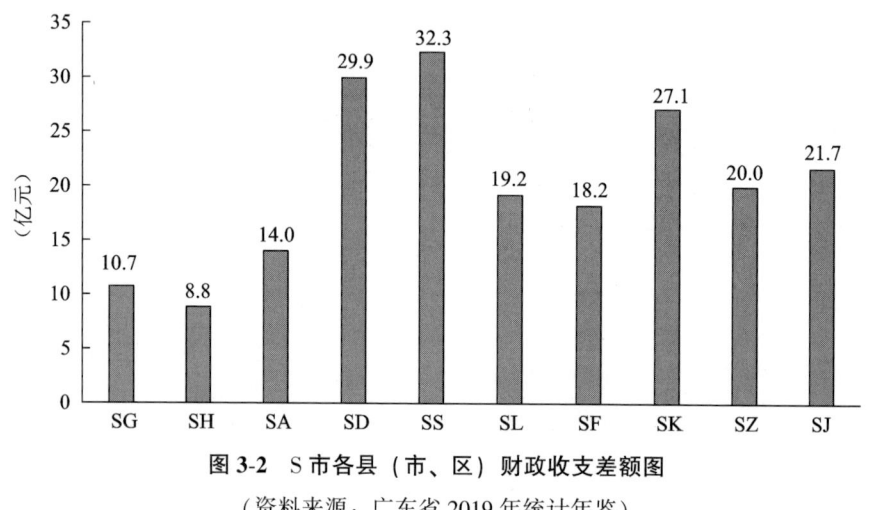

图3-2　S市各县（市、区）财政收支差额图

（资料来源：广东省2019年统计年鉴）

尽管如此，S市及各县（市、区）每年还需要积极筹措和落实国家、省下发的各项政策所需配套资金。仅以《广东省山区和农村边远地区教师生活补助》政策为例，根据省、市、县的分摊比例以及省级财政拨付金额进行换算，2015—2020年，S市地方政府每年需要配套的经费逐年递增，由2015年的2434万元增加至2020年的3043.5万元，5年累计支出15365.5万元，平均每年支出不低于3000万元。仅此一项政策就使S市每年需要新增3000余万元的支出，在一定程度上加剧了S市地方财政的收支不平衡状况以及S市对上级政府财政转移支付的依赖程度。

有限的财政能力约束了"县管校聘"政策相关配套资源的投入，进而对政策的有效执行产生了一定的负面影响。调查发现，S市"县管校聘"政策有一定的经费投入需求，但在实际执行过程中，S市财政部门除了完成日常的教师工资以及生活补助政策费用的发放外，无任何配套经费的投入。可以说，"县管校聘"政策主要靠各县（市、区）教育局、学校与教师在不计成本回报的状态下执行。但由于缺乏必要的配套经费投入，流动教师，尤其是下乡流动教师的住宿问题并未得到解决，而参与流动又会产生一定的流动成本，制约了教师参与流动的意愿以及对政策的满意度。在实地调研过程中，SL县教育局工作人员X在访谈中指出：当地位于山区的乡镇较多，建设必要的教师周转房能够解决流动教师在农村学校的居住问题。但是在近些年生态发展的大背景下，县政府的财政能力更加有限，教育局多次向县财政部门、县政府提出申请无果，当地教师周转房建设陷入僵局（访谈时间：2019年10月）。

从调查数据看，图3-3表明，下乡流动教师的住宿问题并未得到完全解决，相当比例的教师需要自费租房或在家校之间往返。数据显示，在县城下乡的流动教师中，仅超过二分之一的教师（59.12%）住在学校宿舍或教师周转房，接近五分之一的教师（18.25%）自费租房/购房或补贴租房，剩下的教师（22.64%）则选择住在家里，在学校与家之间往返。可以发现，在"县管校聘"政策执行后，仅在住房/交通上，接近五分之二的下乡教师就需要支出一定的经济成本。这一流动成本在一定程度上约束了教师参与流动的积极性，也消解了教师生活补助政策对教师的激励作用。在访谈调查过程中，PT中学的YSS老师为笔者详细地算了一笔账："我每天都要在学校和家里往返，因为家里有1个刚1岁多的小宝宝要照顾。我基本上每天早上5点多起床，7点多到学校。PT镇距离SS市市区50多公里，每天来回跑要花近2个半小时，每周末要加油，每次加300（元），每个月的油费算起来也不便宜。看起来我每个月有1600元的生活补助，但是扣除这些生活成本后，没剩啥钱，有时候还要自己多出呢。而且，这也不是钱的事，能用钱解决的事都不是事，而是这来回路上，山路多，开车也不安全。一旦出事，也没有相应的保障措施。"（访谈时间：2019年12月）

（二）地理环境

已有研究发现，地理环境在一定程度上影响与制约着S市教师的流动意愿。当县域的地理跨度较小，乡镇与县城之间的距离较近且交通较为便利时，教师可以工作在乡镇，居住在县城，能够增加教师的流动意

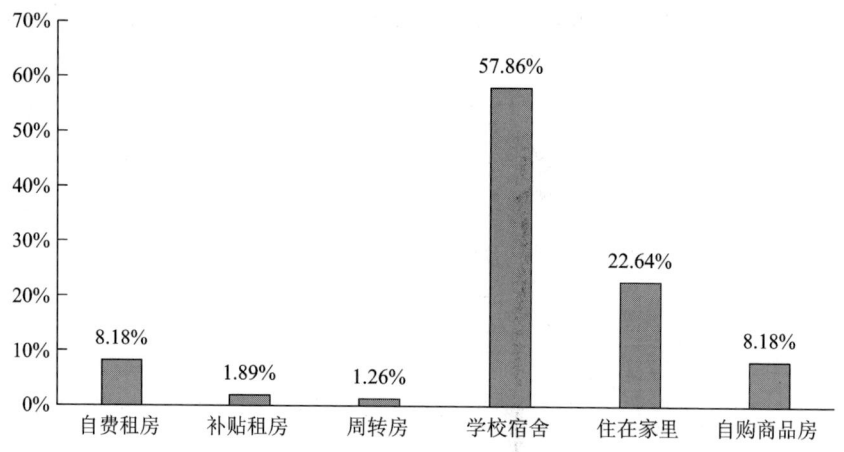

图 3-3 下乡流动教师住宿情况图

愿。一项基于天增县的调查发现，该县地理跨度小，学校距离县城的平均距离仅 12 公里，而从乡村学校教师队伍的地缘结构看，仅 27.8% 的教师来自本乡镇，其他教师均来自其他乡镇或县城，教师在学校间的流动较为平常①。

然而，S 市的地理环境复杂。一方面，S 市位于南岭山脉南部，地形以山地、丘陵为主，平原、台地面积仅占全市面积的五分之一左右，部分地区甚至处于生存条件较为恶劣的石灰岩地带；另一方面，S 市的地理跨度大，东西跨长 186.3 公里，南北跨长 173.4 公里。仅从调查的城乡样本看，数据分析显示，在 20 个乡镇样本中，最近的乡镇距离县城 7.4 公里，最远的乡镇距离县城 55 公里，乡镇样本与 S 市各县（市、区）的平均距离为 22.6 公里②。如果进一步扩大乡镇样本，那么 S 市各县（市、区）乡镇与县城之间的平均距离还会增加。

从影响教师流动意愿的调查数据看，距离远是影响 S 市教师流动的主要原因之一，仅次于照顾家庭与子女教育。从图 3-4 可以看出，具体

---

① 姜超.教师交流政策执行嵌入在什么关系中?:基于天增县的田野考察[J].教育学术月刊,2019(5):54-62.

② 在距离计算上，笔者以 S 市各县(市、区)人民政府为起点，以各乡镇人民政府为终点，在高德地图上检索县城人民政府与乡镇人民政府之间的距离，并予以记录。

而言，在教师参与流动最大的担忧或顾虑这一问卷题上，71.14%的教师选择照顾家庭与子女教育，65.87%的教师则选择学校间距离远，35.70%的教师则选择人际关系与工作氛围变化，25.80%的教师选择收入和福利待遇变化，21.89%的教师选择影响自身专业发展，20.57%的教师选择不适应新学校、新学生，17.89%的教师选择担心影响职称评定，4.34%的教师选择觉得没面子。

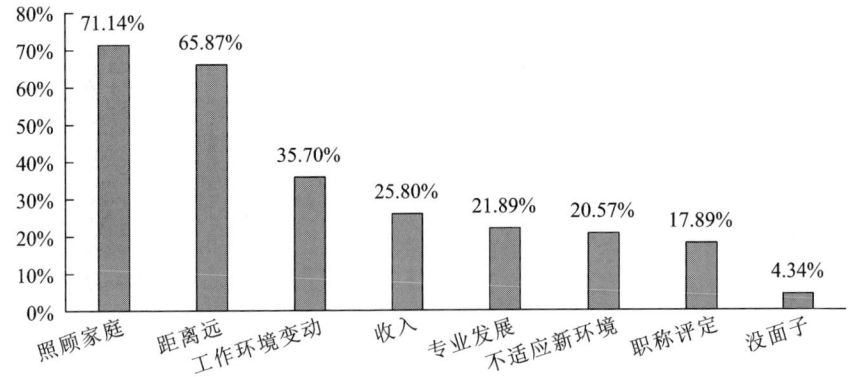

图 3-4　教师流动意愿的制约因素

考虑到 S 市复杂的地理环境，山区学校居多，单纯以距离来划分也不尽合理。即使是与县城的距离相等，不同学校的交通便利情况也存在差异，需要花费的时间、经济成本也不尽相同。关于这一点，在实地调研过程中大多数教师都有所反映，他们普遍认为用车程来衡量更为合适。当乡镇学校与县城之间的车程在半小时以内，教师每天可以开车往返，他们下乡流动的意愿就会大大增加；当乡镇学校与县城之间的车程超过半小时，教师下乡流动的意愿就会降低。而且，距离/车程越长，教师往返开车的安全性就越低，越有可能发生事故，在一定程度上制约了 S 市教师下乡流动的意愿。

（三）文化环境

公共政策的执行总是嵌入在一定的文化环境之中。有研究发现，公共政策执行嵌入在特定的地方情境之中，并受到地方传统规范的约束，当政策执行与地方情境不符时，地方情境就会"教化"政策执行者和政策目标群体遵循地方规范，进而约制两者的相关决策①。与西方国家不同，中国传统文化对家庭、家族非常重视。如果家里有必须照顾的老人或子女，那么教师参与流动的意愿就会大大降低。已有研究也发现，家人离不开照顾是影响教师流动意愿的重要因素②。反之，当家人不再需要教师照顾，教师没有后顾之忧时，其参与流动的意愿会有所增加。

家庭与子女教育在中国人的日常生活中占据重要地位，是影响教师个体流动与否的重要因素之一。对于广东省S市而言，重视家族、家庭的传统文化更甚，当地不同姓氏的老百姓各自修建了家族祠堂，只允许本姓氏的人进入。从调查数据看，照顾家庭与子女教育是影响S市教师流动最重要的因素，相应的教师占比高达71.14%。可见，照顾家庭与子女教育是影响S市教师流动的主要因素。

然而，田野观察发现，上述因素对S市教师流动决策的影响是复杂的、多元的，既有可能正向促进教师流动，也有可能反向抑制教师流动。其一，对于家庭居住地与工作地分离的教师，家庭因素会增强教师在"县管校聘"政策中流动的可能性，使得教师愿意主动流动到离家近的学校工作。ZJ中心小学的YXF老师是一个典型的例子，他在访谈中表示，他的父母与妻儿都住在江西省信丰县，离ZJ中心小学就60多公里，跨校竞聘到ZJ中心小学工作后，他就方便很多，家里有什么事可以直接开车回家。当然，这也取决于家庭居住地与工作地之间的距离，当距离较近，教师可以兼顾工作与家庭时，教师的流动意愿也不太强烈。其二，对于家庭居住地与工作地合二为一的教师，由于现工作地点能够兼顾照顾家庭的功能，家庭因素反而会降低教师流动的可能性，这也导致大部分教师并不愿意参与流动。其三，当教师完成赡养长辈、抚育子女的职

---

① PALANITHURAI G. Good governance at grassroots[J]. Indian journal of political science, 2005, 66(2):79-93.

② 杜屏,张雅楠,叶菊艳.推拉理论视野下的教师轮岗交流意愿分析:基于北京市某区县的调查[J].教育发展研究,2018(4):37-44.

责后，家庭对教师流动的影响会逐渐降低，经济激励等因素反而逐渐成为影响教师流动决策的主要因素。

二、中观环境影响

政策执行的中观环境是指直接影响"县管校聘"政策执行的其他政策。任何一项公共政策都不可能在真空中独立地执行。在中国的政府体制中，中央政府不同部门颁布的多项政策最终都会汇集到基层政府层面，由基层政府统一落实执行。在复杂的、多元的政策环境中，不同类型、性质的政策之间会相互影响，进而影响"县管校聘"政策的执行。田野调查发现，中小学校长、教师以及教育局管理人员普遍反映，山区和农村边远地区教师生活补助政策对"县管校聘"政策执行产生直接的影响。

为落实与贯彻国家政策的要求，提高广东省山区和农村边远地区教师岗位的吸引力，2013年3月，广东省颁布了《广东省山区和农村边远地区义务教育学校教师岗位津贴实施方案》，人均每月岗位津贴标准不低于500元。第一年，该政策仅面向山区和非山区边远农村地区的义务教育学校在编在岗工作人员，次年政策目标群体扩大到同类型完全中学的教职工。补贴所需资金由省、市、县分级按比例负担。其中，S市有8个县（市、区）入选省财政专项转移支付名单[①]。

2016年3月，山区和农村边远地区义务教育学校岗位津贴制度调整为"山区和农村边远地区学校教师生活补助政策"，其中要求岗位津贴标准每年提高100元直至1000元，并将政策对象向上向下延伸，扩大到公办高中与幼儿园教师。在资金落实上，新政策明确省补助地区，省、市、县资金分担比例不变，按新标准执行，各县（市、区）积极筹措和落实生活补助政策所需配套资金。至今，S市的教师生活补助

---

① 省财政根据S市县(市、区)农村义务教育教学在编在岗人员数，结合当地公职人员待遇、财力状况等因素，确定对S市8个县(市、区)按人均每月500元的标准和以下比例与地方分担：SA区省级财政分担50%，其余7个县(市、区)省级财政分担80%。

政策已涵盖所有山区和农村公办学校教师,包括高中、初中、小学与幼儿园,人均补助标准不低于1000元/月,具体标准按照教师专业技术职称、农村工作时间、任职学校与县城的距离等标准实施差别化对待①。

毫无疑问,教师生活补助政策对激励教师到农村学校工作有一定的积极作用,但这一政策对不同类型教师的影响不同。从图3-5可以看出,在调查样本中,31.70%的教师不愿意在农村学校工作,8.35%的教师愿意在人均1000元/月的补助标准下到农村学校工作,9.39%的教师则更倾向于人均补助标准提高至1200元/月,超过三分之一的教师(35.42%)则认为人均补助应提高至1400元/月,剩余的教师(15.13%)则认为生活补助应高于1400元/月,对教师填写的数值进行分析发现,此类教师期望的平均生活补助额度达到2273元/月。可见,生活补助政策对教师的激励作用不尽相同,对于现行人均1000元的生活补助,仅不到十分之一的教师愿意到农村学校工作。

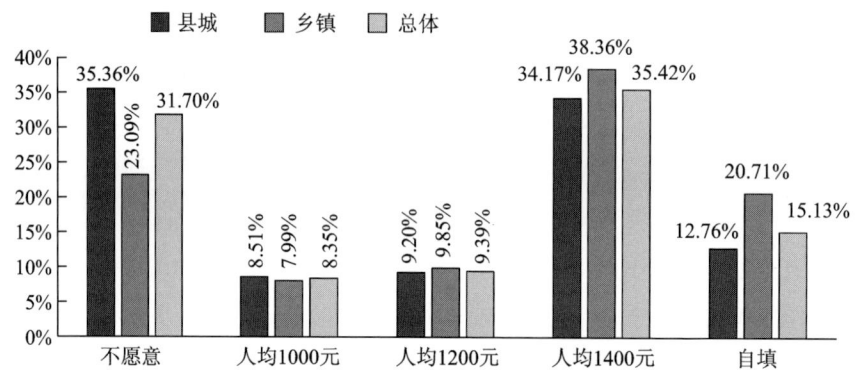

图3-5 教师期望生活补助额度图

---

① 《广东省山区和农村边远地区义务教育学校教师岗位津贴实施方案》规定:在距离县城10~25公里的农村学校工作3年以上的,发放标准不低于人均标准;在农村学校工作10年以上,或在农村学校工作3年以上且受聘副高级及以上专业技术岗位,或在距离县城25公里以上的农村学校工作3年以上的,发放标准不低于人均标准的160%;其他在农村边远地区学校工作的,发放标准不低于人均标准的60%。

为何S市教师生活补助政策对教师的激励作用不明显？田野观察发现，"相对被剥夺感"制约了教师到农村工作的意愿。其一，将教育系统与其他公共系统（如卫生）横向比较发现，同一地方教师的生活补助水平普遍低于其他公共部门职员，使得教师对生活补助的额度不太满意。以PT镇为例，该镇的中学教师可享受最高1600元/月的生活补助，而镇上卫生院的医护士最低都能享受1800元/月的生活补助。

其二，纵向比较发现，在教育系统内部，距离越远的教师对生活补助政策越不满。他们普遍认为距离县城10公里内的教师都能获得人均补助的60%，而距离县城40～50公里以上的教师却只能获得人均补助的160%，生活补助政策并没有根据距离远近有梯度地增加，这对距离县城越远的教师越不利。

其三，比较同一农村学校本地与外来教师发现，山区和农村边远地区学校高额的生活成本一定程度上抵消了生活补助政策的激励作用。而由于历史和现实的原因，S市农村中小学的办学条件较为落后，教师周转房建设不齐全，再加上S市特殊的自然地理环境，县城与边远乡镇之间的距离远，车程长，增加了流动教师的时间成本、经济成本以及不安全性。上述多种原因交织在一起，共同影响与制约了教师到农村学校工作的意愿。

三、微观环境影响

政策执行的微观环境是指S市执行"县管校聘"政策配套的组织结构、政策资源、配套政策等环境特征，微观环境会对"县管校聘"政策的执行产生直接影响。

（一）党政参与的执行组织结构

随着社会公共事务日益专业化，现代国家职能也随之日益分权化、部门化、碎片化，把解决问题的有效能力分散到具有专门任务和有限能力和资源的行动者构成的次级系统中。然而，现代公共事务具有的高度复杂性、深度不确定性、鲜明跨界性等特点日益要求不同层级政府、职能部门之间相互配合，进而实现公共政策的有效执行。从 S 市的"县管校聘"政策看，其从纵向上涉及市政府、县政府以及学校等不同组织，从横向上涉及教育、编办、人社与财政等不同职能部门。不同组织部门之间的合作与配合对"县管校聘"政策的有效执行至关重要。换言之，政策执行的组织结构是否有效，关乎 S 市"县管校聘"政策能否顺利推行。对于广东省 A 县的调查也发现，"县管校聘"政策执行过程中仍然存在县管职能部门多，不同行政部门之间协调难[1]的问题。尽管"县管校聘"政策要求县级教育行政部门会同有关部门制定教师管理相关办法，但是并未明确县"管"、校"聘"的具体内容，不同职能部门权力的边界并未厘清，使得政策执行过程中的行政协调存在一定的难度。

对此，在政策执行的初始阶段，针对教师管理职能的多部门划分，教师业务管理碎片化，教师需求与发展、保障与激励等教师人事管理脱节的情况，S 市专门成立了"县管校聘"改革工作领导小组，由市政府分管教育的领导挂帅，时任市教育局局长任副组长，协同编办、人社、教育、财政等部门通力合作，准确、及时把握改革中的新情况、新问题，减少推诿扯皮现象。相应地，S 市各县（市、区）政府纷纷成立工作领导小组，统筹协调本地"县管校聘"全部工作。"县管校聘"工作领导小组挂靠在教育部门，由教育部门牵头负责"县管校聘"政策制定、执行等相关事宜。市政府及下属的市教育、编办、人社与财政等职能部门组成 S 市执行"县管校聘"政策最初的组织架构，并由此向下延伸至县级政府及其职能部门。尽管从行政级别看，地级市（S 市）要比县级市高一层级，县级市要受地级市领导，但是已有研究发现在市政府缺乏有效"政策领导力"的情况下，县政府可能出于保护自身利益的考虑对上级政策进行加工，进而导致政策执行的失真[2]。

---

[1] 方征,谢辰."县管校聘"教师流动政策的实施困境与改进[J].教育发展研究,2016(8):72-76.
[2] 王玉琼."政策领导力"及其解读:以社会保障性住房政策为例[J].中国行政管理,2010(6):65-68.

实际上，S市在推进"县管校聘"政策过程中遇到一定的阻碍。审视各县（市、区）"县管校聘"政策的执行进度发现，"拖"成为部分县（市、区）政府的行为选择，其实际进展要慢于原定计划。早在2018年7月底，S市就要求全市10个县（市、区）全面推动"县管校聘"改革，全市公办中小学校（含幼儿园、特殊教育学校）在编在职教职工均需参与改革，并于下一学年正式开学前完成所有改革工作，不影响教育教学工作的如期开展。然而，直到2018年9月，有且仅有4个县（市、区）全面执行了"县管校聘"政策，剩余6个县（市、区）以"部分执行"[①]替代正式执行。由于"县管校聘"政策执行的压力与成本，以及缺乏合适的激励机制[②]，S市部分县（市、区）最初对政策执行的配合力度不高，本着"少做少错"的原则，使用"拖"字诀来拖延与规避矛盾。S市地方高校H老师回忆道："之所以我市'县管校聘'政策执行进度要比预期慢，主要是因为有部分县（市、区）教育局领导已接近退休年龄，不愿意再折腾，他们明确表态在任期间不支持'县管校聘'改革。"（访谈时间：2019年5月）

对此，S市进一步将市党委、县党委纳入"县管校聘"政策执行组织中，通过市、县两级党委和政府共同推动"县管校聘"政策执行。正如有研究指出，党是公共政策的决策主体，是政策目标的创制者、利益表达的聚合者、公共政策的决策者、执行者与监督者[③]，党委的态度是影响地方政府及职能部门执行公共政策的关键因素。

由此，S市形成了如图3-6所示的"县管校聘"政策执行组织架构。整体而言，为了有效推动"县管校聘"政策的执行，S市搭建了党政参与的，教育、编办、人社、财政、学校等多部门在内的组织结构。通过

---

① 2018年底，S市市教育局要求各县（市、区）提供"县管校聘"改革的相关材料，大部分县（市、区）提供了完整的材料，包括县级"县管校聘"政策实施方案、配套文本及自评报告等。但是，实地调研发现，有6个县（市、区）并未全面实施"县管校聘"政策，仅确定了部分中小学作为改革试点校。

② 据了解，仅在2018年S市"县管校聘"政策实施后，即第一批县（市、区）政策实施完成后，广东省教育厅给予了S市500万元改革奖补资金。除此之外，无任何激励机制。

③ 汪伟全.论公共决策中的政党因素[J].理论探讨,2007(4):148-151.

这一中国特色制度，从市、县两级党委和政府层面"高位推动"执行"县管校聘"政策，有助于实现执行机构间信息沟通的通畅、资源的合理调动，减少政策执行的摩擦成本。

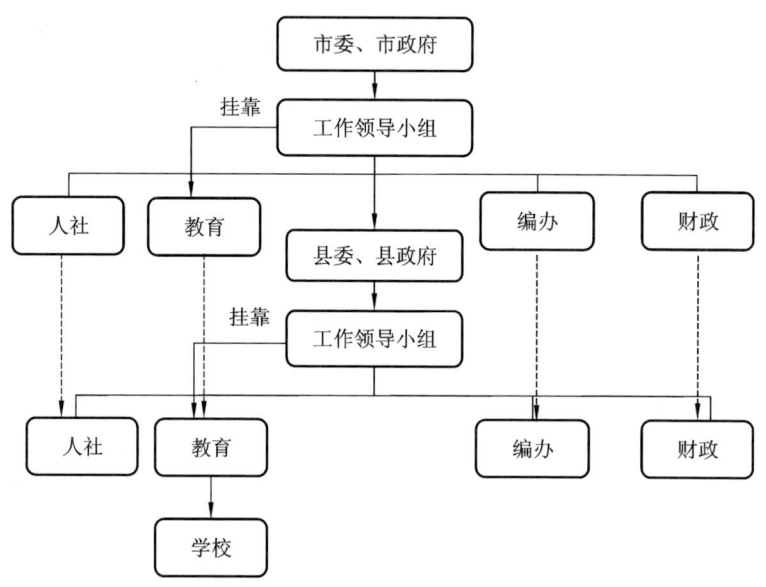

图 3-6 S 市"县管校聘"政策执行组织结构图

(二) 编制总量供给不充足

充足，即足够、富足。对 S 市部分县教育局人员、中小学校长以及教师的调查发现，S 市教师编制供求仍处于"紧平衡"状态，产生了一系列意料之外的问题，中小学教师编制总量供给仍不太充足，以生师比为编制核定标准存在一定的不合理性。

从表 3-1 可以看出，从 2007 年到 2018 年，S 市中小学的学生规模是逐渐缩小的，由 465726 人减少至 405251 人，以国家标准核定中小学教师编制后，S 市的教师编制需要从 2007 年的 29402 个减少至 24991 个，整体上需要减少 4411 个编制。从不同阶段看，由于近几年小学生源规模的急剧增加，小学教师编制减少得最少，而初中与高中的教师编制需要减少 1000~3000 个。

表 3-1　生源与教师编制数变化①　　　　　　　　　　单位：人

年份	项目	小学	初中	高中	总量
2007	学生数	254849	148634	62243	465726
	编制数	13413	11009	4979	29402
2009	学生数	217997	141966	65363	425326
	编制数	11473	10516	5229	27218
2018	学生数	248414	106296	50541	405251
	编制数	13074	7873	4043	24991

资料来源：S 市历年统计公报。

结合表 3-1 与表 2-2 可以发现，整体上 S 市在执行"县管校聘"政策时教师队伍按理是超编的，其中小学教师编制大抵平衡，而中学教师超编情况较为严重，超编 2000~3000 个。对此，为教育事业保留更多的编制数量，配合教育部门的工作，当前 S 市各县（市、区）编办并没有按 2014 年中央政策重新核定教师编制，而仍然维持 S 市 2008 年时各县（市、区）核定的编制总量。这主要是因为自 2008 年以来，S 市基础教育段的学生规模有所减少，如果按照中央政策的编制核定标准以及 S 市政策执行时的适龄儿童学生规模，那么 S 市的中小学教师编制总量还会进一步减少②。

在编办核定的编制总量内，S 市各县（市、区）根据不同学校的学生规模，采用生师比或班师比标准为学校分配编制总量。然而，这一配置标准忽略了不同学校具体情境的差异，缺乏对学校特殊群体教师（重病、借调与孕期）教师的统筹考虑，加剧了学校其他普通教师的工作

---

① 此处采用国家标准核定 S 市教师编制，其中，小学 1∶19，初中 1∶13.5，高中 1∶12.5。由于 S 市政府未公开 2008 年的统计公报，故此处用 2007 年、2009 年的数据加以替代。

② 以 SL 县为例，该县"县管校聘"政策执行时的中小学教师编制数仍是 2008 年核定的编制数 1907 个，现超编 236 人，而如果按照该县目前的中小学生数以及 2014 年中央编办的政策文件重新核定的话，中小学教师编制数需要下调至 1790 人，两者相差 117 个编制，超编情况更加严重。

量。由于历史遗留原因，不同学校总是会存在一定数量的重病教师、借调教师、孕期或哺乳期教师，此类教师处于在编不在岗的状态，虽然他们对学校教育教学工作的参与度较低，但都占用了一定数量的学校编制①。当此类教师的数量达到一定规模时，学校其余普通教师的工作量就会大大增加，以至出现普通教师不敢病、不敢请假等非人性化的结果，也制约着教师对政策的满意度。

以 SL 县为例。其一，由于全面二孩政策放开后，SL 县每年因生育而休假的教师人数有所增多。据该县编办人员不完全统计，每年约有 100 名女教师休产假，无法从事教学工作；其二，SL 县约有 200 余名中小学教师被借调到机关部门工作，但由于相关的政策规定较为模糊，无法对该现象进行处理与调整。仅从这两类教师看，SL 县每年就有 300 余名教师处于在编不在岗的状态，占该县教师编制总量的 14.0%。这还不包括一些身患重大疾病，经相关部门鉴定为部分丧失劳动能力，确实无法胜任教学工作，但却占用教师编制的教师。此类教师未完成的工作量只能由学校其他教师承担，进而增加了学校其他教师的工作量，也使得教师更不敢病、不敢请假，加剧教师编制供求的矛盾。在访谈过程中，MB 中学的 QZS 老师提道："现在大家的工作量暴增许多，原来我只用带 10 节课，现在既当班主任，要带 12 节课，还要兼职学校其他的管理岗。除了教学工作外，做班主任还要处理各种行政工作（如安全、创文、创强、现代化、教育强区、禁毒、廉政）等等，这些工作都要做材料，如计划方案、总结材料等等。我现在年龄也大了（47 岁），容易生病，万一生病，我也不敢请假，不然课就没办法上了，现在没有老师帮你带。"（访谈时间：2019 年 12 月）

可见，在编不在岗教师挤占了有限的编制总量，而当前中小学教师编制分配标准过于精准（生师比/班师比），没有考虑学校对教师编制的

---

① 不同县（市、区）对借调教师的处理方式不同，有部分县（市、区）将借调教师纳入学校编制数内，但也有部分县（市、区）将借调教师排除在学校编制数以外，由教育局单独拨付相应的编制。如 SA 区提出：借调教师不占本次学校编制数，由区教育局聘用，由学校管理。但是，对于重病、怀孕教师的编制，所有县（市、区）都将其计入学校编制数以内。

弹性需求，使得一部分教师处于满负荷工作状态，不敢生病，也不敢请假，对教师的长远发展不利。

（三）配套政策不到位

尽管S市在政策执行初为"县管校聘"政策提供了一定的配套政策，但由于该政策仍处于试点探索阶段，其所需的配套政策并不明晰。从S市"县管校聘"政策执行产生的问题看，S市"县管校聘"政策相关的配套措施仍存在一定程度的不足，进而影响与制约着"县管校聘"政策执行结果。

1. 教师编制政策不完善

编制核定标准不合理是S市教师编制供给不充足的主要原因之一。已有研究表明，以生师比为标准，以县域为尺度测算的教师编制总量难以满足教育发展的实际需求，使得城乡学校普遍面临教师总量性缺编和结构性缺编的难题[1]。从S市看，作为粤北山区城市，S市拥有大量的山区乡镇以及小规模学校，小规模学校的学生人数少，但是受到国家课程规定的影响，无论学生人数多少都要开齐开足课程，使得小规模学校的教师编制需求远远大于普通学校。此外，随着学生数量的增加，不同规模学校对不同类型教辅人员的需求产生差异，大规模学校的心理辅导教师是S市近年来新增的编制需求，但是新需求并未被纳入S市中小学教师编制政策中，也在一定程度上加剧了教师编制供求的矛盾。

从"县管校聘"政策看，尽管S市市编办出台了《关于S市基础教育学校公布教师"县管校聘"改革编制管理的执行意见》，但是这一文件只涉及现有编制如何统筹管理，而未涉及编制核定标准的调整。这就导致县（市、区）编办只能追溯更早的政策文件，即广东省2008年的《广东省中小学教职员编制标准实施办法》，以及中央编办、教育部、财政部联合印发的《关于统一城乡中小学教职工编制标准的通知》，以寻找其调整编制的合法依据。而上述两项政策均将生师比作为中小学教师编制核定的标准，不符合S市的实际情况，也制约了S市中小学编制总

---

[1] 邬志辉,陈昌盛.中国义务教育阶段教师编制供求矛盾及改革思路[J].教育研究,2018(8):88-100.

量增加的可能性。对此，市、县两级政府并无相应的权力调整编制核定标准，也不敢突破国家、省政府关于编制核定标准的规定，需要省级/中央政府承担一定的职责，重新研制更为科学的中小学教师编制政策。

2. 教师退补政策不完善

教师的退出与补充政策不完善。一方面，大量在编不在岗的教师或部分"不合格"教师无法退出教师队伍，挤占了有限的教师编制总量；另一方面，部分学校教师退休后，又缺乏及时的补充渠道，一定程度上加剧了学校教师编制资源的供求矛盾，增加了部分学校教师的工作量，抵消了政策对教师的激励作用。

其一，教师退出政策的不完善是导致 S 市编制总量供给不充足的原因之一。部分应退出而未退出教师队伍的人，既挤占着教师编制，其担负的工作量又相对不足，导致学校其他教师要分摊其工作量，加剧编制供求的矛盾。教师退出政策不完善主要表现在以下三个方面：第一，重病教师的退出路径不清晰。据学校校长反映，一些身患重大疾病的教师，经相关部门鉴定为部分丧失劳动能力，确实无法胜任教学工作，退出教师岗位转任其他岗位困难重重，持续占用着学校的教师编制。第二，违反师德教师的退出路径不清晰。现行教师违反师德的条款不明确，需要进一步细化，包括如何界定"违反师德"，以及"违反师德"人员的处理方法等。第三，借调教师的身份属性不明确。借调教师占据大量的中小学教师编制，但是又不在教学岗，其身份归属非常尴尬[①]。借调教师的身份定位非常重要，是将借调教师视为政府机关人员，退出教师队伍而不计入中小学教师编制，还是将借调教师视为中小学教师，让其回归教学本位，都需要相应的政策文件明确规定。

其二，教师补充政策不完善加剧编制资源的供求矛盾。"县管校聘"政策规定教师三年一聘，三年内教师原则上不再流动。但是由于历史原因，不同学校会存在一定数量的准退休教师，即预计在三年聘用周期内退休的教师。当一所学校准退休教师数量较少时，那么学校校长可以通

---

① 据 SL 县编办介绍，SL 县有 200 余教师被借调到机关部门，处于在编不在岗的状态。

过调整班额、分摊工作量等办法短期内解决这一问题；但是当学校的准退休教师数量达到一定规模后，师资短缺问题就会制约学校日常教育教学工作的开展。田野观察发现，部分学校正面临这一现实问题，如MK中心小学W校长在访谈过程中说道："我校是一所超编学校，'县管校聘'执行前，学校超编12人，通过'县管校聘'学校调出了12位富余的老师，其中有3位跨校竞聘到城区学校，9位通过组织调剂被分派到偏远的乡镇缺编学校和教学点。这些教师被调配出去后，学校教师数量基本满员，但是又出现了新的问题，因为学校学期末将会有5位教师退休，这些教师退休后学校又会面临教师短缺的问题。'县管校聘'政策的聘期是三年，这期间教师无法再调配，也不知道在新教师招聘时是否能补充足够数量的新教师。如果无法补充的话，那么学校的教学工作安排又会面临一定的困难。"（访谈时间：2019年12月）

3. 流动教师培训与保障政策不到位

从S市的"县管校聘"政策设计看，其重点考虑的是如何调动教师参与流动，而缺乏对流动教师的培训与保障措施的考虑。从教师培训政策看，该政策仅强调对"不适应教学岗位需要的教师进行离岗培训"，而流动教师最终都应聘了现任职学校的相应岗位，并不属于不适应教学岗位需要的教师。但是，由于政策安排，"县管校聘"政策执行又产生了大量跨学科、跨学段、跨城乡流动的流动教师，而不同学科、不同学段、不同区域学校的工作内容、特点都有所不同，跨学科、跨学段、跨城乡流动的流动教师更可能产生工作不适应感，进而产生对培训的需求。当此类需求得不到满足时，此类教师就会产生不适应等问题，制约了此类教师的政策满意度。

从保障政策看，其一，对教师流动成本的补贴不足。前文分析表明，流动教师，尤其是下乡流动教师需要承担一定的流动成本，有时候其每月的生活补助还不足以弥补这一成本。其二，教师周转房建设不到位。在实地调研过程中，有下乡的教师反映当地没有相应的教师周转房，也没有学校宿舍，只能自己自费租房住。其三，对流动教师的关爱不足。流动教师，尤其是落聘教师，是从原学校被动淘汰出去的，这种末位淘汰的机制在一定程度上削弱了部分教师对学校的归属感。在缺乏足够关爱的时候，教师对学校的认同感、归属感就会有所降低。BT 中心小学 CLZ 教师说道，他对"县管校聘"政策的满意度很低，认为 BT 中学制定的教师竞聘方案评分细则不公平致使自己落聘。而且，这种通过考核排序决定去留的方式"伤了很多老师的心"，"让他们调到其他学校被认为是淘汰出局的，这种方式很不体面"，这是 BT 中学很多老师共同的感受，也降低了很多教师对学校的归属感，"下次考核我可能也会离开这所学校"（访谈时间：2019 年 12 月）。

4. 监督机制不健全

政策监督机制是政策有效执行的重要保证，它既能规范政策执行的行为，也能纠正政策执行的偏差。从目前的情况看，S 市并没有建立合适的监督机制，而各县（市、区）教育局以及学校既是政策的制定者，又是政策的执行者，身兼"运动员与裁判员"双重身份，拥有对"县管校聘"政策执行的最终解释权，导致其执行行为缺乏一定的约束机制。当然，需要说明的是 S 市建立了一定的人事争议仲裁制度和教职工维权服务机制，有时当地的相关政府部门也会成为监督政策实施的重要他者，但是上述监督机制主要在政策目标群体与政策执行者之间发生正面矛盾与冲突的情境中才会发生作用，其主要作用也是调节政策目标群体与政策执行者的矛盾，而对政策执行行为与结果的监督与规范作用并不强。

深入分析发现，"县管校聘"政策监督机制不完善主要表现在模糊的政策目标与手段以及缺乏责任追究机制。一方面，前文分析表明，由于 S 市是第一次执行"县管校聘"政策，在政策目标和政策手段上均具有较强的模糊性。而没有明确的规范与标准不利于政策的有效贯彻与落实，导致很多时候政策执行者可以依据自身的想法有选择地执行"县管校聘"政策，造成政策执行的低效与偏差。另一方面，在目标不明确的情况下，S 市的"县管校聘"政策也没有建立相应的责任追究机制。而责任追究机制的缺乏使得部分政策执行者认为有选择地执行政策并不会给自身带来不良影响，进而导致政策执行的走样与偏差。

第二节　S市"县管校聘"政策执行文本分析

政策文本是政策执行者执行"县管校聘"政策的标准与依据，政策目标与政策手段是任何公共政策必备的两大要素。在一定程度上，"县管校聘"政策文本的合理性、科学性直接影响着政策执行的效果，影响着教育政策问题的有效解决。正如史密斯所说，理想化的政策是影响政策执行的首要因素[①]，一个理想的公共政策应当具备合法、合理与可行性的特点。对此，考虑到政策目标与政策手段是公共政策的两大基本要素，笔者将在介绍"县管校聘"政策文本内容、执行流程的基础上，对S市"县管校聘"政策目标与政策手段做进一步分析。

通过市—县两级政策传递与准备过程，S市围绕"县管校聘"改革出台了一系列政策文本，形成了S市"县管校聘"的政策群[②]。其政策群可以分为三类：其一，S市、县人民政府层面出台的"县管校聘"总政策文本（后文中简称为"县管校聘"总政策）；其二，市、县教育、编办、人社、财政部门联合出台的配套政策文本（后文中简称为"县管校聘"配套政策）；其三，县教育部门、学校制定的本县中小学教师"县管校聘"管理改革工作的操作方案及其配套文件（为避免混淆，以下简称为"校聘"政策）。

一、政策文本内容

（一）政策改革内容

从图3-7可以看出，S市的"县管校聘"总政策文本包含编制管理、岗位结构、公开招聘、权益保障、聘用管理、轮岗交流、退出机制等七方面的内容。比较S市与现有公开的省级政策文本可以发现，两者内容

---

① SMITH T B.The policy implementation process[J].Policy sciences,1973,4(2):197-209.
② 政策群即国家、政府和一定类型的政治体制中的执政党在某一较长时间内制定和实施的内容各异但理念同源、导向相近的政策的聚合体。如无特别说明，本书中的"县管校聘"一词专指S市形成的"县管校聘"政策群。

的相似度极高。对此，笔者仅简要介绍与描述 S 市的政策文本内容。

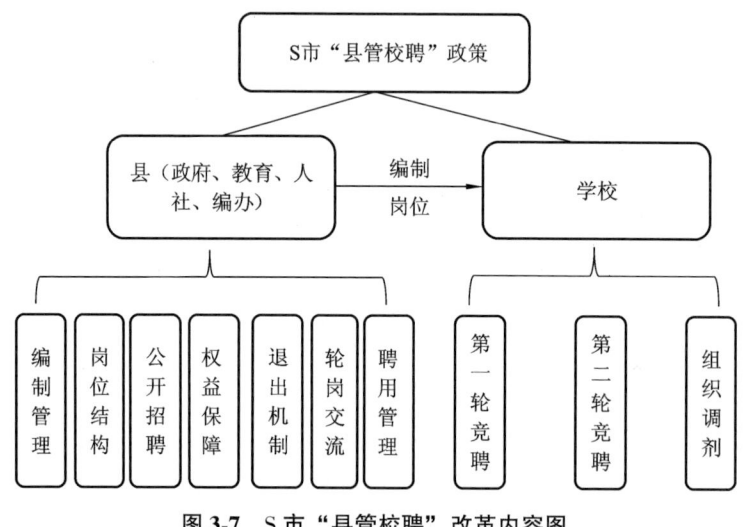

图 3-7　S 市"县管校聘"改革内容图

在编制管理上，S 市探索与建立"编办管总量，教育管调配"的动态管理机制，即在编办核定的编制总量内，由教育部门根据学校实际情况统筹调配，按岗位调配教职工编制。

在岗位设置上，S 市也提出了"人社管总量，教育管调配"的动态管理机制，即在人社部门核定的岗位总量内，根据学校办学规模、教职工编制、教师轮岗交流等实际情况，教育部门有权将不同级别的岗位具体分配到县域内不同学校。同时，S 市还提出要适当提高农村学校和薄弱学校中、高级职称岗位设置比例，并要求向此类学校分配更多的中、高级岗位。

在公开招聘上，S 市提出了"县管统一招聘，学校按岗聘用"的招聘方式。在教育部门调配县域内教师编制后，人社和教育部门根据教师空余编制数量以及学校实际需求公开招聘教师，招聘内容要突出岗位特点和职业适应性，探索面试和技能测试前置的招聘方式，并探索建立聘用优秀人才到农村学校工作的绿色通道。

在聘用管理上，S 市提出要全面推进聘任制度和岗位管理制度，要求全面落实中小学聘用合同管理，认真签订与履行合同内容。此外，S市探索建立了一套"三级竞聘"制度，后文会详细解释，此处不赘述。

在轮岗交流上，S市提出"县管全局统筹，学校择优选派"。县教育部门负责统筹交流对象，学校要择优选派校内优秀教师参与轮岗交流，通过多种交流形式，促进县域内教师资源的均衡配置。

在退出机制上，S市提出要逐步建立教师退出机制。在研发科学、合理的中小学教师评价机制的基础上，对中小学教师进行科学评价，对不适应教学岗位需要的教师先进行离岗培训，培训后仍然达不到相应岗位标准的教师需要转岗。转岗后教师仍然不能胜任相应工作岗位的要求，将其人事关系转到当地人才服务市场，另行就业或退岗。此外，实行师德一票否决制，有严重师德问题的教师予以严肃处理直至取消教师资格。

在权益保障上，S市提出"县管权益保障，学校公开竞聘"。由人社、教育部门建立与完善人事争议仲裁制度和教职工维权服务机制，保障教职工有合理、合法的诉求渠道。

综上，S市的"县管校聘"政策在编制管理、岗位结构、公开招聘、权益保障、聘用管理、轮岗交流、退出机制等七方面提出了相应的改革内容。为了配合与完成"县管校聘"政策，S市各县（市、区）自主制定了"校聘"政策，建立了配套的"三级竞聘"制度。"三级竞聘"制度是S市"县管校聘"政策的核心环节，其实施过程直接牵涉聘用管理、轮岗交流、退出机制、权益保障、编制管理、岗位结构等不同政策内容。从基本内容看，三级竞聘制度共分为第一轮竞聘、第二轮竞聘与组织调剂三个阶段，包括优先规则、择优规则、补充规则以及学科均衡规则（详见后文）。

从县与校两个层面看，"县管"是宏观统筹，在编办、人社核定的编制与岗位总量内，县级教育行政部门负责厘定县域内义务教育教师队伍建设规划，根据不同学校发展实际需求统筹分配教师编制数量、岗位数量，招聘补充教师队伍，合理调配现有教师资源；"校聘"是微观活动,学校根据教育局分配的教师编制、岗位数量开展"校聘",超编学校派出教师,缺编学校补充教师,进而达成推动师资流动、加强教师队伍建设的目的。

(二) 政策执行目标

政策目标是政府通过制定与执行公共政策期望达到的目的,是公共政策中必不可少的内容。而政策目标的准确性、一致性与可行性会影响政策执行者对政策目标的认知、理解与解释,一定程度上制约着政策行动者的行为选择。正如有研究指出,中国公共政策的目标往往具有层级性特征,即中央和地方的政策目标不尽相同的特征①。换言之,单单从S市地方政策文本分析"县管校聘"政策目标可能忽视中央、省级"县管校聘"政策的价值与目标导向。评估公共政策目标达成度应至少囊括以下几方面的信息,即预期政策目标是什么,谁的目标,目标实现程度如何。对此,此处笔者将对国家、省、市、县四级"县管校聘"政策文本进行分析,提炼"县管校聘"政策的目标,以便后续政策执行结果章节的分析。

1. 政策样本选择

本研究搜集政策文本的过程分两步进行:第一,在中央、省级层面,本研究在中国政府网、教育部门户网站、广东省教育厅网等网站,以"县管校聘""教师"为关键词,检索2014年初至2020年末颁布的相关政策文本。在选择政策样本时,本研究将那些政策名称中没有专门涉及"县管校聘"字样,但有相关内容的政策文本均纳入政策样本中。第二,在市、县层面,本研究通过实地调研收集个案市市级、县级"县管校聘"政策文件。在阅读、整理与剔除无关政策文件后,本研究共收集到中央和省级政策文件6份、市级和县级政策文件11份,累计16份。具体文件及编号见表3-2②。

---

① 贺东航,孔繁斌.公共政策执行的中国经验[J].中国社会科学,2011(5):61-79.
② 为节约篇幅,下文中具体政策名称以编码代替。

第三章 S市"县管校聘"政策执行环境研究

表3-2 "县管校聘"政策样本一览表

层级	编号	年份	政策名称
国家	TM	2014	《关于推进县(区)域内义务教育学校校长教师交流轮岗的意见》
	RT	2015	《乡村教师支持计划(2015—2020年)》
	UR	2016	《关于统筹推进县域内城乡义务教育一体化改革发展的若干意见》
	TC	2018	《关于全面深化新时代教师队伍建设改革的意见》
	TU	2020	《关于抓好"三农"领域重点工作确保如期实现全面小康的意见》
省	GD	2018	《广东省关于推进中小学教师"县管校聘"管理改革的指导意见》
市	SG	2017	《S市人民政府办公室关于推进全市基础教育学校公办教师"县管校聘"管理改革工作的意见(试行)》
县(市、区)	SA	2018	《SA区推进中小学教师"县管校聘"管理改革实施方案》
	SS	2018	《SS市关于推进全市中小学教师"县管校聘"管理改革的实施意见》
	SD	2018	《SD市推进中小学教师"县管校聘"管理改革工作意见(试行)》
	SF	2018	《关于推进SF县中小学教师"县管校聘"管理改革的实施意见(试行)》
	SG	2018	《SG区推进基础教育学校公办教师"县管校聘"管理改革工作实施方案》
	SH	2018	《SH区推进全区基础教育学校公办教师"县管校聘"管理改革工作的实施方案(试行)》
	SJ	2018	《SJ县人民政府办公室关于印发SJ瑶族自治县推进教师"县管校聘"管理改革工作实施方案的通知》
	SK	2018	《SK县中小学教师"县管校聘"实施意见(送审稿)》
	SL	2018	《SL县关于推进中小学教师"县管校聘"管理改革的实施方案》
	SZ	2018	《SZ县推进中小学教师"县管校聘"管理改革实施方案》

2. 政策目标分析

基于对17份"县管校聘"政策文本的分析,本研究从各级政策文本中提取了师资均衡配置、编制平衡①、同工同酬、专业匹配率、教师队伍活力五大政策目标。为了更清晰地呈现各层级"县管校聘"政策的目标及其差异，笔者采用表格的形式呈现（见表3-3）。

表3-3 各层级"县管校聘"政策目标汇总表②

政策	目标	师资均衡	编制平衡	专业匹配率	同工同酬	教师队伍活力
国家	TM	+				
	RT	+				
	UR		+			
	TC	+				
	TU	+				
省市	GD	+	+	+	+	+
	SG	+	+			+
	SA	+	+	+	+	+
县	SS	+				+
	SD	+	+	+	+	
	SF	+	+	+		+
	SG	+	+	+		+
	SH	+	+	+		+
	SJ	+	+	+		+
	SK	+	+	+		+
	SL	+	+			+
	SZ	+	+		+	+

---

① 关于"编制平衡"，在本书中，笔者有时也会采用"编制使用效率"的说法，两者的内涵基本上一致。

② 符号"+"表示政策文本中提及相应的政策目标。

从表 3-3 可以看出，第一，师资均衡配置是中央出台"县管校聘"政策的首要目标，这一政策目标得到了地方政策的延续，成为省、市、县各级政策目标的必选项。"引导优秀教师向乡镇学校、薄弱学校流动，推进县域内教师资源的均衡配置"是《TM》《RT》《TC》等中央"县管校聘"政策文本所明确指出的目标，也是一直以来中国教师流动政策的核心目标。对此，个案市在政策文本中进一步明确了政策的操作化指标，如高一层次学历、中高级职称教师、骨干教师等。

第二，在严控控制编制总量①和城镇化发展的背景下，盘活编制存量，促进编制平衡，统筹解决教师编制供求结构矛盾是中央出台"县管校聘"政策的另一重要目标，这一目标也得到了省、市、县各级政策的延续。随着城镇化发展和生育政策调整，中国义务教育适龄儿童规模分布发生巨大变化，受到教师编制管理体制的影响，城乡学校的富余教师编制难以得到充分调配与利用，教师编制供求结构矛盾问题日益突出，存在城镇教师编制总量短缺和乡镇教师"超编缺员"的"双缺"现象②。在城镇学校教师供不应求的现实制约下，城镇学校委派优秀教师到乡镇学校轮岗交流的积极性大打折扣。对此，《UR》提出："全面推进教师'县管校聘'改革……统筹调配编内教师资源，着力解决乡村教师结构性缺员和城镇师资不足问题。"

第三，专业（学科）匹配率是"县管校聘"政策的第三个目标。专业匹配率或专业对口率是指教师队伍中所学专业与所教学科相匹配的教师占比。教师个体通过教育（培训）习得一定的专业人力资本，而专业匹配与否会影响到教师专业人力资本的利用率、工作满意度以及教育教学的成效。《GD》文件明确指出："GD 省教师队伍管理体制方面的一些深层次问题逐渐凸显，尤其是中小学教师结构性缺编，区域、城乡、校际、学科之间教师资源配置不均衡。"这种学科不均衡的现象在流动教

---

① 2014 年,中央编办、教育部、财政部联合发布《关于统一城乡中小学教职工编制标准的通知》,强调"坚持从严从紧,严格控制编制总量。……由省级政府负总责,实行总量控制,确保核定后的中小学教职工编制不突破现有编制总量"。

② 邬志辉,陈昌盛.中国义务教育阶段教师编制供求矛盾及改革思路[J].教育研究,2018(8):88-100. 超编缺员是指按照不同标准对乡镇教师编制数量予以核定得出的结论,按学生数核定,乡镇教师编制数量是属于超编的,但是按班师比(或能否开齐开足国家课程),乡镇学校又是缺教师的。

师中也有所体现，有时交流学校缺什么学科教师，交流教师就得教什么学科，"教非所学""学非所用"现象较为普遍。这既是专业人力资本的浪费，也影响教育质量的提高。尽管S市市级"县管校聘"政策文本中并未提及这一目标，但是各县（市、区）在校聘政策中均有所涉及。

第四，临聘教师同工同酬（以下简称同工同酬）是"县管校聘"政策的第四个目标，仅少数省县（SA、SD、SZ）将这一目标列入政策文本中。尽管"县管校聘"政策主要针对的对象是公办教师，但受到现有教师编制管理体制，以及学科结构不合理和因重病、生育、脱产培训、支教而导致缺员，或者生源剧增等多种因素交织影响，中小学普遍面临公办教师供不应求的问题，临聘（代课）教师在S市仍有较强的现实需求。但是，临聘教师的工资待遇一般由学校和当事人协商确定，相应费用由聘用学校自行筹集解决，导致临聘教师待遇偏低，流动性高以及同工不同酬等问题。对此，《GD》文件明确指出："加强县域内公办中小学临聘教师管理……确保临聘教师与公办教师同工同酬。"与专业匹配率目标相似，同工同酬目标在S市市级政策文本中并未提及，但是在部分县（市、区）中有所涉及。

第五，教师队伍活力是"县管校聘"政策的第五个目标。已有研究发现，相较于十年前，中国中小学教师的职业倦怠感明显增强，即中小学教师比以前更疲倦、更焦躁[①]，严重限制了教师队伍的活力。田野调查发现，个案市中小学教师的职业倦怠感较强，部分教师对日常工作缺乏积极性，不愿意担任班主任，也不服从学校管理。教师职业倦怠的成因是多元的，"铁饭碗""能上不能下，能进不能出""干好干坏一个样"是主要的影响因素。由此，通过打破教师编制的空间性、终身性属性，"县管校聘"政策在一定程度上能改善教师的职业倦怠。对此，《GD》政策明确指出："建立完善能上能下、能进能出的竞争性用人机制，激发中小学教师队伍的活力。"

综上，整体而言，S市的"县管校聘"政策包含师资均衡、编制平

---

① 伍新春,齐亚静,臧伟伟.中国中小学教师职业倦怠的总体特点与差异表现[J].华南师范大学学报(社会科学版),2019(1):37-42.

衡、专业匹配率、同工同酬以及教师队伍活力五大目标。这五大政策目标可以为评估S市的"县管校聘"政策执行结果提供一定的框架。

二、政策执行流程

（一）政策准备阶段

与其他示范区有所不同，S市是广东省唯一一个从地级市层面推动改革的示范区，也就是说，S市执行"县管校聘"政策的链条要相对更长，至少要包含市-县-校三级政策执行链条。对此，在工作机制上，S市实施"市级统筹、以县（市、区）为主"的工作机制，市级部门（教育局、人社局、编办等）负责宏观指导与协调，而县级部门则负责制定与执行具体的各县（市、区）"县管校聘"改革的可行方案。

在政策制定上，S市在多次实地调研的基础上，充分吸收各方意见，从编制管理、岗位设置、聘用管理、交流轮岗、公开招聘、退出机制、权益保障等七方面制定了"县管校聘"政策，同时围绕"县管校聘"政策，S市还制定与出台了相应的配套政策文本。

具体而言，围绕"县管校聘"政策，S市市、县、校三级组织分别制定了相应的政策文本与实施意见（详见图3-8），不同层级的文本既有相似，也有差异。从图3-8可以看出，S市从市级层面制定了"县管校聘"政策文本，并从岗位设置、编制管理、教师退出、"局管校聘"[①] 等方面出台了相应的配套政策。而在政策传递过程中，S市市级"县管校聘"及其配套政策基本上得到了S市各县（市、区）的延续。除此之外，S市各县（市、区）还专门制定了学校层面"校聘"政策的实施意见，为学校组织与开展"校聘"活动提供指导意见。而且，不同于部分省市，S市将教师的聘用考核权力下放到学校，由学校组织"县管校聘"领导工作小组与争议协调小组负责教师聘用考核，学校成为"校聘"政策的重要组织之一。在县级"校聘"实施意见的指导下，S市中小学需要自制教职工竞聘方案、教师考核办法等具体实施方案，并需要通过教职工代表大会或（教职工大会）审议。在政策制定完成后，县（市、

---

① "局管校聘"政策是专门针对S市市教育局直管学校出台的政策文件。

区）教育局相关人员带队在全县中小学进行政策宣讲，以达到让全体教师知晓、理解"县管校聘"政策的目的，并支持政策执行。

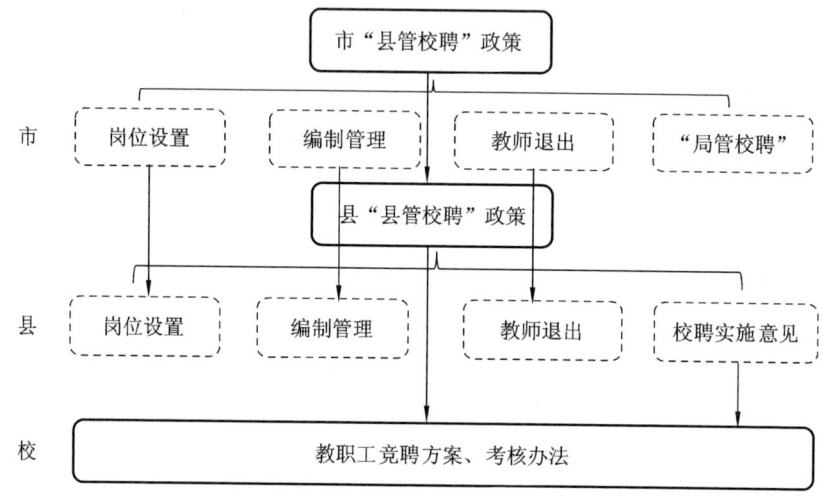

图3-8　S市"县管校聘"政策制定与传递链图

（二）"校聘"基本流程

在总编总岗的情况下，"县管校聘"政策对教师队伍的影响主要分为两个层面：第一，通过新教师招聘补充空编，为教师队伍增添新教师；第二，通过"校聘"政策统筹调配县域内已有教师编制资源，对已有教师队伍产生影响。田野观察发现，后者是"县管校聘"政策执行的核心环节，也是实际操作较为复杂的环节，对政策执行结果有关键性影响。根据研究需要，此处将对"校聘"的基本流程、规则作进一步的说明。

根据S市各县（市、区）"校聘"政策实施意见，S市执行"校聘"政策的具体流程如图3-9所示。整体而言，S市"县管校聘"政策的执行流程可以分为聘前准备、学校竞聘和协议签订三个阶段，在每一个阶段内又分为不同的步骤，共计有十五个步骤（详见图3-9）。当然，不同县（市、区）的具体步骤、规则会存在一定的差别，如有的县（市、区）将跨校竞聘分为两轮，第一轮跨校竞聘和第二轮跨校竞聘，第二轮跨校竞聘是由第一轮跨校竞聘未聘人员，根据县域内学校岗位空缺情况再次申请竞聘；还有县（市、区）省去了空缺岗位公示环节，让教师处于"盲调"

"盲选"的状态。但各县（市、区）的学校竞聘流程基本符合图3-9所示。

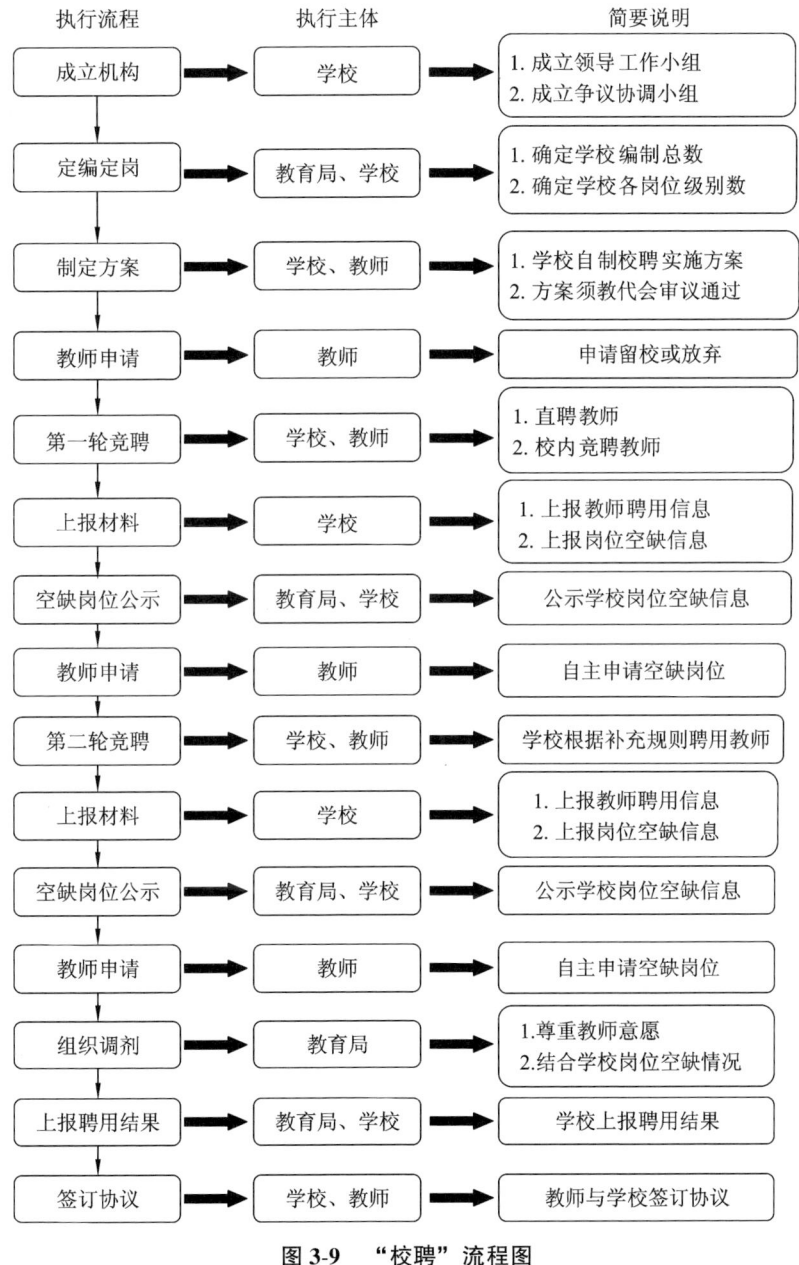

图3-9 "校聘"流程图

第一阶段为聘前准备阶段。首先，由学校事先成立"县管校聘"政策领导工作小组与争议协调小组等专门机构，领导工作小组成员负责制定、宣传与解释"县管校聘"相关政策，争议协调小组负责调解聘任工作中出现的矛盾与纠纷。其次，学校在县（市、区）教育局核定的编制计划数基础上，根据本校实际及工作需要，自主设置各类岗位，明确岗位的职责任务、工作标准、任职调剂与工作量等信息。最后，在定编定岗后，经教职工代表大会（或教师大会）审议通过，学校向教师公布岗位竞聘方案、岗位职责、考核方案等信息。

第二阶段是学校竞聘阶段（以下简称为"校聘"），是 S 市"县管校聘"政策执行最核心的步骤，整体上包括校内直聘、校内竞聘、跨校竞聘和组织调剂四个环节。每一个环节都由教师根据个人意愿填写申请表，并依据不同规则开展竞聘/调剂活动。有部分县（市、区）规定只有学校校长签字同意后，教师才能参与跨校竞聘。不同的环节有不同的适用规则，包括直聘规则、择优规则、补充规则与学科均衡规则。一般而言，教师在某一环节竞聘成功后，就不能再参与下一环节的竞聘。"校聘"活动是"县管校聘"政策执行的核心环节，其中校内竞聘环节决定了流动教师的属性，即什么样的教师会参与流动，而跨校竞聘与组织调剂则决定了流动教师的流动方向，即教师向哪里流动，直接制约着"县管校聘"政策的执行结果。

第三阶段是协议签订阶段。"校聘"完成后，由原任学校收集与公布聘任结果，包括学校校内直聘、校内竞聘、跨校竞聘与组织调剂教师的信息，并将相关信息上报至教育局。最后，各类教师与聘用学校签订聘用协议，并办理人事调动手续。

（三）"校聘"正式规则

规则是"校聘"活动开展的基础。为了保证竞聘考核的公平公正性，选拔一定数量的教师参与交流，S 市在校聘阶段制定了优先规则、择优规则、补充规则和学科均衡规则等一系列正式规则。此外，"校聘"活动开展还存在一个前置规则：学校在定编定岗后，要严格遵循教育局统筹分配的编制总数聘任教师,超编学校必须要派出教师。当然,部分县(市、区)在正式规则上还存有一定的差异与不同①。

1. 优先规则

优先规则,也被称为直聘规则。顾名思义,直聘规则就是符合条件的教师在学校竞聘阶段能够直接(优先)聘用的规则。此规则包括两方面的内容:第一,在学校编制、岗位(学科)允许的情况下,符合岗位竞聘条件要求,且自愿申请留校的本校教师优先聘任。简言之,但凡本校教师申请留校的,学校要优先聘任本校教师,而后才能在跨校竞聘中聘任其他学校的教师。第二,出于人道主义关怀等因素的考虑,政策规定在校内竞聘前,符合一定条件的特殊群体由本人提出聘任意向,聘任学校直接聘任,无须竞聘。一般而言,特殊群体教师包括准退休教师(三年内退休)、孕期或哺乳期的女教师、患有严重疾病的教师、援藏援疆及支教交流教师等。

2. 择优规则

在校内竞聘环节,当学校定编定岗以及部分教师直聘后,其校内自愿应聘人数大于学校剩余的编制数时,依据学校事先制定的教师考核方案与标准,对剩余的应聘教师进行考核,对教师考核结果从高到低进行排序择优聘任,并末位淘汰一定数量的教师。具体的考核评价标准,各县(市、区)学校存在一定的差异。整体而言,仅 SS 市、SK 县从县教育局层面颁布了统一的教师考核评价标准以外,其余县(市、区)均由学校自主制定相应的考核评价标准。举例说明,当一所初中学校有学生 1350 人,按生师比 1∶13.5 核定教师编制总量应为 100 个编制,但实有公办教师 120 人,特殊群体教师 15 人。由此,根据优先规则,15 名直聘教师占据了学校 15 个教师编制,如果剩余的 105 名教师均报名竞争学校剩下的 85 个编制,那么,有 20 名考核结果处于末位的教师就会被淘汰,并参与跨校竞聘。

---

① 如 SA 区政策规定,工作未满 5 年的新教师校内竞聘要优先聘任,不得参与跨校竞聘;SL 县政策规定,在农村工作未满 5 年的教师不得参与跨校竞聘。

3. 补充规则

在跨校竞聘或组织调剂环节，在学校编制、岗位空缺的情况下，学校需要接收其他学校相应学科的教师，不得拒绝。在申请跨校竞聘人数大于空缺岗位数的情况下，由聘任学校聘任工作领导小组择优聘任；在申请跨校竞聘人数小于或等于空缺岗位数的情况下，由聘任学校直接聘任。在组织调剂阶段，由教育局根据教师个人意向与学校岗位空缺情况统一调剂至学校，由聘任学校直接聘任。比方说，在跨校竞聘阶段，当某所学校空缺的岗位数为3个，而申请到该校竞聘的教师只有2人时，那么无论这些教师素质高低、年龄长幼，学校都需要直接聘用他们。但是当申请跨校竞聘的教师数达到4人或以上时，该校就可以依据自制的教师竞聘方案对跨校竞聘教师进行考核，择优录取3位教师。在组织调剂阶段，由教育局直接调剂至学校，学校是不能拒收的。

4. 学科均衡规则

在整个竞聘过程中，为优化教师队伍学科结构，S市的"县管校聘"政策规定学校要按照国家的课程设置标准和工作量标准开设相应的学科岗位，教师需要依据所学专业报名相应的学科岗位，而学校要优先聘用所学专业与申报科目一致的教师。举例说明，如果有两位不同专业的教师同时报名某校的体育学科岗位，一位教师是体育类专业出身的，另一位教师是中文类专业毕业的，那么学校需要优先聘用体育类专业出身的教师。

三、政策文本问题

结合实证调查的资料，对S市的"县管校聘"政策相关文本进行分析可以发现，S市"县管校聘"政策本身存在一定的问题，如政策目标模糊，政策手段存在缺陷，进而对政策执行结果产生影响。

（一）政策目标模糊

政策目标是政府希望通过制定与执行公共政策所要达到的目的，其背后蕴含着一定的公共价值追求，也是基层政策执行者政策执行行为的规范、约束与方向标。然而,研究发现,S 市"县管校聘"政策目标的模糊性是导致政策执行偏差的重要原因之一。已有研究发现,在政策传递过程中,随着层级的增加,越来越多的机构与人员参与到政策制定与执行中,往往会使得政策目标在传递过程中产生信息的扭曲与偏差①。本研究也证实了这一点。在国家—省—市—县的政策传递过程中,S 市的"县管校聘"政策文本目标并未逐级具体化、明晰化,而"县管校聘"政策目标的模糊性为不同政策执行者的政策目标认知及其行为偏差提供了一定的自由空间,进而影响政策执行结果。

1. 政策文本目标的模糊

上文分析表明,通过国家—省—市—县的政策传递链条,"县管校聘"政策目标逐渐增加,从最初的师资均衡配置到编制平衡、激发教师队伍活力、提高学科匹配率、同工同酬的多元目标。但是,细致比较省、市、县三级的政策文本可以发现,随着政策的逐级向下传递,"县管校聘"政策目标的模糊性并未得到解决,政策目标的优先级、准确性与一致性等方面均存在一定的问题。

从优先级看,各县(市、区)的县级"县管校聘"政策目标多元,但不同目标的优先级或权重不确定。从表3-4可以看出,无论是经济发展水平相对发达的 SA 区或 SH 区,还是经济发展水平相对落后的 SZ 县或 SJ 县,其政策文本只是简单罗列各种目标,如师资均衡配置、编制平衡、同工同酬、教师队伍活力等。然而,不同政策目标之间有时会发生冲突,如编制平衡的目标要求 S 市的农村学校教师进城工作,而师资均衡配置的目标却要求 S 市县城学校派优质师资到农村学校工作,两者对教师流动方向的要求是截然相反的。但是在当前的"县管校聘"政策文本中,不同政策目标之间可能存在的冲突与矛盾尚未引起政策制定者足够的重视,这在一定程度上导致政策执行者、政策目标群体根据自身的意愿、利益解释与理解上级政策,进而表现出选择性执行行为。

---

① 贺东航,孔繁斌.公共政策执行的中国经验[J].中国社会科学,2011(5):61-79.

表 3-4　部分县级"县管校聘"政策目标摘录

县(市、区)	部分政策目标
SA 区	"以促进县域内基础教育科学发展为目标、以提高教师资源使用效益为核心,……激发教师队伍活力";"促进区域内教师资源的均衡配置";"临聘教师人员经费由本级财政核拨,工资执行合同规定"
SH 区	"以促进我区义务教育优质均衡发展为目标、以提高教师资源使用效益为核心,……激发教师队伍活力";"完善编制动态管理机制,提高编制使用效益";"采取多种轮岗交流形式,……实现本区域教师资源的均衡配置"
SZ 县	"充分调动教师的主观能动性,激发教师队伍活力,提高教师资源使用效益";"实现师资均衡配置"
SJ 县	"落实中小学用人自主权,充分调动教师工作积极性";"积极引导优秀教师向农村学校、薄弱学校流动,推进城乡教师资源均衡配置"

从准确性看,从表 3-4 可以看出,S 市县级"县管校聘"政策目标的表述仍较为笼统,原则性、方向性的表述较多,仅少数政策目标有明确的操作化指标。而且,部分政策目标即使有可操作化的指标,也只列出了操作化指标的维度,没有进一步细化初次执行政策希望达成的具体结果等细节。如以师资均衡配置目标看,学历、职称、骨干教师比例是重要的操作化指标,但县级政策文本中,既没有提及政策执行前师资队伍配置的状况,也没有谈到政策执行后师资队伍配置拟达到的均衡程度,政策目标的表述不够准确。

从一致性看,以同工同酬目标为例,省级、市级、县级政策对这一目标的表述差异性较大,省级政策文本明确提出要实现临聘教师与公办教师同工同酬,但市级政策文本却没有提及同工同酬目标。省、市政策文本的差异导致县级政府在制定政策文本时缺乏明确指导。在县级政策文本中,仅三个县(市、区)明确提到了临聘教师同工同酬问题。其中,《SD》《SZ》与省级政策保持一致,要求实现临聘教师与公办教师同工同酬,而《SA》则提出临聘教师的工资执行合同规定。从这一点可以看出,省、市、县各级政策文本并未达成实质性的政策共识,直接影响着同工同酬政策目标的实现程度。

此外,比较不同的政策目标可以发现,从执行压力看,城乡师资均衡配置目标的执行压力最大,需要引导县城优秀师资到农村学校、薄弱学校工作;从执行成本看,同工同酬目标的执行成本最高,需要县级财政投入大量的配套经费。理性的基层政策执行者会权衡不同政策目标的执行压力与成本,选择更易实现、更有利于自身的政策目标而忽视其他更有意义的目标。而"县管校聘"政策目标的模糊性也为基层政策执行者的机会主义行为提供一定的自由空间,政策执行者往往会将政策结果偏差归结于政策目标的冲突而不是自己的机会主义行为①。

2. 政策目标认知的偏差

政策执行者是执行"县管校聘"政策的最末端,其对政策目标的认知清晰、一致,有助于"县管校聘"政策的有效执行。但是研究发现,受到政策文本目标模糊性的影响,政策执行者的政策目标认知也存在一定的偏差,并未完全形成对政策目标清晰、一致的认识。

从县级政策执行者看,县级政策执行者对"县管校聘"政策目标的认知存在偏差。部分县(市、区)教育局执行人员并没有将引导县城优秀教师到农村学校任教、促进县域内师资均衡配置作为政策的首要目标,反而用其他政策目标代替之。组织学研究也表明,在目标不明确的情况下,组织会更倾向于用易测量的产出指标替代难测量、更有意义的指标②。政策目标认知的偏差会进一步引发政策执行行为与结果的偏差。在实地访谈过程中,SA区L姓政策执行人员就说道:"'县管校聘'政策目标最优先的是做到学科归位,力求让教师学有所教,避免'教非所学',特别是音乐、体育、美术、计算机、英语等专业性较强的科目必须要求学科一致。通过学科归位可以极大激发现有教师资源的活力,让专业的人做专业的事;其次是解决教师的职称问题,目前SA区高级、中级和初级教师的比例有待调整,初级教师比例过高,呈现'中级教师退不出、初级教师升不了'的情况,约束了部分教师的活力。"(访谈时间:2019年12月)

从校级政策执行者看,学校校长的政策目标认知存在一定的偏差。在

---

① 谭秋成.农村政策为什么在执行中容易走样[J].中国农村观察,2008(4):2-17.
② RESH W G, MARVEL J D. Loopholes to load-shed: contract management capacity, representative bureaucracy, and goal displacement in federal procurement decisions[J]. International public management journal,2012,15(4),525-547.

"县管校聘"政策中,学校作为"县管校聘"政策执行链条的最末端,学校校长是"县管校聘"政策的代理人。但是,代理人的目标是追求自身利益的最大化,而非委托人的利益。理论上,即使县级政策文本对政策目标的描述准确、一致且详细具体,作为学校组织的负责人,学校校长的首要目标是推动学校组织的发展,而不是促进县域内城乡师资的均衡配置。

从调查数据看,在校长的政策目标认知中,从不同的政策目标排序看,提高教师工作积极性目标(89.10%)要高于优化学科结构目标(76.60%)高于师资均衡配置目标(60.90%)高于缓解编制供求矛盾(45.30%)的目标(详见图3-10)。上述数据可以直接反映出,在学校政策执行者心目中,师资均衡配置目标并没有排在首要位置,也没有排在第二的位置,而是要让位于工作积极性、优化学科结构两大目标。可见,县、校两级政策执行者对政策目标的认知存在一定的偏差。正如有学者指出:"政策执行之所以无法符合政策制定者的期望,在很大程度上是因为政策执行人员对所执行的政策存在误解。"① 政策文本目标的模糊性以及政策目标的认知偏差,最终都会通过影响政策执行者与政策目标群体的行为进而影响政策执行结果。

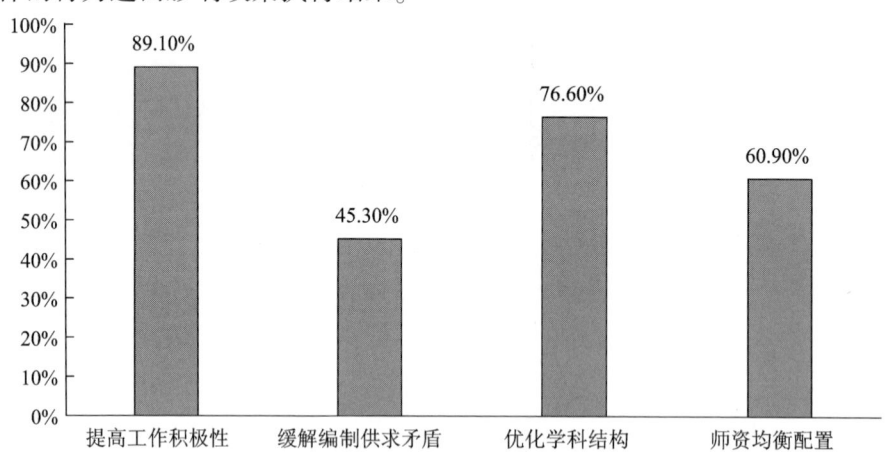

图3-10 校长"县管校聘"政策目标认知

---

① EDWARDS G C, SHARKANKY I. The policy predicament: making and implementing public policy [M]. San Francisco: W. H. Freeman, 1978: 294.

(二) 政策手段存缺陷

1. 聘用周期

"县管校聘"政策要求"三年一聘",这意味着每三年就需要有一定数量的教师参与流动。然而,这一规定对不同学段教师的影响不同。从不同学段看,对初中、高中教师而言,三年正好符合学制的规定,但是对于小学教师而言,三年只有六年学制的一半,也就是说,有相当部分的小学生每隔三年就需要换一次教师。对此,调查发现,小学教师普遍认为三年的周期过短,频繁的流动会削弱教师对学校的归属感,不利于学生的发展、教师队伍的稳定与学校的内涵发展。一位跨校竞聘到DT中心小学的HY老师说道:"三年一轮的聘期甚至都不够小学六年的一轮教学周期,过于频繁的流动对于教师来说其实是有诸多不便的,比如说,教师的专业发展问题,三年后若到了一个新的地方,要重新开始,那职称评定的问题要怎么来衡量呢?其次,教师频繁流动的话,工作环境、人际关系等等都要重新开始适应、相处,对于工作单位的归属感也不是很强;此外,教师频繁流动的话,家庭总不能也跟着动来动去,对于教师个人的家庭生活也会带来一定的不便。"(访谈时间:2019年12月)

2. 教师考核评价标准

"县管校聘"政策执行最大的难度在于优秀教师评价标准的模糊性。如果存在一个让教师心服口服的评价标准与考核机制,那么就能够保证程序上的正义。但是,教育行业不同于公司、企业,无法简单以销售额、产品质量来衡量与评价教师教育教学质量。首先,教师教育的对象是学生,而人的发展是受到个人、家庭、学校、环境等多方面因素影响的,并不单单受到教师个人因素的影响;其次,一个学生的发展往往是教师集体的共同成果,而不仅仅是某一学科教师或班主任的成果;再次,从教育结果的滞后性看,学生的发展是有一个过程的,需要一定的时间才能显现出来,用当下学生发展状况来评价教师不一定科学。

由于当前是S市"县管校聘"政策执行的第一轮,大多数县(市、区）教育局出台的执行意见与方案较为模糊，指导性不强，由各个学校自行制定教师竞聘方案以及考核评价标准。一般而言，教育局要求教师考核评价包括师德师风、绩效考核、教龄、学历、课时量、班主任工作等不同维度，具体的评价细则由学校根据具体情况自主研制，导致 S 市同一县城不同学校的评价标准千差万别。实地调查发现，评价标准的差异化、个性化容易激发教师的相对不公平感，尤其是有部分落聘教师，依据不同学校的考核标准打分后发现，按某些学校的评分标准，自己并不属于落聘的范围，进而产生相对的不公平感，对原校教师考核标准的合理性、科学性提出异议。

而且，调查也发现，学校自制的教师评价考核机制存在一定的不科学性，对部分教师不太友好、公平，对年龄在 50 岁左右的老教师尤为不利。这类老教师大多教学经验丰富，但与较年轻的教师相比，在校内竞聘与跨校竞聘中缺乏比较优势，不受学校欢迎。据一位跨校竞聘到 DT 中心小学的老教师所言，他甚至都不清楚原校是如何考核的，就在校内竞聘中落选了。可见，这种考核方式没有充分考虑到不同年龄层次教师的差异，政策如何做到相对公平，还值得商榷。

3. 流动规则

首先，调查发现，部分县（市、区）教师流动的附加规则不合理，直接导致师资的"逆向流动"。如 SZ 县直接规定，"校内考核在后 20% 的教师不能参加县城学校的跨校竞聘"，所以 SZ 县学校落聘教师只能在乡镇学校内进行跨校竞聘。如果此类教师在乡镇学校跨校竞聘中依然落聘，那么县教育局会通过组织调配的方式，将这部分教师调配到偏远乡镇的学校（通常是教学点），以此保证每一位教师都能够有岗位从事教学工作。这一政策规则实际上形塑了从县城学校到近城乡镇学校到偏远乡镇学校的师资质量递减的基本格局，具有保护县城学校的特点。在竞争机制的影响下，通过层层选拔，越是教学质量差、排名靠后的教师，就越可能被调配到边远乡镇学校，直接产生了师资的逆向流动，而从教育公平的视角看，往往越是偏远乡镇的学校，越需要优质的师资。

其次，现有流动规则对农村学校、薄弱学校的保护力度不够。S市各县（市、区）内不同学校使用同一套"校聘"方案，学校教师或可主动申请外出，或是被动末位淘汰，以此促进县域内教师的流动。然而，不同学校的比较优势有差异，农村学校、薄弱学校往往处于弱势地位，对优质师资的吸引力严重不足。由此，在"校聘"政策执行过程中，一方面，农村学校、薄弱学校吸引不到优质师资，更多的是等待组织调剂与分配；另一方面，学校自身仅有的优质师资还可能主动流出，向县城学校、优质学校流动。尽管有部分县（市、区）赋予了学校校长限制流动的权力，但是在执行压力、人情等多方因素的影响下，如果教师执意要走，农村学校的校长也很难留下他。由此，看似城乡学校、优质和薄弱学校的教师流动规则一致，确保了程序上的正义，但在具体情境的影响下，这一流动规则对农村学校、薄弱学校更为不利，造成了实质上的不正义。

再次，教师流动规则存在漏洞。调查发现，在S市的"县管校聘"政策中，有一类特殊的"伪流动"现象，即校内竞聘中落聘的教师最终留在了原校。这是现有教师流动规则的漏洞，也引发了其他教师对政策执行结果公平性的质疑。从政策设计看，校内竞聘中落聘的教师理论上应到其他学校工作，否则落聘教师都在原校应聘，教师在学校间的流动就不可能发生。但是，为了尽可能不出事、少出事，S市有部分校内落聘教师最终留在了原校工作。对此，ZJ学校WS校长在访谈中也证实了上述现象，校长对此表示很无奈，自己没有相应的权力，只能接受这两个教师。

实际上，落聘教师留原校的结果利用了教师流动规则的漏洞，是一种"看得见的不正义"，普通教师很明显感受到不公平。而且，如果不纠正这种程序上的不正义，在下一轮的"县管校聘"政策执行中，某些普通教师也可能改变自己的行动策略，以实现自己留校的目的，从而制约了教师流动的常态化、制度化。

第三节　本章小结与讨论

一、小结

本章研究发现，为了顺利执行"县管校聘"政策，S市秉持一种大胆创新、积极探索的态度，自主研发与制定了"县管校聘"政策及配套政策，积累了有益的政策经验。但是，值得注意的是，由于当前"县管校聘"政策仍处于试点阶段，缺乏科学、完备的政策经验，S市自制的"县管校聘"政策群在政策文本、政策环境等方面表现出一定的不足，并未达到"理想化"的政策文本、环境，进而对后续的政策执行行为与结果产生了一定的不良影响。

第一，从政策经验看，S市的"县管校聘"改革主要包含编制管理、岗位结构、公开招聘、权益保障、聘用管理、轮岗交流、退出机制七方面内容，在不同的方面均有其具体的改革内容。同时，为了配合与落实"县管校聘"改革，S市探索建立了党政高位推动下的政策执行组织结构和三级竞聘制度。从组织结构看，S市将市县党委作为重要的组织成员之一，纳入"县管校聘"政策中，以此加强不同层级政府、不同职能部门之间的信息沟通与合作，有力地保障与推动了"县管校聘"政策的执行；从三级竞聘制度看，这一制度可以分为第一轮校内竞聘、第二轮跨校竞聘和组织调剂三个阶段，优先、择优、补充与学科均衡四个规则，相对完整有效的三级竞聘制度有力地推动了S市中小学执行"校聘"政策，在一定程度上保障了政策的顺利执行以及政策效果的实现。

第二，从政策文本看，S市的"县管校聘"政策文本存在政策目标模糊、政策手段存在缺陷等问题。在国家—省—市—县的政策传递过程中，S市的"县管校聘"政策文本目标类型逐渐多元化，由师资均衡配置、编制平衡等目标逐渐演变为师资均衡配置、编制平衡、同工同酬、专业匹配率、教师队伍活力五大政策目标。但是，在政策目标传递的过程中，政策目标内容并未逐级具体化、明晰化，反而在优先性、一致性、准确性等方面存在一定的模糊性。而政策目标的模糊性为不同政策执行者的政策目标认知偏差提供了一定的自由空间，进而影响了政策执行的行为与结果。

此外，在政策手段上，S市的"县管校聘"政策在教师考核评价标准、流动附加规则等方面存在一定的不足与缺陷。如教师考核评价标准千差万别，评价标准不够统一，加剧了教师横向不公平感；如流动规则对农村学校、薄弱学校的保护力度不够，部分县（市、区）的流动附加规则不合理，在一定程度上诱发了城乡优秀师资的逆向流动。

第三，从政策环境看，在宏观环境方面，有限的地方财政能力制约了地方政府对"县管校聘"配套资源的投入，城乡地理跨度大加剧了教师流动的时间成本、经济成本等，约束了教师参与流动的意愿，而重视家庭的传统文化对不同类型的教师产生了差异化的影响；在中观环境方面，生活补助政策为山区和农村边远地区公办教师提供人均每月不低于1000元的经济激励，在一定程度上吸引了部分县城教师到农村学校工作；在微观环境方面，S市搭建了党政参与的政策执行组织结构，但是在政策资源、配套政策等方面存在一定的问题。

二、讨论

政策执行是在一定的政策环境中，将政策文本付诸实践的过程。"县管校聘"的政策文本以及政策环境会对政策执行行为与结果产生重要的影响。

（一）政策文本

通过前文分析可以发现，在政策传递过程中，S市的"县管校聘"政策目标逐渐多元化，从最初中央政策的师资均衡，编制平衡到专业匹配率、同工同酬、教师队伍活力等五大目标。然而，与许多其他教育政策相似，在政策传递的过程中，教育政策目标的模糊性并未得到充分的解决。对义务教育教师绩效工资的政策执行进行的研究发现，许多县

(市、区)的义务教育教师绩效工资政策的实施办法仍然是对上级政策文本的照搬照抄,没有根据实际情况进一步再制定本级政策①。而绩效工资的政策目标大致可以分为三类:保障教师工资不低于同区域公务员,建立激励机制,防止教育乱收费。三类目标之间存在一定的张力与冲突,进而诱发了政策执行结果的偏差②。从S市的"县管校聘"政策目标看,S市各县(市、区)"县管校聘"政策文本仅仅是平铺直叙各种各类目标,而没有单独说明不同目标之间的优先级,以及不同目标拟达成的结果,尤其是目标的一致性与优先性存在问题。政策文本目标的模糊性会对政策执行者的目标认知、执行行为以及政策执行结果产生重要影响。

师资均衡与编制平衡两大目标存在内在的冲突,是全国各地执行"县管校聘"政策不可忽视的问题。结合现实背景发现,两者对流动教师的质量与流动方向的要求完全相反,前者要求县城学校优秀教师到农村学校工作,而后者要求农村学校优秀教师向生源规模日益增大的县城学校流动,两者之间构成内在的矛盾。这一问题不只是S市执行"县管校聘"政策所面临的问题,也是全国各地执行"县管校聘"政策所必然会遭遇的共性问题。这是因为在城镇化进程中,各地的农村学生大量进城,而在以往教师管理体制的约束下,教师是不能轻易流动的,也就是说,各地普遍面临农村教师超编与县城教师缺编的共性问题。

S市不同层级政策文本对同工同酬政策目标并未达成共识,是S市未来执行"县管校聘"政策需要注意与解决的问题。省级政策文本以及S市3个县(市、区)政策文本将同工同酬作为"县管校聘"政策的目标之一,而市级政府与剩余的7个县(市、区)则未将同工同酬目标纳入"县管校聘"政策,在缺乏政策目标并未达成共识的情况下,县级政策执行者只会依据本级政策文本执行政策。可以预判,S市"县管校聘"政策的同工同酬目标实现情况不会好。

除了政策目标之外,由于缺乏成熟的政策经验,S市"县管校聘"

---

① 叶怀凡.义务教育教师绩效工资政策的执行偏差与矫正[J].中国教育学刊,2016(4):31-36.
② 李根,葛新斌.义务教育教师绩效工资政策执行困境及其突破[J].教育发展研究,2014(4):41-46.

政策手段仍然存在一定的问题,如聘用周期问题、教师考核评价标准问题以及流动规则等问题,这些政策手段的问题会直接影响执行"县管校聘"政策对教师队伍建设的效果,以及教师对政策的满意度。

(二) 政策制定

S市的"县管校聘"政策网络构建过程相对封闭,缺乏利益相关者的有效参与。S市"县管校聘"政策文本存在的问题,无论是政策目标,还是政策手段,都与S市"县管校聘"政策制定过程密不可分。回顾S市的"县管校聘"政策制定过程可以发现,这一过程具有"自上而下"的行政命令式执行特征,地方政府是"县管校聘"政策制定与执行的主导者,学校以及教师只能服从与执行上级政策。整体而言,S市的"县管校聘"政策网络构建过程相对封闭,教师、校长、家长、专家教授等利益相关者对"县管校聘"政策制定的有效参与不够,尤其是教师群体。

从政策制定过程看,教师的实际参与度与话语权有限。在S市政策制定过程中,S市地方政府相关人员以及学校校长占据了政策制定的核心位置与话语权,而作为政策目标群体,普通教师处于劣势地位,缺乏话语权。尽管S市市级"县管校聘"政策文本要求各县(市、区)以及学校要采取一定的措施向教师宣传"县管校聘"政策,确保教师对"县管校聘"政策的知晓率达到百分之百。但这种宣传方式是由地方政府或学校单方面宣布政策内容,只保证了教师的知情权,却没有促进教师与政策执行者之间的相互沟通,也没有让教师充分表达自己的观点与利益诉求。访谈资料也支持了上述观点,SZ县教育局人员提道:这个政策出台由教育局主导,教育局、人社、编办三部门协同合作推进。学校和教师参与较少,主要是在县级层面的政策出台后,学校组织教师统一学习、了解流程和操作要求,基本上是被动接受。

表面上,在市、县两级"县管校聘"政策制定的初始阶段,普通教师仿佛都参与了政策制定,但是实质上,普通教师只是在其中扮演了服从者、接受者的角色。从教师的参与度看,调查数据显示,仅有超过五分之一（23.14%）的教师通过座谈会等各种会议参与县级"县管校聘"政策的制定，有机会反映与表达自身的意见与诉求；从政策熟悉度看，仅38.15%的教师对县级"县管校聘"政策较为了解，剩余超过五分之三的教师对该政策不够了解。而且，即使部分教师有机会参与各种各样正式的研讨会、座谈会，他们有意见也可能选择不说。在政策制定过程中，没有充分吸纳政策目标群体，尤其是弱势教师群体的利益诉求，"县管校聘"政策本身的公共性、科学性就容易受到质疑。

（三）政策环境

在初次执行"县管校聘"政策的情况下，S市积极探索与构建了党政参与的政策执行架构，有效保障与推动了"县管校聘"政策的执行。但是，由于缺乏成熟的经验，"县管校聘"政策的执行产生了一系列新的问题，S市"县管校聘"政策的微观环境也存在配套政策不完善、政策资源供给不充足等问题。除此之外，对S市的"县管校聘"政策环境的研究还能提供以下两方面的启示。

第一，城乡生源分布状况对"县管校聘"政策执行有重要影响。回顾中国教师流动政策的演变历程可以发现，与教师流动政策建立之初相比，当前城乡生源分布发生了很大的变化。随着城镇化的发展，大量农村儿童进城就学，城乡教师队伍呈现出农村超编、城市缺编的供求矛盾，这是绝大多数基层政府所面对的共性问题。在这一外部条件的约束下，理论上教师流动的方向应当是从农村学校向县城学校流动，以弥补县城学校师资不足的问题，但是当前的政策主流话语仍然在要求县城学校派优秀教师到农村学校去工作，在县城学校本身就缺教师的情况下，其派出教师的积极性大打折扣。"县管校聘"政策应当正视当前教育发展的变化，正视城乡学校发展的差异化需求。研究者认为，结合编制资源供给不充足的现状，解决的办法可能是重新调整编制核定标准，完善相关配套政策，为城乡教师队伍增加教师编制，补充有效的教师，在城乡学校师资充足的背景下，而不是师资短缺的背景下推动教师流动政策。

第二，S市的城乡教师岗位吸引力仍然存在明显的差距，县城学校教师岗位的吸引力更强。当前，S市为山区和农村边远地区教师提供每个月不低于1000元的生活补助，但是正如前文所述，S市特殊的地理环境以及教师流动成本，与其他公共部门（如卫生）或农村本地教师的横向比较，都在一定程度上抵消了生活补助政策的激励作用。当前以1000元/月的补助标准只能激励少部分县城教师到农村学校工作。而"县管校聘"改革后，教师可以带编流动，由于城乡教师岗位及其附着的福利待遇差异，对于农村教师而言，带编进城工作无疑是一个更富有吸引力的选择。对此，要促进县城教师主动申请到农村学校工作，关键是要构建出合适的激励与补偿机制，而这又对地方政府的财政能力提出了更高的要求。然而，S市财政仍属于典型的"吃饭财政"，对上级政府的转移支付依赖度较高，对"县管校聘"政策相关配套资源投入的意愿与能力相对不足。如果要真正实现师资均衡的目标，就必须要建构合适的激励与补偿机制，使得城乡教师岗位吸引力颠倒，使农村教师岗位更富有吸引力，方能真正吸引县城优秀教师到农村学校工作。

第四章　S市"县管校聘"政策执行行为研究

政策执行总是"嵌入"在一定的制度背景中，行动者的决策偏好不只受到政策本身的激励，也受到社会网络中的规范（文化、传统、制度等）的影响。正如有学者所说，政策中的行动者"既不是像独立的原子一样运行在社会网络之外，也不会奴隶般地依附于他/她所属的社会类别赋予他/她的角色。他们具有目的性的行动企图实际上是嵌在真实的、正在运作的社会关系系统之中的"[①]。行动者在"县管校聘"政策中的行为决策，是依据个人所习得的规范和价值以及对利益的识别，通过行动者之间具体的人际互动而做出的。

毫无疑问，"县管校聘"政策的主要目的或意图是选拔优秀城镇教师向农村学校、薄弱学校流动，推动县域内师资的均衡配置。然而，作为"县管校聘"政策中的两大行动者，政策执行者（市教育局人员、县教育局人员、学校校长等）和政策目标群体（普通教师）各自拥有自身的利益诉求，其具体行为不一定符合政策预期。而且，将具体情境中差异化的校长、教师与教育局人员简单"脸谱化"为政策执行者、政策目标群体，也容易忽视同一类型内部不同群体的利益诉求及其行为表达差异。

---

① GRANOVETTER M. Economic action and social structure: the problem of embeddedness[J]. American journal of sociology, 1985, 91(3), 481-510.

从政策执行者看,由于"县管校聘"政策尚处于试点探索阶段,这一政策具有较强的模糊性,政策目标的实现路径尚不清晰,上级政府赋予了基层执行者一定的自由裁量权,允许基层政策执行者根据具体情况"自由裁量"。但是,基层执行者也并非像利普斯基所预设的是完全理性的,他们只是一个有限理性的个体,总是会充分恰当地使用自由裁量权以解决执行过程中的问题,其行为选择也受到所处环境、制度、权力、利益等多方面因素的影响。那么,作为政策的执行者,市教育局人员、县教育局人员以及学校校长在政策执行过程中表现出怎样的行为?其具体行为有何共性与差异特征?

从政策目标群体看,在政策执行过程中,教师会依据自身的利益诉求以及一定的正式/非正式规则表达出一定的行为反应。教师的具体行为与政策预期的行为相符,那么就能促进政策的有效执行。反之,则相反。然而,理性个体总是会权衡个人的利弊得失,而"县管校聘"政策涉及县域内全体中小学教师,群体规模庞大,群体内部的利益诉求多元、差异且复杂,教师群体基于自身利益诉求的行为表达并不一定与政策预期行为相符。其次,教师的行为决策能否实现又受到"县管校聘"政策正式规则的约束。那么,在"县管校聘"政策执行过程中,教师群体内部表现出怎样的行为?采取了怎样的行动策略?不同类型教师的行为存在什么差异与共性?

对于"县管校聘"政策,无论前期政策文本的设计周全与否,政策环境的支持充足与否,政策执行者与政策目标群体的具体行为决定着政策执行的结果。简言之,在 S 市的具体情境中,围绕"县管校聘"政策,一线教师、校长与教育局人员"如何做"的信息至关重要。只有理解不同行动者在具体情境中的真实需求与行为表达,方能理解教育政策执行过程的复杂性,从而为构建有效的激励机制、增进政策执行效果提供有价值的信息[1]。

---

[1] 雷万鹏,王浩文.真实情境中教师的差异化行为:S 县"联校走教"政策十年观察[J].华东师范大学学报(教育科学版),2019(4):129-141.

第一节 政策执行者的行动逻辑

一、市教育局的行动逻辑

公共政策的执行必然涉及利益的调整与再分配。"县管校聘"政策涉及不同组织（教育、编制、人社、财政部门及学校）对教师管理权力的再分配，执行"县管校聘"政策的关键是不同组织集体行动与合作，联合在一起共同解决教师管理中存在的问题。然而，从组织学的角度看，行动者各自拥有的权力各异，其行动能力也大小不一，因而其影响力和在组织中的地位也会不同。换言之，市教育局的行动也是在 S 市特定情境下维护自身利益的策略性行动，受到现有组织规则的限制和约束，必须要根据其他行动者能够接受和容忍的方式进行选择与退让①。从编制部门看，严格控制编制总量②是编办的重要目标；从人社部门看，不突破国家、省制定的中小学专业技术岗位结构比例控制标准是人社的重要目标。如果教育部门在制定"县管校聘"政策时只考虑教育部门/学校组织的利益，而不考虑其他组织的利益，"县管校聘"政策的制定与执行很可能会遭遇一定的阻力。

比较省、市两级政策文本可以发现，市级政策文本更关注现有编制、岗位总量的统筹分配权力，而不过多强调编制与岗位总量的重新核定，避免突破编办、人社部门的底线。广东省省级政策文本明确提出"对学生规模较小的农村小学、教学点，按照教职员与学生比例和教职员与班级比例相结合的方式核定……"，要求县编办/人社根据教育发展实际需要重新核定编制/岗位，但是在市级政策文本中仅提到"编制总量核定

---

① 尹利民,穆冬梅.权力与规则:集体行动的组织学分析框架[J].江西社会科学,2015(10):201-206.
② 2014 年,中央编办、教育部、财政部联合发布《关于统一城乡中小学教职工编制标准的通知》:"坚持从严从紧,严格控制编制总量。……由省级政府负总责,实行总量控制,确保核定后的中小学教职工编制不突破现有编制总量。"

后，由教育部门统筹使用，因校制宜，合理调剂……；教育部门在人社部门核定的岗位总量内，……将岗位具体分配到各学校……"，并未明确要求县编办/人社（按新标准）重新核定编制和岗位总量。市级政策文本对上述规定的模糊性表述，为县级政府职能部门的行动提供了一定的选择空间，导致下级政府职能部门差异化的行为。

调研发现，除了极个别县（市、区）新增了编制与岗位外，绝大多数县（市、区）的编办、人社部门并未重新调整县（市、区）的编制总量与岗位总量[①]。整体而言，大多数县（市、区）的编制、岗位调整的情况是"总量控制，结构调整"：编制总量基本不变，由富余的中学编制（高中、初中）向下（小学、幼儿园）调整，但也带来高段低聘教师教学工作适应性的问题；岗位总量保持不变，从有富余岗位的学校调整至紧缺学校，但也导致岗位设置的激励机制失效。对此，S市市教育局工作人员对政策文本的描述一定程度上体现了市级教育局在政策制定过程中自我保护的逻辑："正如有些专家学者指出的，我市'县管校聘'政策内容在某些方面突破得并不多，政策内容突破得越多，涉及的利益就越多，而我们毕竟是在S市生活与工作的，不可能为了这一个政策而得罪太多人。"（访谈时间：2019年11月）

在中国的政府组织环境条件下，制度正式化给基层官员的职业生涯带来了极大的不确定性和风险，基层官员产生了经营保护自身安全的社会关系网络的需求，以便在出现问题时得到保护[②]。"不得罪太多人"体现了政策制定者在制定政策过程中自我保护或者说稳健执行的行动逻辑，以确保"县管校聘"政策得以在短期内顺利制定与执行。

---

① 在实际操作过程中，各县(市、区)编办仍按2008年《广东省中小学教职员编制标准实施办法》文件规定的生师比核定中小学教师编制，而人社部门也未突破国家、省制定的中小学专业技术岗位结构比例控制标准，对于超出岗位结构比例部分的教师，仍按实际职称等级发放工资，而不降等低聘。
② 周雪光.基层政府间的"共谋现象"：一个政府行为的制度逻辑[J].社会学研究,2008(6):1-21.

二、县教育局的行动逻辑

(一) 政策文本空传

任何一项公共政策,尤其是复杂的公共政策,都需要协调"顶层设计"与"地方转译"的关系[①],也极有可能产生"地方文本空传"的问题。政策文本空传是指政策执行者只是简单地转发或复制政策文本[②],并未将政策内容结合"地方性知识"或"地方情境"进行再制定,而脱离实际情景的政策文本会在一定程度上导致政策执行的偏差。对 S 市"县管校聘"政策传递过程进行分析可以发现,由于缺乏成熟的政策经验,在 S 市"县管校聘"政策传递中存在明显的政策文本空传现象,主要表现为复制上级"县管校聘"政策,或同级"校聘"政策。

从 S 市的"县管校聘"政策传递过程看,市、县两个层级各自制定了"县管校聘"政策,县级政府(县教育局)是重要的中间人,对县域内教育发展、教师队伍的信息掌握得更为详实,其再制定的县级"县管校聘"政策,既应是对市级政策文本的具体化,也应是对学校"校聘"政策的指导。然而,研究发现,县级"县管校聘"政策与市级政策的重复度较高,地方化、具体化与可操作化程度不够。

直接比较市、县两级"县管校聘"政策文本可以发现,县级"县管校聘"政策文本的结构、内容、目标有相当大比例与市级"县管校聘"政策文本雷同。如在结构上均包含指导思想、基本原则、实施范围、工作职责、实施办法、工作要求六大方面;在实施办法上均包含编制管理、岗位管理、岗位聘用、轮岗交流、教师招聘、退出机制、权益保障机制等七大改革内容;在目标上也均包含师资均衡配置、编制平衡、激发教师队伍活力等多元目标。从具体内容看,除了部分县(市、区)对部分

---

① 吕方,梅琳."复杂政策"与国家治理:基于国家连片开发扶贫项目的讨论[J].社会学研究,2017(3):144-168.
② 李瑞昌.中国公共政策实施中的"政策空传"现象研究[J].公共行政评论,2012(3):59-85.

改革内容进行了一定的补充与修正外，大部分内容仍是对市级"县管校聘"政策文本的照搬。

除此之外，比较市、县两级"县管校聘"相关配套政策也可以发现，S市10个县（市、区）政府均出台了与市级相似的政策"套餐"，而且这些相似政策文件的文本结构、内容重复度也很高，直接表现出政策空传的特征。这一发现也得到了访谈资料的支持，SS市教育局工作人员说道："'县管校聘'政策既涉及教育、编办、人社、财政，又需要地方人民政府、党委的配合。在整个政策执行过程中，我们（教育部门）作为负责执行'县管校聘'政策的主要单位，没有多大的权力，但是一旦出了事情肯定要问责我们。因此，我们局领导反复强调，一定要认真学习、领会市里'县管校聘'政策文件的内容与精神，在制定本级政策时尽量不要发挥。对于'校聘'政策，相关领导为保证'稳中求进'，要求我们在制定政策的实施意见与操作方案时不必太明确，有指导性的意见、原则就行，其余的由具体学校根据其实际情况自行制定与操作。"（访谈时间：2019年12月）

但是，需要说明的是，由于市级政府并未颁布"校聘"实施方案，S市各县（市、区）均需要自主制定相应的"校聘"政策。对此，S市各县（市、区）借鉴已有成果，如其他示范区的改革经验，以及2018年第一批县（市、区）的改革经验，出台了各自的"校聘"政策实施方案。正如前文所说，尽管不同县（市、区）的具体内容存在一些差别，但是整体上"校聘"政策实施方案具有较强的同质性，并表现出对地方情境的不适应，这也是政策文本空传的一种表现。

为了平稳推进"县管校聘"政策，有效识别、筛选教师参与流动，S市①制定了一套相对完整的三级竞聘制度，这一制度的基本特征可以概括为："保护线"+"个人意愿"+"末位淘汰"。其一，这一制度设置了一定的"保护线"，要求学校直接聘用校内特殊的教师群体，如年龄

---

① 由于S市各县（市、区）自制的"校聘"政策具有较强同质性，故此处用S市统一代称。

偏大的教师（男 55 岁以上，女 50 岁以上），处于孕期或哺乳期的女教师，或患有严重疾病的教师等；其二，这一制度尊重教师的个人意愿，在校内、跨校竞聘阶段，教师可以自主申请应聘的学校，也允许教师放弃校内竞聘；其三，这一制度要求对校内普通教师群体采取一定的标准进行评价，从高到低对评价结果进行排序，并从末位淘汰一定数量的教师。但是由于 S 市各县（市、区）在政策转译过程中表现出一定的空传特征，忽视了地方的实际情况，脱离了现实的执行情境，导致政策执行过程中产生一定的偏差。

从直聘规则看，年龄偏大的教师与哺乳期/孕期教师的界定与识别是非常清晰的，但是对重病教师的界定不太清晰。县级政策仅规定，只有在县（市、区）教育局有报备记录的，有重病证明的教师才算重病教师。然而，恰恰是这一要求与乡土文化的冲突导致了制度的悬空。长久以来，疾病一直是教师个人与家庭的事情，除了极少数患重大疾病，无法正常工作的教师以外，大多数患病教师并不会向教育部门报备，反而是在治病之余尽可能承担一定的教学工作。ZJ 学校的 L 老师在访谈中谈道："什么病是重大疾病？近几年我的心脏问题更加严重了，身体也大不如前，每年都要跑三四趟医院。跑医院的各种证明我都有。校长对这事情也很清楚，在工作量安排上也尽可能照顾我。但是，在实施'县管校聘'政策时，只有在教育局那边报备了的，才能享受直聘，像我这样没有报备过的，只能先参与学校竞聘，而近几年工作量不够，工作业绩不佳，导致我由于校内竞聘成绩不好而被淘汰。据我所知，像我这种患病的老家伙有好几个，走到哪里都不受欢迎，走哪哪都不要，最后又回到了原来的学校。"（访谈时间：2019 年 12 月）

而且，上述制度规则对不同学校的影响也存在差异。由于缺乏对学校实际情况的考虑，不同学校的政策执行结果存在较大的差异，部分农村学校教师队伍没有得到补强，反而被进一步削弱。这一结论得到了 SZ 学校 Z 校长访谈资料的支持："由于历史遗留问题，我们学校已经有几年没进新教师了，老教师占比非常高，按照县里制定的规则，我们学校参与校内竞聘的教师,大多数都是中青年教师。搞到最后,我们学校老的、病的等干不了事的教师都留下来了,而部分中青年骨干教师却流走了。这些特殊群体虽然占着编制数量,但实际工作量远远不达标,最后这些工作量还是压到其他普通教师身上。"(访谈时间:2019年12月)

(二)执行压力下沉

任何一项政策都面临一定的执行压力。"县管校聘"政策使部分教师要离开熟悉的生活、工作环境,连人带关系一起转到另一所学校。执行"县管校聘"政策最大的压力是"选择谁参与流动"以及"流向哪里",而无论选择谁参与流动都可能产生一定的矛盾与冲突。由于以往教师的工作信息均掌握在学校层面,教育局缺乏评价教师的具体信息,而且,教育局自身的人力资源有限,仅仅依靠教育局工作人员评价县域内所有教师,可行性不足。对此,为了避免造成不必要的麻烦,S市各县(市、区)县教育局采用执行压力下沉的方式,规定由学校负责执行"校聘"政策,并尽可能减少对"校聘"过程的干预,由学校校长与教师自行解决。

1. "校聘"政策执行主体的下移

县级政府是负责执行"县管校聘"政策的最后一个层级,但S市将学校组织纳入"县管校聘"政策执行链条中,将教师聘任的权力下放给学校,由学校校长统一负责组织与执行"校聘"政策。在考虑到信息不对称以及教育局有限的人力情况下,由学校来组织"校聘"有一定的合理性。正如SD市教育局L姓工作人员所说:"我们教育局的人手有限,不可能了解县域内每一个教师的信息,让我们来负责学校里的教师谁走谁留,很可能会出大问题的。相反,学校对自己老师的信息都比较清楚,只要是学校内部决定了的教师人选,学校里大多数人都认可这一结果,我们就没有什么好说的。"(访谈时间:2019年10月)

然而,权力与责任永远必须是对等的。权力的下放也意味着压力、矛盾与责任的下压，学校校长需要承受"县管校聘"政策执行最大的压力与风险。SZ是SD市第一个"吃螃蟹"的试点校，该校F校长的回忆反映出教育局"压力下沉"的逻辑："我刚到SZ的时候，学校教师不服管理，教学质量在全市排倒数，在学校大会上，教师甚至会抢我的麦克风反驳我，SZ当时是不得不改革了。在我市推动'县管校聘'政策后，我主动向县教育局申请将SZ作为'县管校聘'试点学校，开展试点改革。当时，我记得非常清楚，有天晚上，县教育局给我打电话说，SZ可以作为（'县管校聘'政策）试点改革学校，但是你能不能保证改革过程中不出事？如果可以保证，那就改；如果不可以，那就不要改。我就和他说，按我的方案来，大问题不会有，但是总是会有个别教师，出于各种原因，有一些个例，这是不可避免的。"（访谈时间：2019年10月）

县教育局既希望有学校参与"县管校聘"改革，以完成上级政府的任务，又担心出差错，造成不好的影响，于是将政策执行的压力下压至学校层面，通过口头交流的方式希望学校尽可能平稳地执行政策。县教育局试图通过执行程序的下移，将实际执行"县管校聘"政策的压力留在学校，将县教育局从容易产生矛盾与冲突的执行过程中抽离出来。然而，正如F校长所指出的，人上一百，形形色色，按同一套方案执行政策，总会有个别教师对政策执行结果不满意，不可能一点问题都没有。

考虑到县（市、区）教育局人力资源有限，以及信息不对称问题，纳入学校组织是执行教育政策的必然选择。那么，县（市、区）教育局对教师聘用权力的"放"与"收"以及对政策执行过程的不干预，更能够直接体现县（市、区）教育局将政策执行压力下沉的逻辑。

2. 聘用权力的"放"与"收"

教师考核评价标准决定了谁走谁留，是聘用权力的关键内核。在S市，除了SS、SK两个县（市、区）从县级层面出台了统一的教师考核评价标准，其余县（市、区）将教师评价标准的制定权力下发到学校层面，要求学校自行制定、研发教师考核评价标准，通过教代会（或教师大会）表决后上报教育局备案。实际上，教师的考核评价标准直接关系到谁处于排名的末位，容易引发校长与教师之间的矛盾与冲突，各县（市、区）教育局均将评价标准制定权力交给学校的同时，也将相应的矛盾交给了学校。

由于各个学校的实际情况千差万别，其制定的校聘标准也各有差异，同一位教师在不同学校的考核结果可能是不同的，在某些学校可能会落聘，而在其他学校则可能排名靠前。每一所学校"量身打造"自己的评分标准，容易引发教师对考核结果公平性与科学性的质疑。对此，在笔者调研的过程中，CZ中学C校长指出："由学校制定教师的考核评价标准是不对的，中小学根本没有能力制定一个科学、合理的评价标准体系，这个标准就应该由你们大学教授研发，教育局统一颁布，学校只要照着模板去做，不能什么压力都放在学校啊。而且，这个考核评价标准非常关键，直接关系到学校里面谁走谁留，我们区每个学校的考核评价标准都不太一样，简直可以说是千差万别。我校有几位教师按我们学校的标准得分不高，但按另一所学校的标准反而得分很高，最后这些教师反过来质疑学校评价标准的科学性，对聘用结果有很大的意见。"（访谈时间：2019年11月）

尽管教育局将教师聘用的权力下放到学校，由学校负责执行"校聘"政策，但是教育局也设置了补充规则来干预学校的聘用过程。在S市学校看似能够自主决定教师的去留，但是实际上，为了保证每一个教师都有工作岗位，避免部分教师因工作丢失而产生过激行为，县（市、区）教育局在跨校竞聘、组织调剂阶段又设置了一定的正式规则，借此干预学校的聘用结果。如在跨校竞聘阶段，如果学校的竞聘人数少于岗位空缺数，那么学校必须聘用竞聘教师；在组织调剂阶段，对于县（市、区）调剂来的教师，学校必须接受，不得拒绝。从这种规则设置的缘由看，这一规则实际上是为了保护教师，体现了对教师的一种尊重。

3. 政策执行过程的不干预

即使是那些出台了统一考核评价标准的县（市、区），在学校执行"县管校聘"政策时，县（市、区）教育局也会采取其他措施规避政策执行的压力。作为"校聘"政策的执行者，校长有寻求上一级领导对政策进行解释、授意与授权的倾向，试图寻求上级政府的支持，然而，在校内竞聘、跨校竞聘阶段，县（市、区）教育局却采取"置身事外"的态度，任由校长、教师在既定的政策框架内互动与博弈。PT中学Q校长在访谈中吐槽道："尽管教育局之前就发布指令要全面推进'县管校聘'政策，但是在执行政策的当晚，我校教师的意见与情绪仍然很大，不停地问我各种问题。我只好给县教育人事股的工作人员打电话，结果从人事股的普通员工到领导干部全部关机，一个电话都打不通。我没有办法，只好顶着压力执行这个政策。"（访谈时间：2019年12月）

表4-1是S市SZ县关于"县管校聘"政策实施的日常安排表。从下表可以看出，自7月31日至8月16日，在S市SZ县执行校内竞聘与跨校竞聘阶段时，学校成为政策执行的责任单位，负责执行政策的各方面事宜，无论是聘前的准备阶段，还是聘中的实施过程，以及聘后的结果公示，学校成为执行"县管校聘"政策最重要的责任主体。而县教育局在这一过程中不参与，也不干预，任由学校与教师在执行相关政策时博弈互动，从中可以更清晰地反映出县教育局在"校聘"政策执行过程中的不干预态度。

表4-1　SZ县"县管校聘"政策执行日程安排表

时间	工作内容	备注
7月31日上午10:00	开教师大会,学习县市文件、县管校聘工作方案、面试方案。表决通过"县管校聘领导小组名单""学校评委库名单"	学校负责
8月1—2日	直接聘任交申请表	学校负责

续表

时间	工作内容	备注
8月3—5日	跨校聘任交申请表	学校负责
8月6日	资格审查	学校负责
8月7日	竞聘准备工作;培训评委库全部评委	学校负责
8月8日	跨校聘任说课面试工作	学校负责
8月9—16日	公示聘任录取结果	学校负责

综上可以发现，为了规避或分解政策执行的压力，县教育局在执行"县管校聘"政策时存在将执行压力向底层（学校）下沉的行动倾向，县教育局或是将学校纳入政策执行链条中，或是将制定教师聘任考核标准的权力下放给学校，或是在真正执行"校聘"政策的关键时刻"消失"。执行压力的"底层下沉"不仅仅是因为市、县教育局没有足够数量与质量的人手，更重要的是通过这一方式，县级教育部门可以（部分地）规避在执行"县管校聘"政策时产生的责任。

从"校聘"活动看，"校聘"是"县管校聘"政策的核心与关键，"谁流动了"和"流向哪里"直接关系到政策执行的结果，关系到师资均衡配置目标的实现与否。而县教育局作为负责"县管校聘"政策执行的基层组织，本应该是政策执行过程的核心参与者与积极干预者，但在政策执行过程中，县教育局反而表现出一定"置身事外"的态度，变成"橡皮图章式"的行动主体。只要学校在校聘活动中没出事（没有教师闹，没有网络问政事件），符合政策文件的规定，他们就给学校聘任名册（聘任结果名单）盖章，承认结果的有效性。

三、学校的行动逻辑

（一）要与劝——缓解执行压力的前期行动

"县管校聘"政策将学校分为超编学校和缺编学校两种类型。两种学校的定位不同，超编学校编制相对富余，需要外派教师，而缺编学校编制相对不足，需要补充教师。相对而言，政策执行的压力与矛盾则主要集中在超编学校的校内竞聘阶段。根据教育局分配的编制数与超编学校的实际教师编制数计算差额，这一差额越大，学校需要外派的人数越多，学校执行政策的压力就越大。当然，由于教师个体利益诉求的差异，不同教师在"留校"与"流动"的选择上存在差异，主动选择流动的教师越多，那么学校需要末位淘汰的教师数量就越少，学校执行的压力也就越小。

上述描述可以用一个数学公式来抽象表达：落聘教师数＝学校实际编制数-应然编制数-主动流动教师编制数。从公式看，由于学校实际编制数是既定的，应然编制数与主动流动教师编制数是可以变动的选项。因此，为了缓解执行压力，减少落聘教师数，S市学校校长在应然编制数上采取了"要"的行动策略，在主动流动教师数上采取"劝"的行动策略。

1．"要编制"

"要编制"，即要资源，是学校校长与教育局围绕政策的关键资源（编制数量）展开的博弈与互动，主要发生在学校竞聘之前，即定编定岗阶段。理解S市教育局在"编制"资源方面面临的约束条件，有助于加深对校长与教育局互动博弈中"要"与"给"行为的理解。

由于编办和教育局在编制核定标准上存在差异，整体而言，从需求的视角看，S市教师编制是供不应求的，聘请临聘教师是S市中小学的常态，然而，由于多种原因，S市又保留有一定的空编未补。编制供不应求和空编形塑了校长与教育局人员相互博弈、讨价还价的有限空间，这就导致有且仅有少数校长能够在讨价还价中成功获取更多的编制数。

根据政策规定，县（市、区）编办核定编制总量后，县（市、区）教育局会依据学校生源规模，采用生师比与班师比结合的方式确定与分配学校的应然编制数，对于规模较大的学校，教育局会采用生师比标准核定学校的应然编制数，对于规模较小的学校，教育局会采用班师比标准核定学校的应然编制数。统一的规则（编制核定标准）是政策赖以执行的基础。然而,不同学校面临的具体情境不同,超编学校面临更大的执行压力(需要派出教师),也有更强的动机向教育局"要编制"。SL县 DT 中学是一个典型的例子,该校 G 校长对此表示:"我校原有 88 名教师,根据当时的生源规模核定了 60 个教师编制,也就是说学校至少要派 28 名教师出去,全县就 DT 中学要派这么多教师出去,这个压力太大了。而且,根据直聘规则,我校老弱病残孕等特殊群体教师就占了近 30 个编制,这些教师既占着编制,但又不能像普通教师那样承担工作量,其剩余的工作量都要压到学校其他教师身上,剩余 30 个教师根本不够用。所以,我就给教育局的人打电话,说明学校的特殊情况,教育局也非常理解我的困境,又给我拨了 10 个编制,极大地缓解了我校的困境。"

从 DT 中学的例子可以看出,该校面临的具体情况非常特殊,政策执行压力大,需要派出 28 名教师,特殊群体(直聘)教师就有近 30 人,如果完全按照"县管校聘"政策执行,那么该校就只剩 30 名普通教师,日常教育教学工作都将成为问题。对此,学校也"不得不"与教育局讨价还价,以争取更多的应然编制数,而教育局人员也会采取"政策变通"的行为,为特殊的超编学校配备更多的编制数,以争取底层政策执行者对"县管校聘"政策的支持。然而,正如"跑部钱进"现象背后的潜规则一样,只有少数有资本、有能力的校长能够影响地方政府部门的决策并获取更多资源。换言之,在"县管校聘"政策中,可能仅有少数有资本、有能力的校长(往往是县城/近城学校的校长)能够成功要到编制,而不一定是实际需求更大的学校能要到编制,一定程度上造成编制资源分配的不均。

2."劝教师"

"劝教师"是学校校长与教师围绕留与走展开的互动与博弈。根据具体情境,校长会表达出"劝走"或"劝留"两种不同的行为,以尽可能兼顾政策的平稳执行与学校组织利益。

当每所学校的应然编制数确定后,超编学校需要派出的教师数就基本确定了。但学校派出的教师有两种类型,一种是主动申请流动的教师,另外一种是校内竞聘中被末位淘汰的教师。前者是利益获得者,而后者属于利益受损者。两者呈负相关关系,主动申请流动的教师越多,末位淘汰的教师则越少。反之,则相反。当末位淘汰的教师数量越多,就越有可能发生矛盾与冲突。对此,学校校长可能会采取"劝教师"的行动策略,以减少执行压力,维护学校组织的利益。在 S 市的"县管校聘"政策中,教师的个人意愿发挥了重要作用。在校内竞聘、跨校竞聘、组织调剂正式开展之前,教师都需要事先提交申请表,明确自己想要应聘的学校与岗位。这种尊重教师个人意愿的制度安排为校长"劝教师"的行动策略提供了制度渠道。但是,在某些具体情境下,学校校长也会采取强制措施限制教师流动①。

　　由于不同教师的利益诉求存在差异,每所学校愿意走与愿意留的教师数各不相同,学校校长在"劝教师"时面临的具体情境也不尽相同。由此,依据政策安排,在校内竞聘开展前,学校校长会对校内教师的留校流动意愿作摸底调查,在充分掌握教师意愿的相关信息后,校长会选择"劝走""劝留"两种不同的行为。当应聘教师的数量大于拟淘汰教师数时,那么校长就会倾向于采取"劝走"的行为,劝部分应聘教师主动走;当应聘教师的数量小于拟淘汰教师数时,那么校长就会倾向于采取"劝留"的行为,劝部分主动申请流动的教师留下来。当然,有时候,为了维护学校组织的利益,尽可能留住优质教师,有些学校校长会选择违背教师的个人意愿,通过不签字、不盖章等方式限制优质教师的流动。

　　作为一个理性人,校长会追求自身(或组织)利益的最大化,在选择"劝教师"行动的对象时有其自己的打算,并非完全遵循减少政策执行压力的逻辑。保持教师队伍质量,在减少薄弱教师、完成上级任务的同时,尽可能留住优质教师是绝大多数校长的行动逻辑。换言之,在"劝走"时,校长会优先考虑劝薄弱教师走;在"劝留"时,校长会优

---

① 除了"劝"以外,部分县(市、区)在程序上要求主动申请跨校竞聘的教师需要向学校提交申请,并征求学校校长的同意。如学校校长不同意、不签字,教师就不能参与跨校竞聘。

先考虑劝优质教师留下，满足他们的要求。无论校长是"劝走"还是"劝留"，其实质都是试图改变教师最初的行为决策，而成功的关键是教师的利益诉求能否得到满足。家庭、职业发展、工资待遇、工作环境等是校长常用的理由，"方便照顾家庭""子女接受优质教育""生活补助更高""工作压力更小""发展前景更好"等话语常见于校长与教师的沟通之中。

但是，当一个理性人（教师）做出决策后，这种决策并不是一时冲动的结果，而是在充分权衡成本与收益后做出的最有利于自己的决策。换言之，当校长仅仅试图通过"晓之以理、动之以情"的方式说服教师，而不涉及实质性利益时，"劝"的行动策略往往会失效。对此，校长会进一步采取承诺的方式，如"回聘""联络下家""升职"，以提高教师的预期收益，改变其成本—收益函数，以提高"劝"成功的概率。有教师表示："我原来是不打算走的，我的家人都在镇上住，但是学校校长私下找我聊天，问我愿不愿意去其他学校工作，他说按学校的竞聘方案看，我的排名是比较靠后的，有可能还是要出去的，到时候真的排在最后出去，面子上也挂不住。我当时还是不愿意的，毕竟到其他学校工作，各方面都不太方便。但是，校长又承诺我说：'你就当出去交流三年，下一个聘期，我一定把你聘回来。'我这才同意的。"（访谈时间：2019年10月）有校长在访谈中说："我校是一所农村超编学校，在校内竞聘前，有好几个中青年骨干教师想要进城，这些教师要走，我肯定是要阻止的。我跟他们说，县城学校的工作压力很大，也没有农村生活补助（该校有1700元/月），每年都会少近2万块，而且父母妻子都在这边生活，两头跑不方便也不安全。最后，我又承诺让他们当中层干部，才有1个教师愿意留下来。"（访谈时间：2019年12月）

承诺的背后实质上是一种资源的交换，是校长运用自身的聘用/升级权力向教师许下承诺，教师采取"用脚投票"的方式为自己争取利益，双方之间达成短期内双赢的局面。然而，这一策略，实际上在某种程度上破坏了原先的制度安排，有时候会使原有的制度流于形式，大大限制了政策执行的效果。"县管校聘"政策以编制为杠杆，调动师资在县域内流动，使教师不再是某一学校的人，而是县域内的系统人。然而上述交易行为的盛行（晋升或返聘），可能导致个人机会主义行为的发生与教师"单位人"概念的深化，而不利于构建教师的"系统人"身份，也难以实现师资的常态化流动和均衡配置的目标。

实际上，"要"与"劝"都面临行动失败的可能。在编制资源相对短缺的情况下，教育局分配稀缺资源时会有一定的考虑与抉择。承诺也并不总是有效，如返聘存在下个聘期时校长离任、无空缺岗位等问题，而对于中层干部的待遇，理性的教师也会综合权衡留校与离校的预期收益后再做决定。可见博弈双方都有其利益考虑，教育局人员/教师既可能满足校长的要求，也可能选择忽视与拒绝校长的要求。

因此，当"要编制"与"劝教师"后，每一所学校都会明确必须要落聘（淘汰）的教师人数，这一信息也会被政策目标群体（教师）所得知，紧张的氛围就会在学校内酝酿。聘任谁、淘汰谁成为学校校内竞聘环节的关键，而聘任过程的公平公正性将直接决定教师的主观感受。当聘任过程公平正义时，教师对聘任结果的反抗只会是站不住脚的"无理取闹"；反之，当聘任过程掺杂过多的人为因素时，落聘教师在自身利益受损，产生相对被剥夺感的情况下，很可能会以此为突破口，采用一定的行动策略表达与维护自身的利益。换言之，保证选拔过程的公平公正性能有效缓解落聘产生的矛盾。追求程序正义，保证"按章办事"，减少人为因素干预成为S市学校校长在选拔落聘（淘汰）教师的主要行动策略。

(二) 程序正义

当"县管校聘"政策执行的压力层层下压至学校后，底层执行者（学校校长及中层干部）作为政策执行的核心主体，为了追求"县管校聘"政策执行程序的合法化及执行过程的程序正义，会尽可能按章办事，减少人为因素的干预，并将政策执行失误的（部分）问责压力转移给教师（或教师代表）。

1. 校级政策文件的合法化

教职工竞聘方案和教师考核评价标准是学校执行"县管校聘"政策前必须事先制定的政策文件，也直接关系到政策执行程序、标准的公平公正性。对此，S市、县级"县管校聘"政策文本要求：学校在落实与执行"县管校聘"政策时，需要自主制定教职工竞聘方案、考核办法，并经教职工代表大会（或教职工大会）审议通过后实施。这一政策内容得到了多数中小学的贯彻与执行。一般而言，S市学校制定政策的基本程序如下：①校长指派一位副校长或中层干部根据上级政策文本起草校级"县管校聘"政策文本；②召开校务委员会、教师委员会、教师代表会等各种会议反复讨论研究修订；③向全体教师公开讨论稿，广泛收集意见后经校务委员会讨论通过形成修订稿；④在教职员代表大会（或教职员大会）上，由教职员代表（或教职员）审议讨论；⑤审议通过后，报区教育局备案。

通过上述程序可以看出，在政策制定的过程中，学校政策执行者试图通过扩大利益相关者（教师）的参与、互动与沟通，增进教师对"县管校聘"政策的理解、共识和支持，扩大政策执行的群众基础，让利益相关者了解、参与"县管校聘"政策的制定。此外，为了留下一定的痕迹与"证据"，学校还会要求教职员在政策文本的同意/不同意栏目中签名，以征求教职员对学校"县管校聘"政策实施方案的意见。当绝大多数教师对学校"县管校聘"政策文件没有意见，同意并签署意见后，校级"县管校聘"政策文件的合法性就得以塑造。

任何规则都具有两面性，它既会限制与制约行动者的行为选择，也是对行动者的一种保护。通过上述操作程序，学校教师赋予了学校"县管校聘"政策的合法性基础，而政策执行者严格按照学校政策方案执行，政策执行的压力就不再仅仅是政策执行者的问题，而是政策执行者（校长）与普通教师的共同问题。由此，通过学校政策文件的合法化，学校就可以将政策执行的压力（部分）转移给教职员代表（全体教职员）。实地调查也发现，当部分落聘教师对政策执行结果不满意时，学校校长就会以政策的合法性以及执行过程的程序正义来说服教师。

然而，在权力与淘汰威胁的双重压力下，教师的签名不再是对自身权益的维护与彰显，也难以反映教师的真实意愿与需求，反而成为学校后续应对与处理执行问题的有力"武器"。正如 DT 中学 W 教师所说："我有意见也不会签不同意啊。这可是实名制，签不同意会在校长那里留下不好的印象。而且，这个政策还要赶人走，如果我签不同意，岂不是成了校长眼里的'刺头'，我可不做这个'出头鸟'。"（访谈时间：2019 年 10 月）

尽管校级政策文本在形式上获得了教代会（或教职员大会）的同意，但这并不等于获得教师的真心认可与同意。在正式权力的影响下，普通教师作为一个弱势群体，尽管在"县管校聘"政策制定中拥有程序上的参与权与决定权，但对政策方案内容未必有实质性的话语权，在某种程度上，这种参与权与决定权也被形式化。

2. 政策执行阶段的程序正义

在学校"县管校聘"政策文件制定完后，当原校教师应聘人数超过了教育局规定的编制数时，超编学校有动机严格按照学校"县管校聘"政策方案执行"校聘"活动，并采用"痕迹化管理"的方式，保留政策执行过程的材料（证据），以尽可能保证程序上的正义。当然，在具体的考核方式上，不同学校的选择各有差异，整体上可以分为纯量化标准考核，纯面试投票考核，量化标准与面试投票考核相结合三种形式。DT 中学是一所超编学校，采用量化加面试投票相结合的考核方式开展"校内竞聘"，在访谈过程中，该校校长说道："县教育局最后给了我校 70 个编制，原来有 88 个教师，所以必须要有 25 名教师流走[①]，在政策执行初存在很大的压力和矛盾。为了平稳执行政策，我校严格遵照事先

---

① SL 县政策要求学校在直聘和校内竞聘阶段只使用 90% 的编制，另外 10% 的编制名额用于跨校竞聘和组织调剂阶段。该校严格执行这一规定，故在校内竞聘阶段共需派出 25 名教师。该校严格执行县级政策规定，另外落聘教师全部实行跨校竞聘。

制定的方案执行政策：首先按照学校制定的教师考核评价标准执行，根据每一位教师提供的材料，对教师的自评结果一一核对，确定每一位教师量化考核得分；其次，在面试环节中，普通教师自我陈述后，由教师代表、科组代表、行政代表、班子代表等 10 多个教师代表投票表决，校长不参与投票，投票过程使用摄像机全程录像；最后，结合教师两方面的分值后，按从高到低的顺序排列，从末位开始淘汰教师。最终，我们学校派出了 25 名教师，是我们县里派出教师最多的，但是大部分落聘教师都对结果没有意见。"（访谈时间：2019 年 10 月）

依据前期制定的学校"县管校聘"政策严格执行后，DT 中学尽管派出了 25 名教师，但整体上政策执行较为顺利，教师与学校之间没有发生公开的矛盾与冲突，争议协调小组也及时对落聘教师进行安抚与慰问，以尽可能调节教师的心理与情绪。但是，在校内竞聘结束后，落聘教师与学校之间也存在一定的"摩擦"。经过仲裁委员会沟通调解后仍有数位教师无法接受落聘的结果，前后多次找校长沟通，有时候还产生一定的言语冲突，但最后都被说服并参与跨校竞聘。据 G 校长回忆："在落聘的教师里面，好几位教师都找我谈过话，但意见最大的是一位行政办公室主任，他到我办公室来了好几趟，有几次情绪很激动，声音也比较大。这个人呢，平时业绩一般，当领导时人际关系也处理不好，最后综合得分比较低，排名靠后就被淘汰了。他总觉得自己作为中层干部，不应该被淘汰，认为结果不合理。我就慢慢说服他：'"县管校聘"政策是上级领导在全县推动的，是必须要执行的，没有一所学校可以例外。而且，当时学校制定（校级）政策的时候，你也签字同意了。在竞聘过程中，学校也用摄像机录下了整个过程，确保竞聘过程是完全公正公开透明的，你有什么问题可以重新调录像看。'最后，他们都接受了落聘的结果，主动参与跨校竞聘了。"（访谈时间：2019 年 10 月）

通过上述描述可以发现，追求程序正义，即程序上的公正公开透明，以及保留每一步的材料（证据）成为 S 市部分底层执行者执行"校聘"政策的典型行为。这些手段有助于保证末位淘汰教师评选过程的规范性，减少人为因素的影响与干预,以此保证考核结果的公信力,增进教师对考核结果的理解与认同。由此,程序正义作为"看得见的正义",在一定意义上成为实质正义的重要基础保障。然而,程序正义并不能完全保证实质正义的实现,而且在实践中可能发生"形式主义""程序主义"的变异①。究其原因,程序正义的合法性基础在于工具合理性,而工具合理性本身无法产生实质合理性,"程序"无法为"程序本身"提供正义基础,这一正义的基础必须是先于程序或者处于程序之外②。

"程序主义"表现在政策执行过程中底层执行者过度遵循既定程序,依据既定的考核方案与标准执行政策,而忽视实质正义问题。工作量是影响教师考核得分的重要因素,但是由于产假或服从学校管理等多方面原因,某些教师的工作量得分"被迫"较低,导致其排名靠后而被淘汰,引起部分教师的不满。产假是法律规定的,在妇女产期前后可以享受的休假待遇,学校也会尽可能照顾这部分特殊群体,尽可能减少她们的工作量。但是,现行考核标准并未考虑在"县管校聘"政策执行前三年休产假教师的特殊性,而是统一评价所有普通教师近三年的综合表现,休产假的女性教师无疑在"先天"上处于劣势,造成部分女性教师的不公平感。SZ 的 WW 老师在访谈中说:"我是前年(2017 年)怀孕的,从怀孕初到生完孩子休产假,学校对我都非常照顾,我也很感恩学校领导。但是,去年搞'县管校聘'改革的时候,学校的考核标准只看近三年的工作量,而我近三年正好休过产假,工作量得分很低,比不过别人,就被排在末位了。我一开始非常担心,经常找领导说话(哭)。领导虽然在公开场合仍然坚持这一结果(排序),但是私底下也跟我承诺不会淘汰我。我后来才明白,我校是一所缺编学校,即使排在末位也不用被淘汰。"(访谈时间:2019 年 10 月)

"形式主义"主要表现在,由于信息的不对称,底层执行者有时会

---

① 陈锋,朱梦圆.技术治理下农村低保政策的实践异化:基于 H 市 M 区农村的实地调查[J].西南大学学报(社会科学版),2019(1):38-45.

② 强世功.法制与治理:国家转型中的法律[M].北京:中国政法大学出版社,2003:14.

采用编造"真实完整"的材料来代替真正的执行,或是通过形式上的合理化来掩盖社会资本作用的发挥。在"县管校聘"政策中,缺编学校无须淘汰教师,只需要在跨校竞聘或组织调剂阶段补充教师,其面临的矛盾与压力相对小很多。而为了减少执行成本,尽可能降低上级政府的各项任务与检查对学校的影响,缺编学校存在一定的动机去编造"真实完整"的材料来代替实际的执行。CL学校L校长提道:"我校是一所缺编学校,老师们事先就知道没有人会被淘汰,所以整个执行过程都比较平稳。校长委托我专门负责制作'县管校聘'政策的各种材料,做完之后只用给老师们签字就行。而且,在跨校竞聘阶段、组织调剂阶段,教育局也不公布我校的岗位空缺信息,基本上这个政策对我校没有任何影响,最后也只是造表上报教育局就行。"(访谈时间:2019年10月)

第二节 政策目标群体的行动逻辑

一、"校聘"前的行动舞台

行动舞台的概念源于奥斯特罗姆的制度分析与发展框架,是指行动者行动的具体情境。这一概念由行动情境与行动者构成,而行动情境又由自然物质条件、共同体属性与应用规则构成。借鉴这一概念,为尽可能直观地呈现"校聘"政策中行动者所面临的具体情境,笔者尝试绘制了图4-1。

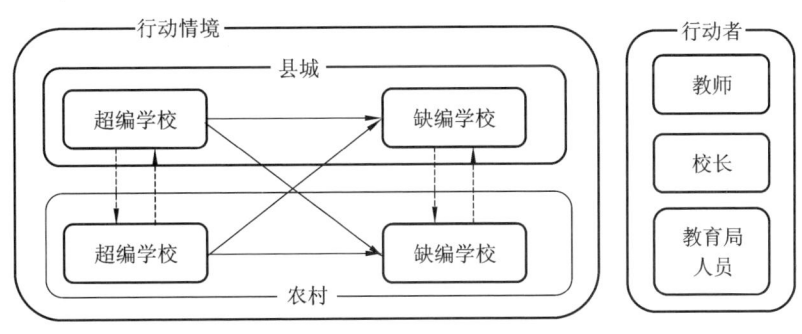

图4-1 "校聘"前的行动舞台示意图

从行动者看，根据"校聘"政策的安排，"校聘"政策牵涉到教师、校长以及教育局管理人员三种不同类型的行动者。作为政策目标群体，教师贯穿于"校聘"政策的始终，而校长与教育局管理人员则分别在前期的校内直聘、竞聘、跨校竞聘和后期的组织调剂中扮演政策执行者的角色。本节主要关注教师在"校聘"政策中的行动。

从行动情境看，一方面，每个县（市、区）内部存在明显的城乡差异，故笔者将学校分为县城学校与农村学校两类。整体而言，S市各县（市、区）县城学校岗位的吸引力要高于农村学校，其在职业发展，生活环境与教育服务等方面存在一定的优势，但是S市也为农村学校教师人均每月提供不低于1000元的经济补偿。而且，据了解，在以往"属校化"的教师编制管理体制下，学校教师编制是相对固定的，不能轻易调动①，而"县管校聘"政策赋予了编制以自由流动的可能性。考虑到城乡教师编制所附着的福利待遇差异，"县管校聘"政策实质上通过编制的自由流动，为农村教师进城提供了一定的激励。

另一方面，根据学校实际拥有的编制数量与应然编制数量②，"县管校聘"政策将学校划分为超编学校与缺编学校两种类型。超编学校与缺编学校教师面临的约束条件不同，超编学校的教师编制数量相对富余，按照政策安排必须要派出一定数量的教师参与流动，即在编制资源有限的情况下，超编学校部分教师将不得不面临被淘汰的困境。而缺编学校是指实际拥有编制数量小于或等于应然编制数的学校，理论上无须选派教师参与流动，其主要作用是吸收超编学校的落聘教师。由此，超编、缺编学校构成了"校聘"政策中两种不同类型的学校，超编学校是教师流动的"输出校"，主要负责输出教师，缺编学校是教师流动的"流入校"，主要负责接收教师。对此，在图中笔者用

---

① 据介绍，在以往的教师编制管理体制下，教育局要根据生源变动情况调动县域内学校的教师编制，需要提前2~3个月申请，经过县（市、区）的编委会会议表决后，在县（市、区）人民政府、人社、编办、财政等一系列政府职能部门盖章后，才能够正式调动教师编制。这一调动流程十分复杂，程序繁琐，涉及多个职能部门，需要较长的时间，还面临调动失败的风险。

② 应然编制数是指教育局在学校竞聘开展前统筹分配到每一所学校的编制数。

"──"予以表示。

但是，在实际运行过程中，超编学校与缺编学校的实际角色要更为复杂，超编学校不只是教师流动的"输出校"，而缺编学校也不只是教师流动的"流入校"。对超编学校而言，当校内竞聘后，实际参与流动（主动弃权、末位淘汰）的教师数大于富余的编制数，超编学校就会出现空缺岗位，超编学校的身份就会转变为"缺编学校"，其岗位空缺信息会在跨校竞聘与组织调剂阶段公布，由县域内流动教师自由选择与竞聘。而对缺编学校而言，部分缺编学校的教师有强烈的流动意愿，则有可能通过校内竞聘的主动弃权、社会资本等多种方法外出流动，使得缺编学校也成为"输出校"。对此，在图中笔者用"--▶"予以表示。由此，笔者勾画了S市"校聘"政策的行动舞台以及可能的教师流动方向。

在"校聘"前，教师会做出怎样的行为决策？奥斯特罗姆将"经济人"假设引入IAD框架，认为个体是行动情境中的理性行动者，会采取一定的行动策略以追求自身效用的最大化[①]。换言之，在"校聘"政策中，普通教师会理性权衡利益得失与风险再做出流动/留校的行动决策。当流动决策能够带来更多的个人或家庭利益时，教师会倾向于选择流动；反之，当留校决策能够带来更多的个人或家庭利益时，教师则会倾向于选择留校。但是，教师能否实现自己的行为决策存在一定的风险，如受到三级竞聘制度的影响，打算留校的教师可能被迫流动，打算流动的教师也可能被迫留校。

整体而言，教师的行为决策能否实现受到以下三方面的影响：

第一，学校教师编制情况。正如上文分析，超编学校必须要派出一定量的教师，而缺编学校原则上补充教师，处于不同类型学校的教师所面临的约束条件不同。超编学校的教师做出留校决策时可能面临被迫流动的风险，缺编学校的教师做出流动决策时也可能面临被迫留

---

① 雷万鹏,王浩文.真实情境中教师的差异化行为:S县"联校走教"政策十年观察[J].华东师范大学学报(教育科学版),2019(4):129-141.

校的风险；

第二，教师与政策执行者的互动与博弈结果。在某些具体的情境中，教师会采取一定的行动策略，而学校校长、教育局人员会综合考虑多方因素，有时可能会突破正式规则约束，使得教师的行为结果与行为决策相符，但也有时会使教师的行为结果与行为决策之间发生偏差；

第三，教师自身资本。末位淘汰是"竞聘"的核心，教师自身资本（人力资本、社会资本）的雄厚程度决定了其在竞聘群体中的相对位置。资本越雄厚的教师，在竞聘群体中的相对位置越靠前，越可能竞聘成功，并实现自己的行为决策。反之，则相反。

综上，在"校聘"政策中，教师最终能否实现自己留校/流动的行为决策，不只取决于教师自身的利益考虑，还受到具体情境、游戏规则、博弈结果以及教师自身资本等多方面因素的影响。

二、"校聘"中教师的行动策略

作为一个理性人，在"校聘"政策中，教师也会依据自身所掌握的资源与利益诉求，采取具体情境下的行动策略，与政策执行者（校长、教育局人员）开展互动与博弈，有时候甚至会打破正式规则的约束，实现自己的利益诉求。具体而言，研究发现，教师的行动策略可以分为服从、假装服从、吐槽、混、退出、找关系、闹等七种行动策略。

（一）服从

服从，即不违抗，是"校聘"政策中多数教师的行动策略。服从不代表教师是简单服从政策，不考虑个人利益得失的"组织人"。正如斯科特所说，对于常规情境下发生的许多看似"仪式化""习惯性"的服从行为，其背后都蕴含着行动者的自我打算[①]。

研究发现，在"校聘"政策中，教师选择服从行动策略的原因可以分为两种情况。第一类是行为结果符合利益诉求。当政策执行结果符合

---

① 斯科特.弱者的武器[M].郑广怀,张敏,何江穗,译.2版.南京:译林出版社,2011.

个体的利益诉求时,如直聘教师、缺编学校教师做出留校决策并留校,或者超编学校教师做出流动决策并流动等,那么此类教师就会选择服从政策,接受政策执行的结果,不在"前台"公开反抗,也不在"后台"消极对抗。第二类是"校聘"政策执行保证程序正义。当政策执行结果保证充足的公平公正性,让所有教师,尤其是末位淘汰的教师感受到充分的公平感,那么,即使政策执行的预期结果不符合个体的利益诉求,他们也会选择服从政策的安排①。

在政策执行过程中,教师的服从行为的具体表现在三个方面:第一,在校级"县管校聘"制定阶段,服从与同意学校的政策文本,而不细究政策文本的合理性;第二,在校内竞聘环节,主动申请流动/留校,校内落聘教师则积极联系其他学校,参与跨校竞聘,顺应政策的规定;第三,政策执行后,此类教师在学校会认真踏实工作,不在"后台"消极对抗。

然而,即使教师接受与遵从政策方案,表达出一定的服从行为,也不意味着政策目标的实现。对于教师个体而言,他们始终考虑的是个体利益,而非公共利益。换言之,当政策顶层设计不合理时,即使(如骨干)农村教师顺应政策规定(进城),也可能导致政策执行结果偏离预期目标(师资均衡)。

(二) 假装服从

与"服从"行为不同,"假装服从"的教师看似服从政策安排,但实际上会利用正式规则的漏洞来实现自己的个人目的,从短期或长期看都不利于"县管校聘"政策目标的实现。"校聘"政策规定,校内竞聘环节的落聘教师必须要参与跨校竞聘、组织调剂,通过落聘教师的再聘任(工作学校的变化)实现教师流动的目的。落聘,即意味着要变更工

---

① S市采用标准化模式推进"校聘"政策,教育局颁布统一的"校聘"政策及教师量化评价方案,所有教师在"校聘"过程中采用统一的方案与标准予以评价。在实地调研过程中,绝大多数教师表示,只要能保证所有教师的评价标准一致,无论这一标准科学、合理与否,那么对于考核结果,他们都可以接受。

作单位，这一点是多数教师群体的政策共识，也是政策得以执行、教师得以流动的不言而喻的"潜台词"。

然而，在实际执行政策的过程中，有部分校内落聘的教师通过跨校竞聘、组织调剂等环节，实现了个人留校的目的。为了实现自己留校的目的，在跨校竞聘或组织调剂环节，此类教师会填写申请原工作学校的空缺岗位。而跨校竞聘与组织调剂环节的正式规则，只规定教师只能到有空缺岗位的学校竞聘，而并未明确说明本校落聘教师不得参与本校竞聘，为此类教师"假装服从"的行为留下了空间与漏洞。DT中学Z老师就是其中一个例子，他在访谈中说："我在校内竞聘的时候排在末位，被迫淘汰，但是在跨校竞聘阶段，学校恰好有空缺岗位，我就报名了本校的跨校竞聘。对于你说的流动问题，政策没有规定校内竞聘的教师不能参与原校的跨校竞聘，我也服从了政策安排参加了跨校竞聘。为什么不可以呢？"（访谈时间：2019年10月）

这种"假装服从"的行动策略充分利用了正式规则的漏洞，实现了部分教师的个人目的，但是却消解了正式规则的权威和聘用结果的公信力，激发落聘教师的不公平感，以及造成政策执行结果的偏离。第一，教师参与流动是实现"县管校聘"政策目标的基础，而在这种情形下，尽管落聘教师参与了跨校竞聘/组织调剂，但是其实际工作学校并未变更，并未流动；第二，这一聘任结果对于其他服从政策安排的落聘教师而言是不公平的，从长期看，不利于"县管校聘"政策的执行。PT中学的G老师是原ZJ学校的教师，他对于落聘教师留校的现象表达出强烈的不满："据我所知，ZJ学校有两个落聘教师最后还是留校了。我觉得自己好像被骗了，像我这样服从政策安排的，却到了其他学校去工作，这也太不公平了吧。要是还有下次，我也不会流动的。"（访谈时间：2019年10月）

作为一个理性个体，如果其前期行为并没有带来有利结果，或其认为既定结果不尽合理时，那么他们就会产生改变原先行动策略的内在动力，寻求其他更有利的行动策略，以实现自身的利益。换言之，其他服从政策安排的教师，在下一个聘期时也可能采取同样的策略以实现自己留校的目的。

（三）抱怨

法国哲学家福柯说，"话语即权力"，话语本身就是一种权力的体现。掌握话语权即掌握一定的主导权力。实地调研可以发现，地方政府在"县管校聘"政策中掌握较大的话语权。受到本次调研方式①的影响，县（市、区）教育局可以事先给学校下达指令，学校能事先与教师沟通，而教师作为弱者，也可能"隐藏"自己的真实感受，进而发出地方政府想要的声音。"公平公正公开""更愿意当班主任""工作更积极"等语句成为实地调研过程中大部分教师评价政策效果的"主流话语"。这可能是部分教师的真实感受，但不一定是全部教师的。

在实地调研过程中，教师会"看菜下饭""看人说话"，自动识别可倾诉对象，有选择地吐槽。通过吐槽，教师避免了对权威的直接反抗，但又表达了一定的声音与话语，希望通过话语的传播、扩散试图重新掌控话语权以解决教师所吐槽的问题。而无论教师所吐槽的问题是否得到解决，在吐槽的过程中，教师通过行使话语权（权力），获得了重塑话语权的虚拟胜利，并释放了自己的不满与情绪，使自己在心理上获得慰藉与平衡②。例如，CX 老师说："'县管校聘'政策直聘怀孕的女教师，体现了对弱势群体的照顾！但是，以后女教师要么卡着时间点（聘期）怀孕，要么就不要怀孕了。你看，怀孕就意味着休产假，意味着聘期内工作量不足，工作业绩一般，她拿什么和别的老师比，只能等着换工作。"（访谈时间：2019 年 10 月）WX 老师说："我觉得自己个人能力还行，也算年轻，但是不知道为什么我就排在末位落聘了。（原）学校就是贴了一张纸，公布了所有（校内竞聘）教师的排名，也没有分数。我问学校，学校只回应是根据方案和大家提交的材料评的，我不知道其他

---

① 通过市教育局下发公函至县（市、区）教育局，再由县（市、区）教育局通知学校，是一种较为正式的调研。

② 高晓文,于伟.弱者的武器:教师的日常抗争策略研究[J].教师教育研究,2018(3):73-78.

人交的材料是怎样的,也不知道我为什么排在后面,这个过程还是挺神秘的。"WH 老师说:"现在学校教师可听校长的话了,校长说往东走,没人敢往西。校长说什么,你敢不鼓掌吗?校长吩咐的事情,你敢不做吗?"(访谈时间:2019 年 12 月)

通过吐槽,教师表达了自身对"县管校聘"政策的不满,一方面释放了自己的情绪,实现了自己掌控自身行为的权利,另一方面也希望通过调研员发出一些真实的声音,反映"公开的文本"中看不见的真实内容,借此表达抗争并争取改善生存空间、处境的机会。

(四)"混"

混是一种消极抵抗的态度,不争取、不表达,也不改变,对"县管校聘"政策采取一种漠视、漠然的态度。有研究发现,在教师轮岗交流政策中,部分交流教师会通过"早退""迟到""消极怠工"等方式表达对轮岗交流的不满①。然而,"县管校聘"政策的实施意味着过去教师职业"铁饭碗"被打破,教师不再永远是某一学校的人,而存在变更工作单位或被辞退的可能性。面对这一退出压力,大多数教师在"县管校聘"政策中会积极争取留校或流动,在政策执行后改变自己的行为,服从学校的管理,以降低退出的概率。但是调查发现,也有一些教师对"县管校聘"政策持一种无所谓的态度,行为态度消极,改变有限。一位组织调剂到 PT 中学的 X 教师表示:"我完全支持这个政策,我个人觉得无论在哪里工作,都是教书育人,都是为了祖国的教育事业做贡献,不用去纠结到哪里工作的。在城里学校是教书,难道在农村学校不是教书?现在我也不担心别的,该怎么做就怎么做,像我这样的老家伙,到哪个学校竞聘考核不都是排名末位,都一样的。反正最后总有学校去的,教育局总不能不给我工作吧。"(访谈时间:2019 年 12 月)

混是一种被动逃避的策略,是普通教师作为一个行动者试图摆脱他人权力控制的方法之一。尽管他们口头上表示对在哪里工作无所谓,但

---

① 李先军.城乡教师交流轮岗政策的失真与对策[J].教育科学研究,2019(2):82-86.

是事实并非如此。"排名末位""都一样"等词汇说明他对工作并非不在意，而是很可能被校内竞聘、跨校竞聘的考核结果打击后，而抱着一种无所谓的态度。"混"的行动策略会带来一定的不良后果，表现为部分教师对工作失去热情，抱着得过且过的态度，而不是改变自己的行为，以提高教学质量与业绩，促进组织的发展。

（五）退出

退出是指当一个人对某些物品、组织或制度安排感到不满时选择离开，是一种"用脚投票"的机制。在"校聘"游戏中，部分教师也会以"退出"为行动策略，与教育局人员互动博弈。在多数情况下，他们并非真的想退出教师队伍，而是希望"以退为进"，迫使教育局人员改变校聘的结果，实现其个人目的。然而，单纯以"退出"为由不足以说服教育局突破正式规则的束缚，做出变通行为，有时候反而会被视为对"县管校聘"政策公开的挑战与抵制。因此，在互动博弈过程中，教师通常会辅之以"家庭""婚姻"等正当理由来表达退出不是无理取闹、公开对抗，而只是自己的无奈之举，进而增加博弈成功的概率。

"婚姻"是农村年轻教师常用的正当理由之一。"结婚生子""传宗接代"是中国传统文化赋予年轻人的重要责任，当个体达到一定年龄后，催婚就成为日常交流中常见的话题，结婚的压力与诉求也会影响到教师个体的行动与决策。对于农村年轻教师，能否结婚已成为他们能否在农村学校扎根的重要影响因素。然而，在城镇化进程中，农村社会日益空心化，农村年轻人口大量外出工作导致农村单身人口数量减少，年轻教师在农村学校接触单身异性的机会并不多。即使有机会接触单身异性，也存在两者是否匹配的问题，能否真正结婚还面临一系列不确定性。可以说，越是偏远的乡镇，年轻人数量越少，年轻教师越难下去，也越难留得住。一位 HJ 教师说道："我在原来学校（乡镇学校）工作了快10年，那里的年轻人少，到现在我还没找到一个合适的对象。在这次政策中，前两个阶段我没能调到县城学校工作，后来组织调剂的时候我就直接找我县 X 局哭闹，说这次还不能调到县城学校工作，我就只能跳槽

了。X 局考虑了一下就同意调我进城了。"（访谈时间：2019 年 10 月）

"家庭"是农村女教师常用的正当理由。照顾家庭，照顾家族的下一代是中国传统文化赋予女性的重要"使命"。在竞争日益激烈的当代社会中，为了让子女接受良好的教育，大多数有资本、有能力的家庭都会选择进城接受教育。而对于农村女教师而言，这就意味着夫妻、亲子的分离以及一系列生活的不便利。因此，在"县管校聘"政策中，部分农村女教师会以此为理由向掌权者（教育局人员）示弱，以博取同情，并希望借助政策实现进城的愿望。另一位 XZ 教师说道："照顾孩子是我进城的主要目的，从前我每天要照顾 3 个小孩在县城的日常生活，但我又在农村学校工作，所以基本上每天都要两头跑，实在太忙了，有时候还会耽误工作。我也没办法，姐姐自己在外地打工，没办法照顾孩子，就拜托我这个在本地的妹妹照顾，我也不能不照顾，让孩子受苦。"（访谈时间：2019 年 10 月）

（六）找关系

为了一定程度上规避政策执行的压力与矛盾，S 市严格要求校聘过程的公平公正公开，教师不得采取走关系、打招呼等"幕后解决"的行动策略。但是，调查发现，在"校聘"游戏中，作为强者的武器之一，社会资本（关系）或公开、或隐蔽地发挥了一定的作用。社会资本发挥作用的路径主要有两条：第一，通过社会资本干预校内竞聘的结果；第二，通过社会资本提前占据跨校竞聘的空缺岗位。

在校内竞聘环节，当教师拥有充足的社会资本，如能找到政策执行者的上级领导打招呼，那么，此类教师往往能够发挥社会资本的作用并改变聘任结果。在处理此类教师的问题时，政策执行者的行为分为两种不同的类型："野蛮执行"与"隐蔽执行"。除了极少数校长采用野蛮执行外，大多数校长会通过"隐蔽"方式执行政策。当然这在很大程度上取决于教师打招呼的时间，当教师提前打招呼，那么校长就可以"隐蔽"地改变校聘结果；当教师在校聘结果公布后打招呼，那么校长就只能选择得罪普通教师，直接更改聘用结果。

在跨校竞聘环节，流动教师会主动运用自身的关系网，打电话联系认识的校长，并提前占据相关名额。同时，为了安抚落聘教师的情绪，替他们寻找出路，部分校长也会主动联系其他学校校长，并向他们推荐教师，以尽可能安排落聘教师的工作。借助教师/校长的社会资本，在正式开展跨校竞聘前，部分教师就"提前消化"了跨校竞聘阶段部分空缺岗位。

社会资本策略具有典型的寻租性质，通过打招呼、找关系甚至贿赂的方式改变校聘结果。这种行动策略会侵蚀"县管校聘"政策的正式规则，普通教师会选择投入时间、精力与财力去建立与领导的良好关系，而非提高自身的教学能力、业绩等竞争力。

（七）"闹"

"退出"策略需要合适的正当理由，"社会资本"策略以"个人关系网络"为基础，较高的使用门槛与条件使得上述策略只适合于少部分教师。在S市的教师群体中，还有一类教师既没有正当理由，又缺乏充足的社会资本。对于此类教师而言，为了维护自身利益，他们就会采取"闹"的反抗策略：从学校到教育局再到信访部门，从普通的哭闹吵，到上访、网络问政等，直到通过"闹"实现其个人目的。

在S市"县管校聘"政策执行网络中，教师的"闹"被视为政策执行不成功的一种表现，"政策执行过程中没有一例网络问政事件"成为访谈过程中某些县（市、区）教育局人员经常提到的话语。没有网络问政事件，不代表没有教师"闹"，很可能是政策执行者提前妥协与满足了教师的利益诉求。即使有网络问政事件，也不能说明"县管校聘"政策执行失败，毕竟不同个体的利益诉求与表达意愿存在差异。既要实现个人目的，又要避免后期报复，如何"闹"就成为普通教师必须考虑的问题。在政策执行过程中，有的教师通过"闹"的行动策略实现了其个人目的，但也有的教师没有实现其目的。

"理"是教师"闹"的策略成功与否的重要因素。"理"是"闹"的武器，无理的"闹"并不能迫使政策执行者让步，也无法博取普通教师的同情,在社会舆论上也站不住脚。通常而言,不利处境、规则的模糊性会成为普通教师"闹"的理由。S 市并未出台一致的教师竞聘考核标准,而是由学校自主制定,而学校自主制定的考核标准不可避免地存在一定的问题与漏洞。正如 ZQ 教师所说:"在我校的竞聘考核标准中,申报市级课题是可以加分的,但是它没有说联合申报的教师怎么办。前两年,我和另一个教师联合申报了一个市级课题,对于这个加分项,只要两个人平均分,我都不用落聘了。后来我一直闹,找到市教育局去,这才给我解决的。"(访谈时间:2019 年 10 月)

三、"校聘"后教师的差异化行为

在"校聘"政策执行后,教师群体最终表达出一定的差异化行为:流动或留校。需要说明的是,在"校聘"政策中,教师个体最初的行为决策与最后的行为结果受到正式规则的影响与约束。如超编学校的 A 教师最初打算留在学校,并不打算参与流动,但是 A 教师必须与其他教师竞争应聘相应的工作岗位。如果 A 教师竞争不过别人,那么 A 教师就会被原学校末位淘汰,进而不得不参与其他学校的竞聘或组织调剂,以获得相应的工作岗位。由此,A 教师由原来学校的工作岗位换到其他学校的工作岗位,工作地点发生了变化,即产生了流动的行为结果。由此,根据教师最初的行为决策(留校/流动)与行动结果(留校/流动)之间的差异,笔者将教师划分为稳定的留校者、潜在的流动者、主动的流动者、被动的流动者四种类型(详见表 4-2)。每一种类型教师行为的成因都是复杂的。

表 4-2 教师的差异化行为

		行动结果	
		留校	流动
行为决策	留校	稳定的留校者	被动的流动者
	流动	潜在的流动者	主动的流动者

从表 4-2 可以看出，S 市的教师群体在"县管校聘"政策中分化为四种不同类型的教师：稳定的留校者、被动的流动者、潜在的流动者以及主动的流动者。实际上，这四种类型的教师在教师群体中的占比不相同，而且很可能存在较大的差异，对教师队伍的影响也不尽相同。

对此，课题组在教师问卷中设计了"在政策执行最初，您打算离开原学校还是留在原学校"一题，以此获取教师关于政策执行之初的行为决策信息。调查数据显示，8.32% 的教师打算离开原先的工作学校，而 91.68% 的教师打算留在原先的工作学校工作，可见对于绝大多数教师而言，他们并不愿意离开熟悉的学校，但是也有接近十分之一的教师明确表示愿意离开原先的工作学校。图 4-2 表明，结合教师的行为结果进行分析可以发现，接近十分之九（87.79%）的教师属于稳定的留校者，长期内不打算参与流动，6.28% 的教师属于潜在的流动者，有参与流动的可能性，但是受到激励机制、正式规则、权力等多方面因素的影响而不能参与流动，3.88% 的教师属于被动的流动者，其自身并不打算参与流动，但是受到正式规则的约束而不得不参与流动，2.05% 的教师属于主动的流动者，参与流动的行为结果符合其最初的行为决策。

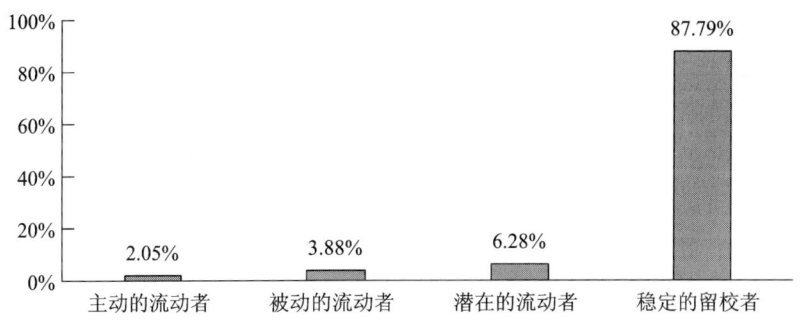

图 4-2　四种类型教师信息

（一）稳定的留校者

在留校教师中，当留校决策符合教师的个人利益诉求时，笔者称为稳定的留校者。在"县管校聘"政策中，此类留校教师既不争，也不吵（闹），只是服从学校政策的安排，依据优先/择优规则完成校内直聘、校内竞聘环节后留在原学校工作,成为"县管校聘"政策的支持者与保持教师队伍稳定的主力军。此种类型的教师复杂多元,既可能是骨干教师,也可能是普通教师,既可能是农村学校教师,也可能是县城学校教师,既可能是优质学校的教师,也可能是薄弱学校的教师。实地调研发现,此类教师产生的根源在于留校符合教师的利益诉求,或是因为学校所在地符合教师照顾家庭的诉求,或是因为学校的工资待遇、工作环境、职业发展前景等工作因素符合教师对工作的诉求,或是因为舍不得离开熟悉的工作环境、人际关系网络等个人因素等。对于他们而言,留校是实现自己的个人利益的最优解。

对于"稳定的留校者"而言,只要自己的个人利益诉求没有变化,无论政策如何演变,此类教师仍会做出留校的决策。强制让"稳定的留校者"参与流动,则容易激发教师与学校之间的矛盾。尽管此类教师无意参与县域内的流动,但是这并不意味着"县管校聘"政策对他们没有任何影响。"县管校聘"政策要求三年一聘,每隔三年就要开展一次"校聘",教师与学校重新签订聘用协议,"三年一聘"就犹如紧箍咒一般鞭策与督促着留校教师。但由于不同类型教师的留校原因不同,"县管校聘"政策对他们的具体影响也存在一定的差异。

一方面,准退休教师、重病教师成为"县管校聘"政策的旁观者,即使到下一个聘期,此类教师或是已经退休,或是仍在直聘规则范围之内,不存在落聘的压力。这些教师偶尔会关注"县管校聘"政策,但通常不会对政策提出任何建议或置疑,只会表达对政策的支持。另一方面,休完产假的女教师、超编学校与缺编学校的留校教师则成为学校政策的服从者。到下一个聘期时,此类教师面临的具体处境会发生一点变化,如休完产假的女教师不再享受直聘待遇,缺编学校可能不再缺编,申请留校的教师也可能面临落聘的压力。换言之,在下一个聘期时,此类教师就必须要通过竞聘才可以实现留校的目的,由此落聘的压力会时刻影响着他们,使得他们的工作态度与行为发生一定的变化。BK 教师是一位有 22 年教龄的教师,他谈道:"我一直都不太愿意流动，毕竟我家就在这里。我的父母现在年纪大了，有60多岁了，几个兄弟姐妹里就我一个人在他们身边，在这里工作，一旦有什么事情我还可以照应下。要是到别的地方工作，他们要是出点事，我赶不回来怎么办？所以我就一直愿意在这边工作，一边工作，一边兼顾家庭挺好的。就是现在工作压力有点大，除了完成自己的本职工作外，无论学校安排什么活，我都会接下并尽力做好，给领导留下好印象。"（访谈时间：2019年12月）

(二) 潜在的流动者

在留校教师中，也有部分教师属于潜在的流动者，对于他们而言，参与流动是一个可选项。但是，或是因为缺乏足够的激励，或是因为正式制度的约束，或是因为信息与竞争力不足而采取保守策略，他们或主动或被动地留在原校。对此，随着政策的完善以及情境的变化，当机会合适时，相较于稳定的留校者而言，此类潜在的流动者更可能会参与流动。

1. 激励机制不充足

"县管校聘"政策缺乏合适的激励机制，难以激发教师到农村任教的内在动力，甚至一定程度上降低了教师到农村交流的意愿。关于引导与激励优质教师向农村学校、薄弱学校流动的激励机制，除了早期政策规定的职称晋升、生活补助外，"县管校聘"政策在流动成本、周转房建设等方面没有配套投入，仅新增了一种"岗位激励机制"，即中、高级岗位分配向农村学校、薄弱学校倾斜，以激励"超岗"教师向农村学校、薄弱学校流动，但这一激励机制已沦为形式。

在"人走关系不动"的轮岗交流政策中，县城教师到农村学校交流，可以享受职称晋升、生活补助等政策，完成交流任务后还能够回到县城学校，整体上是处于获益的状态。而在"关系随人走"的"县管校聘"政策中，教师到农村学校交流不再是短期行为，而很可能变成长期行为。在城乡二元分割的现实背景下，到农村学校任教更像是一种负向（惩罚）激励机制，教师会更不愿意参与流动了。PT中学G教师也说：

"PT中学是往年很多支教交流教师的重要选择，基本上每年都会有2~3名教师选择到PT中学支教。在实施'县管校聘'政策的时候，我正好在PT中学支教，然后就被留在了这里。以往我是很愿意到PT（中学）来支教的，工作压力不大，而且有额外的生活补助（1700元/月）拿。但是，现在我很后悔，如果政策不变的话，我再支教一段时间，当时就可以回（县城）学校了，现在想回都回不去了，彻底成为PT中学的人了。"（访谈时间：2019年12月）

2. 缺乏对口的空缺岗位

学科岗位的空缺情况成为限制教师流动的制度性因素。学科均衡规则要求教师所学专业与竞聘（学科）岗位相匹配，只有某一学科岗位有空缺时，对口（专业）教师才有机会参与流动。反之，当某一学科岗位没有空缺时，对口（专业）教师就没有机会参与流动。结合具体情境分析可以发现，这一因素对不同流向教师的影响是不同的，对县城向农村流动的教师而言影响更大。县城缺编学校多，空缺的（学科）岗位多，而农村超编学校多，空缺的（学科）岗位少。同时由于历史因素，农村教师队伍中语文、数学等学科教师相对富余，体育、艺术类学科教师相对不足。换言之，在农村学校稀有的空缺（学科）岗位中，语文、数学等学科岗位更少，县城学校语文、数学教师想要到农村学校任教的可能性就更低。

3. 保守策略

信息与资本不足会导致部分教师选择保守策略。教师不仅会考虑流动的利弊得失，也会合理权衡参与流动的风险与后果，进而做出留校或流动的决策。信息不对称、自身资本不足等多重因素导致教师在留校/流动决策权衡上选择保守策略，即为了避免流动到更差的学校而选择留在原校。

作为关键的信息资源，在学科岗位空缺信息上，教师、校长与教育局人员存在信息不对称，教师处于信息不足的境地。其一，由于政策的设计与时间顺序，教师只能在"校内竞聘"与"跨校竞聘"中"主动"

选择一项①。也就是说，在做出留校/流动决策前，教师一般只知晓本校岗位空缺信息，而不知晓县域内其他学校的岗位空缺信息。其二，在第一轮岗位空缺信息公布前，学校学科岗位空缺信息只掌握在少数人（教育局人员、本校校长以及少部分教师）手中，部分空缺岗位还会被提前"消化"②。其三，在教师到某校跨校竞聘前，教师对竞聘学校的竞聘人数、考核方案等信息一无所知。无论是在（留校/流动）决策前，还是决策后，普通教师都处于信息相对不足的境地。

更为重要的是，在跨校竞聘中，根据补充规则，当应聘人数超过空缺岗位数时，学校会按照教师考核方案择优录取教师。在"虹吸效应"下，理性的教师会倾向于向县城学校、优质学校等吸引力更强的学校聚集（报名），从而形成应聘人数多于空缺岗位数的情况。择优就意味着末位淘汰。简言之，教师参与跨校竞聘存在落聘的可能性，跨校竞聘落聘的教师就需要服从组织调剂，组织调剂则意味着他们可能连以前的学校或同层次的学校都聘不上。为了获得更大的利益而参与流动的理性教师，反而可能会成为利益受损者。因此，除了少数投机主义者，或者有选择余地的优秀教师，在信息与竞争力不足的情况，大多数理性教师会出于保守策略的考虑，即为了避免到更差的学校，而优先选择校内竞聘，留在原校。

（三）主动的流动者

主动的流动者是指放弃校内竞聘直接参与跨校竞聘的教师。实地调研发现，根据流动教师的特征与流动方向，主动的流动者可以大致划分为农村骨干教师与县城老教师两种类型。两类教师的利益诉求与行为表达均存在一定的差异。

---

① 校内竞聘和跨校竞聘原则上教师只能二选一。如果教师选择校内竞聘并被聘用后，就不能再参与跨校竞聘，除非是主动选择校内竞聘而被末位淘汰的教师，但这种情况不属于留校教师；如果教师选择跨校竞聘，那就意味着他们主动放弃校内竞聘。

② 在跨校竞聘前，校长作为掌握学科岗位空缺信息的关键人员，可以提前将信息告知认识的教师，而有人脉关系的教师也可以提前联络校长获悉相关信息，当两者协商妥当后，校长可以提前聘用教师，教师也可以提前占据相应的空缺岗位。

1. 农村骨干教师：进城的希望

在特定的条件下，参与政策执行对有些教师而言可能是新的发展机会，这些教师往往会成为政策的拥护者和执行者①。中国的教师事业单位编制是一种集编制、岗位和人员一体的用人体系，具有空间性、单位性、终身性②等特征。一旦编制下发到学校，编制就固定在学校，难以轻易调动。即使是教育局主动申请调动教师编制，也需要经过一系列繁琐、漫长的过程，教师（带编）流动具有高昂的成本，严重限制了教师在劳动力市场上的自由流动。而"县管校聘"政策突破了教师编制调动的体制机制障碍，在此政策中，只要教师遵循一定的正式/非正式规则，就可以携带编制主动流动。

在城乡二元结构背景下，进城仍是多数农村教师的共同利益诉求。不同于教师轮岗交流政策，在"县管校聘"政策执行后，农村教师可以带编流动到县城学校工作，从"农村学校人"变为"县城学校人"，也不需要在聘期满后返回原校工作，其生活状态、工作环境、职业发展等各方面都发生变化。对于打算进城的农村教师而言，"县管校聘"政策疏通了普通农村教师进城的渠道，无疑是一种福音与希望。

然而，正如前文分析，县城学校、优质学校的空缺岗位始终是一种稀缺资源，由于竞聘（末位淘汰）机制的存在，在县城学校、优质学校空缺岗位资源有限的情况下，农村教师群体会根据自身资本选择不同行为。骨干教师在教师劳动力市场上始终属于稀缺资源，相较于其他教师具有更强的竞争力，更有可能在竞聘中胜出，也更可能主动参与跨校竞聘。由此，农村骨干教师成为进城的主力军，而普通教师则成为保守的留校教师。CL学校的L（副）校长说："我原来在离县城30多公里的镇上工作。在原来的学校，我也是中层干部，兼职做学校行政办公室的工作，原校'县管校聘'政策实施方案就是我负责起草的，所以我对这个

---

① BALL S J, MAGUIRE M, BRAUN A, et al. Policy actors: doing policy work in schools[J]. Discourse studies in the cultural politics of education,2011(10):625-639.

② 杨卫安,袁媛.义务教育教师编制"市域调剂"的障碍与改革思路[J].中国教育学刊,2019(8):35-38.

政策很了解。后来在正式实施过程中,我主动参与跨校竞聘到这来了。我没想到我可以进城工作,以前农村教师要在农村一辈子干到老,没有关系,想都不用想进城。但现在不一样了,只要有能力,农村教师也有机会到城里工作,所以我个人很支持这个政策。"(访谈时间:2019年10月)

2. 县城学校的老教师:返乡养老

田野观察发现,主动向农村学校流动的教师群体,整体上是以县城的老教师为主。当然,也有极少数县城的中青年教师,或是为了山区和农村边远地区教师生活补助而主动申请到农村学校任教,或是为了方便照顾父母而申请到父母所在乡镇任教。但是,一方面,两者的规模不同,后者数量相对较少,而前者数量相对较多,其影响大小不同;另一方面,两者的作用力方向不同,后者有助于实现城乡师资均衡配置的政策目标,而前者对于城乡师资均衡配置目标而言,很可能成为一种"反作用力"。

上述现象(县城老教师流向农村)产生的根源在于:第一,从个人意愿看,部分县城老教师有强烈的意愿到农村学校任教。此类教师的典型特征是:其一,受到S市山区和农村边远地区教师生活补助政策的影响。自2018年后,到农村学校任教的老教师,每月可以获得700~1700元不等的生活补助费,如果夫妻两人均是教师,那么这一补助还能够翻倍,是一笔不小的收入。其二,没有家庭后顾之忧。让子女到县城接受优质教育是农村人口进城的动力之一,而县城老教师的子女或是在上大学,或是在工作,其子女的教育问题已经得到解决。其三,农村学校的工作压力小,环境宜人,适合养老,因而有过农村生活经历的县城老教师更愿意申请到农村任教。一位49岁的语文女教师在谈到是否愿意在农村学校工作时表示:"我和我爱人都愿意到农村学校工作,我们俩就是在农村长大的,那儿的生活环境宜人,空气清新,村民淳朴,饮食也健康。而且,我们的孩子也去广州工作了,我们也没必要在县城待着了。"(访谈时间:2019年11月)

第二，从县城学校看，县城学校校长是愿意放老教师走的，甚至有时会主动"劝"他们走。对于县城学校校长而言，每走一个老教师，就等于多空出一个编制，而富余编制则意味学校可以补充更年轻有为的教师，更有利于学校未来的发展。

第三，从农村学校看，农村学校校长不愿意聘用县城老教师，但受到正式规则的制约不得不聘用他们。对于农村学校校长而言，县城老教师年龄大，精力相对不足，能够发挥的"余热"不多，聘用他们还会加剧教师队伍年龄结构老化问题。但是依据补充规则，当竞聘人数少数或等于空缺岗位数时，学校就必须聘用跨校竞聘人员，而此规则往往在应聘人数少、吸引力不强的农村学校中生效并发挥作用，导致农村学校校长无法拒绝聘用此类教师。

（四）被动的流动者

被动的流动者是指申请留校，但在校内竞聘阶段被末位淘汰的教师。排名是一个相对概念，反映的是相对于总体（校内竞聘人员），个体竞聘考核结果的相对位置，反映的是相对竞争力的大小，而非绝对竞争力。简言之，超编学校末位淘汰的教师不一定都是薄弱教师，但超编学校的薄弱教师一定会被末位淘汰。

调查发现，正式规则与政策执行情境（教师队伍年龄结构）相互交织，导致部分农村学校更可能派出中青年教师，而县城学校更可能淘汰薄弱教师。由于学校应然编制数是固定的，校内直聘编制数和校内竞聘编制数形成反相关关系，校内直聘的教师编制数越多，校内竞聘应聘的教师编制数就越少。一方面，这意味着校内竞聘要淘汰的人数越多，学校就越有可能派出优质教师；另一方面，参与校内竞聘的教师往往是中青年教师，是学校教育教学的中坚力量。比如当超编学校教师队伍年龄结构老化问题严重，即符合直聘规则的教师人数较多时，那么学校不得不在剩余教师中（中青年教师）淘汰一定数量的教师。这种情形在农村学校更为常见，农村教师队伍年龄结构老化，年轻优秀教师下不去、留不住已成为一种基本倾向。

在整个"县管校聘"政策中,薄弱教师毫无疑问处于劣势地位。薄弱教师具有以下的典型特征:年龄偏大、患病,精力不足,或者教学能力、业绩较差。考虑到跨校竞聘的风险,薄弱教师往往会出于"保守策略"的考虑而选择留校,但在超编学校的校内竞聘中,此类教师往往因排名靠后而不得不外出参与跨校竞聘。在跨校竞聘阶段,当薄弱教师跨校竞聘的学校报名人数少于或等于空缺岗位数时,他们无须竞聘而自动被聘用;但是当其跨校竞聘的学校报名人数大于空缺岗位数时,他们则很可能会再次被淘汰而参与组织调剂。在参与流动(主动或被动)教师的理性选择下,县城学校、优质学校的空缺岗位会被优先聘满,剩余的往往是农村学校、薄弱学校的空缺岗位[①],由此形成薄弱教师或主动、或被动调剂到农村学校、薄弱学校的结果。对于农村学校、薄弱学校,补充此类教师解决了教师数量短缺的问题,但是对于实现提高教育质量、促进优质发展的目标,其积极作用不明显。

第三节 本章小结与讨论

本章展现了在S市独特的环境背景下,在"县管校聘"政策执行网络中,不同层次、不同类型、不同资本的行动者在"县管校聘"政策执行过程中的真实行为与行动策略。政策行动者并不是抽象的"组织人",而是"有血有肉"的,带有各自想法、情感与利益的"社会人"。研究发现,政策行动者的行为受到"县管校聘"政策本身、政策环境、个体的利益诉求等多方因素的影响。作为政策执行者,基层执行者拥有一定的自由裁量权,可以根据具体情境具体处理教师的诉求;作为政策目标群体,教师是"县管校聘"政策中的弱势群体,但他们也并非简单地服从政策安排,其服从/反抗行为的背后都有自己的个人打算。

因此,探讨政策执行者与政策目标群体的行动逻辑,研究其具体行

---

① 调查发现,有个别县(市、区)还进一步限制薄弱教师的流动方向,其政策规定:在校内竞聘中排名后20%的教师不得参与县城学校的跨校竞聘,只能参与乡镇学校的跨校竞聘。

动与策略,关注其行为背后的利益诉求,有助于加深对一线政策行动者如何做决策的理解,发现政策执行过程中的问题,完善"县管校聘"政策,实现政策的预期目标。

一、小结

(一) 政策执行者

从市教育局层面看,市教育局是 S 市"县管校聘"政策的积极推进者,推动了 S 市"县管校聘"政策文本以及配套政策的制定与颁布,搭建了完善的政策执行机构,积极解决政策执行中的问题,有力地推动了"县管校聘"政策的执行。但是,为了规避"县管校聘"政策执行可能遇到的风险与阻力,S 市的"县管校聘"政策只是"有限突破"现有的教师管理体制,并未涉及编制与岗位的核定权力,而仅是在编办、人社核定的编制与岗位总量内,教育部门有权统筹调配编制与岗位资源。

从县教育局层面看,在政策执行过程中,县(市、区)教育局通过政策文本空传、执行压力下沉两种行为,将政策执行的压力与责任尽可能推向上一级单位(市教育局)、下一级单位(学校),以尽可能保护自己。通过政策文本空传的行为,S 市各县(市、区)的"县管校聘"政策及其配套政策表现出较强的同质性,对地方情境存在一定的不适应;县教育局通过政策执行主体的下移、聘用权力的有限下放等方式将执行压力下沉,由学校承担"校聘"政策的执行压力与矛盾。

从学校层面看,在校内竞聘前,学校政策执行者会优先采取"要"与"劝"的变通策略,缓解政策执行的压力。如超编学校校长会通过向县教育局"讨价还价"的方式"要"更多的编制,并根据实际情况对校内教师"劝走"或"劝留",以此减少校内竞聘阶段末位淘汰教师的数量,缓解政策执行的压力;在校内竞聘阶段,理性的校长会追求校内竞聘过程的程序正义,依据前期制定的政策文本以及规章制度执行政策,力求程序上的公平公正。

(二) 政策目标群体

从政策目标群体看,政策执行者为政策目标群体(教师)制定了合法"剧本",搭建了"行动舞台",希望教师在"舞台"上服从"剧本"进行表演。但是,作为一个理性人,教师有自己的利益诉求,为了维护自身利益,教师也会采取一定的行动策略与政策执行者互动、博弈,以争取自己的生存空间。

从"校聘"中教师的行动策略来看,教师会采取"服从""混""退出""找关系""闹"等不同行动策略为自己争取实质性的利益或者是精神上的安慰。对于既得利益者或者是对聘任结果感到公平公正的教师而言,他们会选择"服从"的行动策略,真心服从政策的安排;对利益受损者而言,他们可能会选择抱怨、混、假装服从、退出、找关系以及闹等具体行动策略。

从"校聘"后教师的差异化行为来看,在正式规则与非正式规则相互博弈、相互影响下,S市的教师表现出四种差异化的行为:稳定的留校者、潜在的流动者、主动的流动者和被动的流动者四种类型。不同行为的成因有所不同,对"县管校聘"政策结果的影响也不同。分析教师的差异化行为可以发现,在"县管校聘"政策执行过程中,教师队伍中实际上形成了这样一种趋势——进城是骨干教师的事,下乡是县城老教师与薄弱教师的事,而留校是大多数教师或主动或保守的行为选择。

二、讨论

(一) 政策执行者

当前"县管校聘"政策仍处于试点探索阶段,S市在制定与执行政策时缺乏成熟的、可借鉴的政策经验,而"县管校聘"政策的执行又会触及教师的切身利益,引发教师与政策执行者之间的矛盾与冲突。对此,在强大的执行压力下,为了尽可能不出事、少出事,稳妥地执行"县管校聘"政策,S市的政策执行者会不约而同地采取一种"稳健式执行"的总体行动逻辑。当然,由于不同层级的政策执行者在"县管校聘"政策网络中的角色、资源、位置与权力存在差异,其具体的行动策略各有不同,但是他们的行动目标是基本一致的,也就是平稳、顺利地执行政策。

稳健,即稳重,不轻浮冒失。"稳健式执行"就是尽可能稳妥、稳重地执行"县管校聘"政策，不冒失、冒进，避免引发更大的矛盾与冲突。实际上，"稳健式执行"是一个中性词，而不是贬义词，稳健也不等于政策执行的失败，政策执行的成功与失败最终需要依据政策执行产生的实际结果予以判断。如 S 市教育局对教师管理权力的有限突破，可以一定程度上规避与其他职能部门的冲突与矛盾，更快、更顺利地推动"县管校聘"政策的执行；而学校政策执行者通过按章办事实现程序正义，成为"看得见的正义"，当"校聘"方案尽善尽美时，学校政策执行者追求程序正义也能实现实质正义。由此，在"稳健式执行"的行动逻辑下，政策执行者尽可能尊重教师个人意愿，严格按章办事，追求程序正义。程序正义作为一种"看得见的正义"，在一定程度上有助于实质正义的实现。

但是，"稳健式执行"的行动逻辑及其具体行为并不必然带来实质正义，只有在政策设计完美、合理、可行，配套政策资源充足等理想化状态下，政策执行者严格地按章办事，才能够真正实现实质正义。而前文分析表明，在初次制定与执行中，S 市的"县管校聘"政策设计仍然表现出一定的问题与不足，在政策设计存在缺陷的情况下，政策执行者过度追求程序正义，按照既定的规则办事，并不能实现实质正义。从组织学的角度讲，将执行制度规则代替实现目标作为首要原则而过度强调制度规则，很可能会导致形式主义，进而引发政策结果与目标之间的偏差①。正如已有研究指出的，在强大的执行压力下，处于强势地位的替代性目标（如基层治理效率、政治资本获取以及地方社会稳定等）② 一定程度上使得公共政策自身目标被淡化，使得政策执行行为与结果发生一定的偏差。比如作为教师群体的弱势群体，中老年教师由于其人力资本有限，并不太受理性学校组织的偏好，在政策执行过程中也没有太多的选择权，处于"被挑选"的状态，这对于他们是否公平正义？此外，如果"县管校聘"政策从整体上形成薄弱教师向农村边远地区学校配

---

① 刘焕,吴建南,徐萌萌.不同理论视角下的目标偏差及影响因素研究述评[J].公共行政评论,2016(1):151-171.

② 李棉管.技术难题、政治过程与文化结果："瞄准偏差"的三种研究视角及其对中国"精准扶贫"的启示[J].社会学研究,2017(1):217-241.

置,农村骨干教师流动到县城学校的局面,对农村边远地区学校及学生而言是否公平正义?

(二) 政策目标群体

作为"县管校聘"政策的目标群体,教师并不是失去行动自主权的"木偶","校聘"游戏也不是一场"皮影戏"。作为"校聘"游戏中的弱者,理性的教师不会公开表达对政策与权力的反抗,反而在"前台区域"上,教师会表达出对政策的服从,但是在"后台区域",部分教师也会依据自身所掌握的资源或资本,通过假装顺从、退出、找关系、混、闹等不同行动策略,与政策执行者(教育局人员及校长)互动与博弈,为自身争取利益,有时某些行动还会突破正式规则的约束,改变"校聘"游戏的结果。由此,在正式与非正式制度相互交织、相互影响下,S市的教师群体表达出差异化的行为。

整体而言,在城乡二元社会格局下,在城乡利益格局未发生根本性改变的情况,进城或者说在县城工作仍是大多数教师的理性选择。从特征工资理论看,由于不同学校所处区域的环境特征存在一定的差异,在边远艰苦的地区,生活与工作条件更加艰苦,其环境特征对教师的职业效用产生了负面影响,城乡学校岗位的吸引力存在一定的差异,需要提供经济上的补偿才能弥补教师心理收益的损失,为农村学校学生提供同等质量的公共服务[①]。而调查发现,S市并未构建出合适的激励机制以实现激励相容,促使教师群体表达出促进公共利益最大化的行为。S市目前有且仅有教师生活补助政策,即为山区和农村边远地区学校教师提供人均每个月不低于1000元的生活补助,这在一定程度上吸引了部分县城中老年教师到农村学校工作。但是,正如前文所述,上述政策对教师的激励作用有限,教师心理预期的补助额度要高于1000元/月的补助标准,而且高额的教师流动成本(时间成本、生活成本、交通成本等)也部分抵消了教师每月获得的生活补助,在一定程度上制约了教师流动到农村学校工作的意愿。

---

① 马红梅,雷万鹏,钱佳.教师工作环境的经济价值:基于地区经济地理特征的工资成本补偿[J].华东师范大学学报(教育科学版),2018(5):129-137.

在缺乏合适的激励与补充机制的情况下，S市的"县管校聘"政策通过一定的竞争机制与自由流动机制，使教师的人力资本、社会资本得以发挥作用：有资本的教师更可能进城工作，而没有资本、没有能力的教师则更可能被分配到农村学校工作。由此，在S市的"县管校聘"政策中，大致呈现了如下的"逆向流动"画面：农村学校、薄弱学校的优质师资向县城学校、优质学校流动，县城学校的薄弱教师、老教师向农村学校、薄弱学校流动。换言之，当前政策目标群体的行为在政策执行过程中产生了一股"反作用力"，使S市城乡师资配置更加不均衡。

实际上，政策执行的实质是不同行动者之间基于利益得失的考虑而进行的一种博弈过程，是对利益的分配与再分配。理性的行动者会基于自身所处情境解构教育政策并做出利益最大化的选择，而个体的利益选择能否实现又受到正式制度、个人资本等多种因素的制约，由此一线的政策执行者、政策目标群体在"县管校聘"政策执行过程中会采取不同的行为。由行动者行为互动形成的非正式制度与"县管校聘"政策的正式制度相互交织、相互影响，共同加剧了政策实施过程的复杂性，倘若不能了解此复杂的制度情境，则难以真正理解行动者的行动，难以调动优质教师向农村学校、薄弱学校流动的积极性。

第五章　S市"县管校聘"政策执行结果研究

第一节　"县管校聘"政策执行成效

一、教师队伍供求数量矛盾显著改善

调查发现，在"县管校聘"政策执行前，S市中小学教师编制存在大量空编未补、结构性缺编等问题，严重制约着中小学教师编制的使用效率，导致超编/缺编学校公办教师之间工作量不对等。而"县管校聘"政策执行后，S市通过使用空编招聘新教师，以及超编学校富余教师的合理流动，缓解了缺编学校的师资短缺问题，提高了编制的使用效率，教师队伍供求的数量矛盾显著改善。

（一）空编使用率高

在严控事业单位编制总量的背景下，为了加强教师队伍建设，确保编制标准与编制总量双重增长，中央编办印发《统筹使用编制资源 服务中小学教育发展》，文件提出适当收回事业单位部分空编，优先保障中小学教育事业发展。然而，调查发现，在"县管校聘"政策执行前，受到地方政府支出意愿、偏好与能力以及教师个人退休、跳槽、离职等退出行为的共同影响，S市中小学事业单位内存有大量的空编未补，这是对现有教职工编制资源的闲置与浪费。

中小学空编是指空余未用的中小学（事业单位）编制，即有编有

岗无教师的情况。当中小学实有教职工数少于教职工编制数时，就会产生一定数量的空编。生师比与班师比是现行核定中小学教师编制数的两大标准，但是这两个指标只解释了在操作层面如何核定编制，却没有解释为何如此核定，即"一个班为什么要配一定数量的教师"及"一定数量的学生为什么要配一位教师"，其真正的原因在于"一个班"和"一定数量的学生"背后附着不同的教学工作量[①]。也就是说，根据生师比/班师比核定的编制数后，每一位教职工都需要承担相对差不多的工作量，而中小学空编数越多，也意味着在编在岗教师需要承担更多的工作量。

从S市看，在"县管校聘"政策执行前，全市共有2699个空余教师编制（包括幼儿园）。相较于教师队伍人数（3.3万人），当时S市空编数占教师队伍总数的比例约为8%。具体而言，S市基础教育原有25266个编制，其中幼儿园1510个，小学11770个，初中7698个，高中4288个。相较于各学段在编在岗教师数，S市各学段编制数均有一定富余，幼儿园有空编665个，小学段有空编1694个，初中段有空编69个，高中段有空编296个，共计空编2699个（见表5-1）。

从空编使用率看，"县管校聘"政策执行后，S市新招聘2131名教师，即S市共使用2131个空编。剔除新增的95个中小学教师编制，S市共使用原有空编2036个，仅剩余663个，空编使用率达到75.4%。从"县管校聘"政策执行看，由于空编不涉及具体的教职工人员，故空编的调整无须考虑教职工的个人意愿，操作层面更为便捷，在一定程度上缓解了"县管校聘"政策的执行压力。

表5-1 政策执行前各学段空编数　　　　　　　　　　　　单位：人

项目	高中	初中	小学	幼儿园	小计
编制数	4288	7698	11770	1510	25266

[①] 周兆海,邬志辉.工作量视角下义务教育教师编制标准研究:以农村小规模学校为例[J].中国教育学刊,2014(9):1-6.

续表

项目	高中	初中	小学	幼儿园	小计
在编在岗教师数	3992	7654	10076	845	22567
空编数	296	44	1694	665	2699

（二）结构性缺编问题改善

根据"县管校聘"政策的设计，富余或空缺的编制是教师得以流动的基础。每一位教师从超编学校流动到缺编学校的空缺岗位时，在一定程度上就意味着教师编制使用效率的提高。据统计，两年中S市参加岗位竞聘的教师有27490人，首聘获聘教师有25558人，参与第二轮竞聘及调配的教师有1814人。由此换算可得，S市约有6.6%的教师参与流动，理论上这些教师从超编学校的富余岗位调整至缺编学校的空缺岗位，一定程度上提高了编制使用效率。DT学校的G校长在访谈中说道："我校是一所严重超编的学校，之前有在编教师88人，根据核定的编制数超了18个编制，按照以往的政策，我校起码要5~10年等老教师慢慢退休后，才能补充新教师进来，学校教师队伍老化的问题非常严重。但是，'县管校聘'政策后，我校派出23名教师参与流动，还补充了3名新的青年教师，教师队伍结构大大优化。"（访谈时间：2019年10月）

S市"县管校聘"自评报告提道："今年（2019）秋季，S市共有两所中学复办初中部，招收七年级学生600人，共需专任教师46人，我们将两所市直民办学校的18名公办教师调剂到两所中学的初中部任教，让其回归本位，不足部分通过从结对帮扶的区属学校中调剂和公开招聘的办法予以解决。"

可见，通过"县管校聘"政策，S市部分超编学校实现了"消肿"的目的，部分富余学科富余教师的调出，腾出了教师编制，为补充急缺学科教师提供了可能；缺编学校实现了"补员"的目标，补充了一定数量的教师，教师短缺的情况得到改善。

（三）教师平均周课时量提高

当一所学校的学生数确定时，其对应的工作量（课时数）是相对确定的，那么这所学校的在编在岗教师数越多，即超编越严重，教师的工作量就越小。反之，当某所学校的在编在岗教师数越少，即缺编越严重，教师的工作量就越大。田野调查发现，有校长反映，当地有个别学校的超编情况特别严重，教师基本上每周只用上六七个课时即可。这加剧了教师队伍供求的数量矛盾，缺编学校或是自费聘请临聘教师，或是让学校教师分摊多余的工作量，加剧了学校教师的工作负担，同时也是对教师编制资源的一种浪费。

为了获取教师的周课时数信息，课题组在问卷中设计了"'县管校聘'政策执行前，贵校教师平均课时量是＿＿＿＿节/周；政策执行后，教师周课时量是＿＿＿＿节/周"一题，由校长根据实际情况填写。

"县管校聘"政策执行后，通过已使用编制的统筹调配以及空编的使用，超编/缺编学校的编制富余/短缺情况得到一定改善，在学生数/班级数不变的情况下，教职工数量的变化会对教师平均工作量产生影响。调查数据显示，9所学校教师的工作量有所减少，小计减少课时量14节/周，平均每所学校减少教师周课时数1.6节；22所学校教师的工作量无变化；33所学校教师的工作量有所增加，小计增加课时量74节/周，平均每所学校增加教师周课时数2.2节。

整体而言，"县管校聘"政策执行后，S市中小学校教师平均周课时量有所增加，由原先的12.8节增加至13.7节，平均每所学校教师周课时数增加1节，一定程度上提高了现有编制的使用效率，改善了S市教师队伍供求的数量矛盾。

二、教师队伍供求学科结构矛盾有所缓解

为了获取专业匹配率信息，课题组在问卷中设计了"您今年主要的任教科目""您获取第一学历时所学的专业"等题，以此来识别教师所学专业与任教科目匹配与否。当教师获取第一学历时所学专业与主要任教科目相同，则视为专业学科匹配；当两者不相同时，则视情况而定。对于小学教师而言，当教师所学专业为小学教育且任职于小学学段时，我们认为教师所学专业和学科是对口的。此外，由于教育改革后，非师

范生进入教师队伍的渠道为之拓宽，大量非师范专业学生（如财会、农学、医学等）通过考取教师资格证获得了进入教师队伍的资格。对于此类教师，笔者也采取人工识别的方式进行判断，对于毕业专业与任教科目有所关联的视为匹配，不相关的视为不匹配。

"县管校聘"政策旨在通过分学科设岗，让教师依据所学专业选择相应的岗位，以此促进教师队伍的专业匹配率提升，提高教师专业人力资本的利用率。然而，由于历史原因，中小学教师队伍中存在部分教师教非所学的现象。调查发现，S市教师队伍的专业匹配率超过四分之三，但不容忽视的是，仍有近四分之一的教师教非所学，其专业人力资本未得到充分利用。从不同学段看，专业匹配率存在差异，小学专业匹配率低于初中，初中又低于高中；从不同专业看，语文、英语、化学、物理、生物、音乐、体育、美术学科的专业匹配率高于平均水平，而数学、地理、历史、思政、信息技术、心理、科学以及综合实践学科的专业匹配率低于平均水平，综合实践学科的专业匹配率为0。

（一）整体分析

专业教育理念是教师教育制度建构的理论基础，专业化是教师教育模式的重要特征，强调教师培养要基于四年文理教育的专业教育（荀渊，2014）。换言之，不同于分类明确的三级师范教育体系，教师教育模式注重为中小学统一培养专业化的教师。然而，受到教师编制管理体制的约束等多方面影响，即使教师教育模式为中小学培养了专业化的职前教师，他们在一线学校场域中也可能面临教非所学的问题。

数据显示，整体而言，S市教师队伍的专业匹配率达到77.20%，即超过四分之三的教师所学专业与所教学科相匹配，确保教师学有所教，其专业人力资本得到充分利用。但是，不容忽视的是，仍有超过四分之一的教师（22.80%）处于教非所学的状态，没有相应学科的专业学习基础，一定程度上限制着教育质量的提高（见图5-1）。

学科均衡规则要求教师只能依据自身所学专业报名相匹配的岗位，以此改善教师的学科匹配情况。调查发现，通过"县管校聘"政策，流动教师的专业匹配情况得到一定的改善，但仍然存在一定比例的专业不

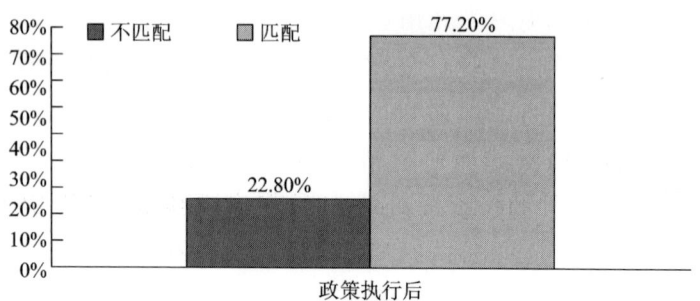

图 5-1 教师专业匹配率图

匹配教师，甚至有部分流动教师由流动前的专业匹配变为流动后的专业不匹配。

从表 5-2 可以看出，政策执行后，流动教师的专业匹配率达到 73.1%，但仍有 26.9% 的流动教师专业不匹配。比较政策执行前后变化发现，流动教师的专业匹配情况得到一定程度的改善，由原先 31.8% 的流动教师专业不匹配降为当前 26.9% 的流动教师专业不匹配。具体而言，有 11.7% 的流动教师通过"县管校聘"政策流动后，其专业匹配情况得到改善，由原先在专业不匹配的岗位上工作调整到专业匹配的岗位上工作；但是也有 6.8% 的流动教师，由原先的专业匹配流动到专业不匹配的岗位上工作，其专业匹配情况有所恶化。

表 5-2 政策执行前后流动教师专业匹配表　　单位：人

		政策执行前		
		不匹配	匹配	合计
政策执行后	不匹配	100(20.1%)	34(6.8%)	134(26.9%)
	匹配	58(11.7%)	306(61.4%)	364(73.1%)
	合计	158(31.8%)	340(68.2%)	498(100%)

（二）差异分析

1. 分学段

不同学段对教师专业化的需求不同。近年来，为小学，尤其是农村小学培养全科教师的呼声越来越高。就小学的现实需求而言，它可能更需要教师有从事与适应不同学科教学的能力，而当下教师教育培养的专科教师很可能不符合小学学段的现实需要。从理论研究看，小学教师日益专业化、分科化，也不符合小学生的身心发展特点，反而在一定程度上挫伤了学生的学习积极性[①]。

调查数据显示，不同学段教师的专业匹配率存在显著差异，学段越低，专业匹配率也更低。具体而言，从不同学段看，高中教师专业匹配率为89.20%，初中教师专业匹配率为77.70%，小学教师专业匹配率为73.10%（见图5-2）。卡方检验结果显示：$\chi^2_{(2)}$ = 172.2，$p = 0.00$，即不同学段之间存在显著的差异，小学教师专业匹配率显著低于中学教师。

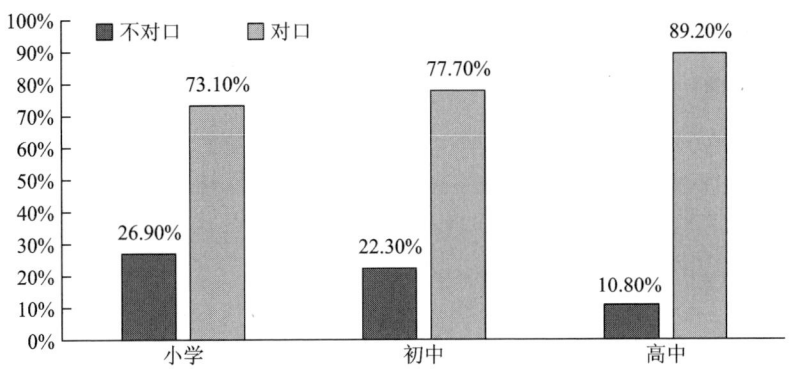

图5-2 分学段专业匹配率图

2. 分专业

数据显示（见图5-3），从不同学科看，语文、英语、化学、物理、生物、音乐、美术、体育学科的专业匹配率高于平均水平，而数学、地理、历史、思政、信息技术、心理、科学以及综合实践学科的专业匹配率低于平均水平。具体而言：

第一，对不同学科的专业对口率从高到低排序结果如下：体育（93.00%）>英语（92.10%）>化学（88.40%）>音乐（86.50%）=美术（86.50%）>物理（85.10%）>生物（82.50%）>语文（78.80%）>地理

---

① 黄俊官.论农村小学全科教师的培养[J].教育评论,2014(7):60-62.

（72.30%）>思政（71.10%）>数学（68.70%）>信息技术（66.30%）>历史（64.90%）>心理（61.50%）>科学（55.90%）>综合实践活动（0.00%）。

第二，在以往的调查研究中，音乐、美术与体育学科的专业匹配率相对较低，其他学科教师兼职教授的情况较为普遍。主要原因是音体美学科所需的成本与收益不对称，音体美专业的教师从小到大持续投入于特定领域的学习、培训的成本远大于文理科教师，但这些专业在中小学所受重视度不高，投入成本与其所产生的收益并不匹配。即使有音体美专业教师进入教育行业，有能力的人也可能通过转岗调整到其他主要学科从教。但是，"县管校聘"政策执行后，S市音体美学科的专业匹配率超过85%，体育学科甚至达到93%，音体美学科的专业匹配率得到了极大的改善。

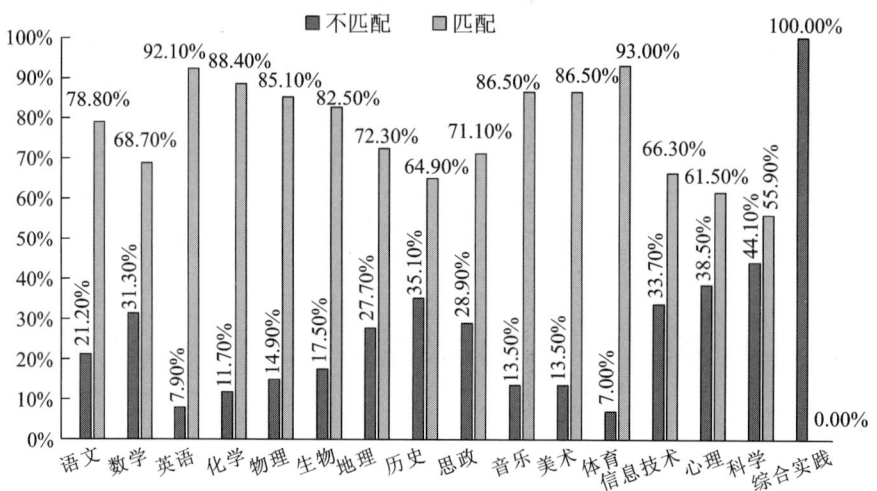

图 5-3 分学科专业匹配率图

第三，实地调研发现，中小学对心理教师有一定的需求量，尤其是规模较大的学校。从目前的情况看，心理教师岗位的专业匹配率达到61.50%，超过五分之三，有相当部分应用心理学、心理学、心理健康教育专业毕业的学生，通过"县管校聘"政策找到了专业匹配的岗位。但仍有38.50%的心理教师是由其他专业毕业的教师兼任。心理学科的专业性较强，其他专业兼任心理教师的效果堪忧。

3. 分匹配类型

根据不同成因，笔者将专业不匹配教师分为无专业教师、教育类专业不匹配教师、非教育类专业不匹配教师。无专业教师是指一定数量的初中、高中毕业后直接进入教师队伍的教师，属于专业不匹配教师；教育类专业不匹配教师是指教师所学专业与基础教育相关，在上述15个学科中有匹配的学科岗位，但受到个人或学校教学需要而调整到非专业匹配的学科岗位从教的教师；非教育类专业不匹配教师是指教师所学专业与基础教育无关，也属于专业不匹配教师。由于不同类型教师专业不匹配的成因不同，"县管校聘"政策只能够改善教育类专业教师的专业匹配情况，而对于无专业教师及非教育类专业不匹配教师，只能通过教师招聘与补充政策进行改善。

数据显示，在专业不匹配教师中，教育类专业不匹配教师有1621人，占专业不匹配教师群体的78.70%，是此类教师的主体，是未来"县管校聘"政策主要的目标群体；无专业教师有73人，占专业不匹配教师群体的3.60%，主要为初中、高中毕业后直接进入教师队伍的教师；非教育类专业不匹配教师有364人，占比达17.70%，此类教师所学专业种类繁多，包括财会、文秘、畜牧、医学、果林、机电技术等等（见图5-4）。这表明：一方面在，未来"县管校聘"政策执行的过程中，应当加大教师流动的力度，达成更高比例的专业匹配；另一方面，在教师招聘补充时，需要增加一定的限制条件，尤其是对非师范专业毕业的教师。

三、教师队伍活力得到激发

教师职业倦怠是指教师不能顺利应对工作压力时的一种极端反应，是教师伴随着长时期的压力体验而产生的情感、态度和行为的衰竭状态[1]，是影响与制约中国教师队伍活力的重要因素之一。较高的职业倦

---

[1] KALLIATH T J,et al.A test of the Maslach Burnout Inventory in three samples of healthcare professionals.Work & stress,2000,14(1):35-50.

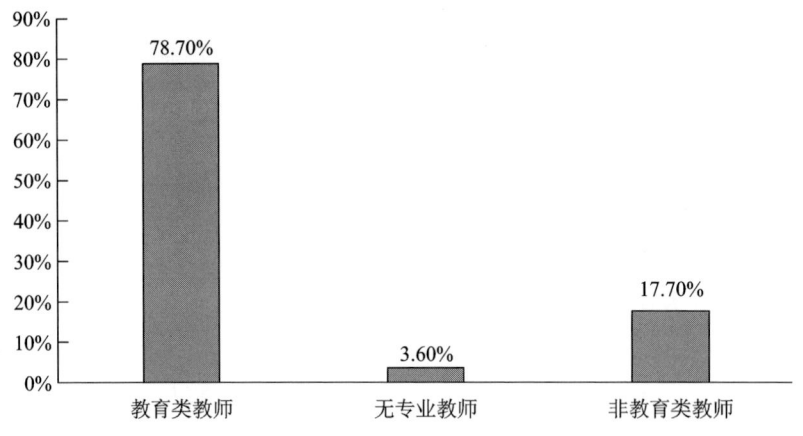

图 5-4 专业不匹配类型

怠感会影响与约束教师队伍的活力,不仅影响教师本人的身心健康,也会对学校和学生产生不良影响,严重的甚至会导致离职、旷教。据调查,中国教师职业倦怠水平在 15 个行业中居于第三位,仅次于公务员和物流从业人员①。这一点也得到了 S 市中小学校长的支持。大量的中小学校长普遍反映,在政策执行前,当地学校教师存在较高的职业倦怠,主要表现为不服从学校管理,混日子,教学业绩不强。由于缺乏相应的权力和经费的使用收紧,校长普遍对此类教师没办法。然而,在"县管校聘"政策之后,S 市教师职业倦怠得到改善,其行为态度发生了极大的转变,也更服从学校管理,认真努力工作,教师队伍的活力提高。S 市教师队伍活力的激发主要表现在教师职业倦怠感较低,教师行为有所改善。

(一) 教师职业倦怠感低

调查发现,S 市中小学教师职业倦怠②总体均分为 2.3 分,标准差为

---

① 中国人力资源开发网发布的中国"工作倦怠指数调查报告"显示,在 15 个行业的倦怠指数调查中,教师的倦怠程度仅低于公务员和物流从业人员,居第三位。
② 本书参考借鉴成熟的教师职业倦怠量表(MBI-ES)测量教师的情感衰竭、去人格化(反向计分)、低成就感(反向计分)三方面的内容,选项由低到高依次为"从不如此""很少如此""有时如此"和"经常如此"四个选项。

0.2，低于中位数 2.5 分。由此看，整体而言，S 市中小学教师职业倦怠感较低。但是，不同子维度又表现出一定的差异：情感衰竭和去人格化维度的得分均值分别为 2.7 分和 3.0 分，两者均高于中位数，处于中度倦怠水平；而低成就感的均值为 1.3 分，标准差为 0.4，处于低度倦怠水平，即教师拥有较高的个人成就感（见表 5-3）。

表 5-3 教师职业倦怠信息表

	均值	标准差	最小值	最大值
教师职业倦怠	2.3	0.2	1.4	3.4
情感衰竭	2.7	0.7	1	4
去人格化	3.0	0.8	1	4
低成就感	1.3	0.4	1	4

进一步列出职业倦怠及其各个维度的四分位表，结果发现，整体而言，拥有中度职业倦怠水平的教师群体占总人数的 25%，剩余 75% 的教师处于低职业倦怠感的状态。其中，从情感衰竭看，超过 50% 的中小学教师的情感衰竭得分在中位数 2.5 分以上，处于中度或高度倦怠水平[①]，其中高于 3.1 分的教师群体占比达 25%；从去人格化看，有 50% 的中小学教师在去人格化上得分高于 3 分，有 25% 的教师得分高于 3.7 分，处于高度职业倦怠状态；从低成就感看，中小学教师的得分普遍偏低，75% 以上教师的低成就感得分低于中位数（见表 5-4）。可以看出，尽管 S 市整体上教师职业倦怠感较低，但是在情绪衰竭和去人格化维度上，其得分相对较高，有不少于 50% 的教师处于中度或高度倦怠状态。

---

① 通常而言，在一个教师职业倦怠五级量表中，其得分结果的解释一般为，平均数在中位数 3 分以下为低职业倦怠，在 3~4 分之间为中度职业倦怠，在 4 分以上为高度职业倦怠；参考这一标准，进行等比例换算可得，在本研究中平均数在中位数 2.5 分以下为低职业倦怠，在 2.5 分到 3.2 分之间为中度职业倦怠，在 3.2 分以上为高度职业倦怠。

表 5-4　教师职业倦怠四分位表

	教师职业倦怠	情感衰竭	去人格化	低成就感
75%	2.2	3.1	3.7	1.5
50%	2.3	2.8	3	1.25
25%	2.5	2.3	2.3	0.88

流动教师的成就感、去人格化要高于留校教师，但情绪衰竭得分相对更低。比较流动教师与留校教师发现，在情感衰竭上流动教师的得分要显著低于留校教师（$M_{流动}=2.63$，$M_{留校}=2.74$，$p=0.00$），在去人格化上流动教师的得分要显著高于留校教师（$M_{流动}=3.04$，$M_{留校}=2.94$，$p=0.001$），而在低成就感上流动教师的得分要低于留校教师得分（$M_{流动}=1.23$，$M_{留校}=1.27$，$p=0.07$），两者的差异在边际上显著。由此可以发现，流动教师的情感衰竭与低成就感得分均低于留校教师，而在去人格化上要高于留校教师，这可能是因为一方面流动教师到了新的工作单位，对新的工作环境、同事、学生都有较强的新鲜感，也有较强的动力与压力去做好工作，使得流动教师的成就感较强。BT学校Q校长说："我校有两位从白土中学过来的教师，一位在白土中学落聘后过来的，现在已经成为学校的教学骨干教师，一位从白土中学组织调剂过来的，今年取得了全区教学第2名的成绩呢！"（访谈时间：2019年10月）但是，值得注意的是，有相当比例的流动教师是被原校淘汰的，不敢公开表达对学校的不满与怨言，使得其自身的去人格化得分较高。

从各学段看，小学、初中、高中教师在情感衰竭、去人格化上得分均处于中等职业倦怠水平，且存在显著的差异。具体而言，初中教师的职业倦怠得分高于小学教师，小学教师又高于高中教师，但是三者不存在显著的差异；在情感衰竭得分上，初中教师显著高于小学教师与高中教师，三者存在显著的差异；在去人格化得分上，小学教师的得分最高，显著高于高中教师与初中教师；在低成就感上，小学、初中、高中教师的得分不存在显著差异（见表5-5）。

表5-5 分学段职业倦怠表

	小学	初中	高中	p 值
教师职业倦怠	2.31	2.34	2.29	0.447
情感衰竭	2.69	2.83	2.67	0.000***
去人格化	2.99	2.88	2.97	0.012***
低成就感	1.26	1.31	1.22	0.964

（二）教师工作积极性高

调查发现，大多数校长与教师都认可"县管校聘"政策对教师工作积极性的作用，学校的管理工作难度降低，教师更服从学校的管理。从校长层面看，调查数据显示，84.4%的校长认为"县管校聘"政策实施提高了本校教师工作积极性，选择这一政策效果的校长占比最高，远远高于选择缓解本校编制供求问题（39.1%）、优化本校教师队伍学科结构（62.5%）、促进县域内教师资源均衡配置（45.3%）等政策效果的校长的比例。以"班主任"工作为例，以往S市学校校长找人做班主任是最头疼的事，班主任负责的事情相对更多，而班主任津贴额度低，缺乏吸引力，有时还落实不到位。因此，在"县管校聘"政策改革前，教师对担任班主任都非常抵触，不愿意做班主任工作。但是，"县管校聘"政策执行后，这一状况得到改善，教师们都争着做班主任。SA区H校长说："我校有一位教师10年只做过一次班主任，我怎么劝都没有用，他一直不愿意承担班主任的工作。现在'县管校聘'政策执行后，他反而主动要求做班主任。"（访谈时间：2019年12月）

工作量是S市教师考核评价标准的重要维度之一，也是教师争着做班主任的原因。"县管校聘"政策实行三年一聘，在第一次政策执行过程中，末位淘汰的竞争机制给留校的教师队伍带来了压力，同时也带来了危机感。教师们普遍感知到不积极工作、不努力上进，就会有落聘的危机。实际上，大部分教师考虑到离家近便于照顾家庭、熟悉的工作环境和领导方式风格等原因不太愿意离开本校，希望可以继续留在本校任教，流动意愿较低。正如FW学校的Z校长说："我校在教师任命制基础上，实行岗位聘任与职务聘任相结合，在干部、职工中形成能上能下、能进能出、人尽其才的氛围，使有能力、有责任心的优秀教师能够充分发挥才干与潜力，使那些不思提高教学质量、得过且过的教师产生危机感，增强了上进意识，'不努力提高自己就要落聘'。"（访谈时间：2019年12月）

教师工作积极性的提高不仅表现在教师服从学校管理，更重要的表现是学校教育质量、教育科研状况有所改善。FW中学Y校长在访谈中说："自'县管校聘'政策执行以来，我校从教育科研入手，调动教师工作积极性，到目前为止学校共结项3个市级课题，新立项4个课题，绩效考核排名乡镇第二、全区第五。除此之外，学校的教师和学生获得了很多奖项，这在政策执行前是不敢想象的。"（访谈时间：2019年10月）

四、目标群体政策满意度高

政策满意度是衡量政策目标群体对"县管校聘"政策执行效果评价的重要指标之一。数据显示，中小学教师对"县管校聘"政策的满意度偏高，存在一定的学段与类型差异。不容忽视的是，有一小部分教师对"县管校聘"政策明确表示不满意，这一现象需要进一步探研与讨论。

调查数据显示，整体而言，S市中小学教师对"县管校聘"政策的满意度偏高。从图5-5可以看出，仅10.47%的教师对"县管校聘"政策明确感到不满意，而接近一半的教师（47.91%）对政策持中间立场，有超过五分之二的教师（41.62%）对"县管校聘"政策感到满意。进一步调查教师对"县管校聘"政策效果的评价发现，仅8.40%的教师认为弊大于利，有超过三分之一的教师（35.39%）认为"县管校聘"政策效果利大于弊，剩余的教师（56.21%）则认为政策效果不好说。

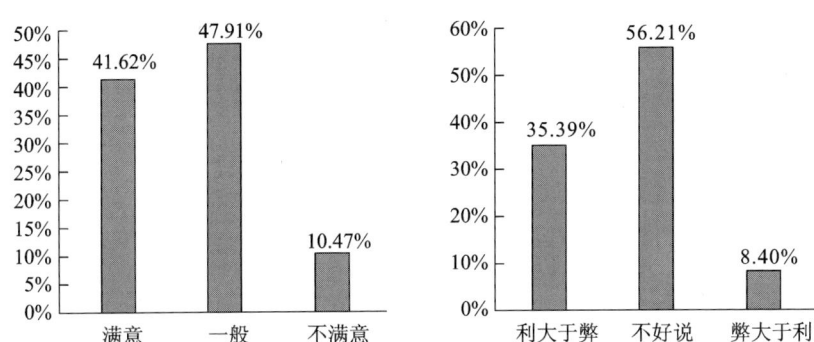

图 5-5 教师政策满意度与效果评价图

可见，整体上，S 市的中小学教师对"县管校聘"政策的满意度较高，认为政策执行产生了更大的积极效果，但是不容忽视的是，有一小部分教师对"县管校聘"政策明确表示不满意，认为政策效果弊大于利。访谈资料也支持了已有的研究发现。DT 中学的 Z 老师是从一所山区学校主动跨校竞聘到 DT 中学的教师，在访谈过程中他说道："我很感谢也很支持这个政策，它让我有机会从山区学校调到近城的 DT 中学工作，但是我觉得这个政策的结果还是存在一定的问题。据我所知，我原任职学校在政策执行后，好多像我这样的年轻骨干教师流到平原（近城）学校了，剩下的都是新教师、老教师、重病教师，学校最后不得不聘请了 8 位临聘教师。我有种感觉，这个政策对山区学校不太好，毕竟老师都会想往县城跑。"这从一个侧面反映出 S 市的"县管校聘"政策执行效果仍然存在一定的问题。

从不同学段看，小学教师的政策满意度高于高中教师，高中教师高于初中教师，其中高中教师、初中教师的政策满意度低于平均水平。具体而言，46.21% 的小学教师对"县管校聘"政策感到满意，39.95% 的高中教师对"县管校聘"政策感到满意，35.00% 的初中教师对"县管校聘"政策感到满意；从对政策不满意的教师看，8.46% 的小学教师对"县管校聘"政策感到不满意，11.28% 的高中教师对政策感到不满意，13.13% 的初中教师对政策感到不满意（见图 5-6）。

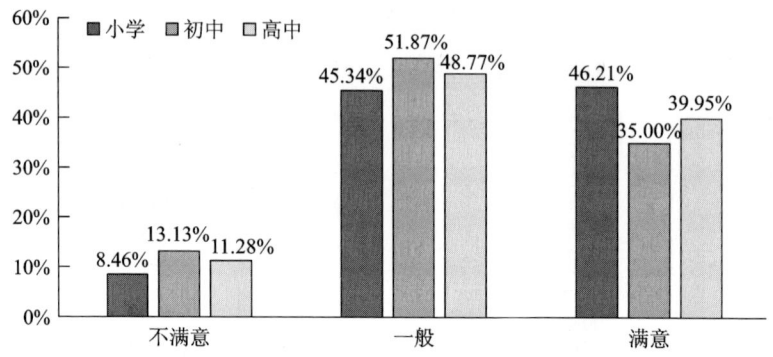

图 5-6 不同学段教师政策满意度图

从不同类型的教师看，整体上四类教师①对"县管校聘"政策的满意度均偏高，仅校内竞聘教师的政策满意度低于平均水平。显然，不同类型教师在政策执行过程中的利益得失不同，对"县管校聘"政策的满意度也存在一定的差异。调查数据显示，不同角色教师的政策满意度从高到低的排序是组织调剂教师>跨校竞聘教师>校内直聘教师>校内竞聘教师。具体而言，53.46%的组织调剂教师对政策感到满意或比较满意，48.59%的跨校竞聘教师对政策感到满意或比较满意，46.48%的校内直聘教师对政策感到满意或比较满意，39.85%的校内竞聘教师对政策感到满意或比较满意。除了校内竞聘的教师外，其余三类教师的政策满意度均高于平均水平（41.62%）（见表5-6）。这一结果较有意思，跨校竞聘和组织调剂的教师丢掉了原学校的工作岗位，但是反而对"县管校聘"政策的满意度最高。这可能是因为组织调剂教师与跨校竞聘教师有一种"失而复得"的感觉，通过这个政策，均找到了相应的工作，不至于失业。

表 5-6 不同类型教师群体的政策满意度表

	不满意	不太满意	一般	比较满意	满意
校内直聘	2.54%	4.62%	46.37%	22.54%	23.94%

---

① 根据相关制度的安排，在"县管校聘"政策中，教师群体可以划分为四种不同的类型：校内直聘教师、校内竞聘教师、跨校竞聘教师、组织调剂教师。

续表

	不满意	不太满意	一般	比较满意	满意
校内竞聘	4.17%	6.91%	49.06%	19.61%	20.24%
跨校竞聘	7.21%	8.15%	36.05%	26.33%	22.26%
组织调剂	5.94%	5.94%	34.65%	31.68%	21.78%

注：Chi-Square value = 74.98　df = 12　Sig = 0.00。

综上，S市"县管校聘"政策的执行取得了初步成效，政策目标群体对"县管校聘"政策的满意度偏高，而且S市基本实现了县域内教师资源配置的数量均衡，有效解决了县域学校超编、缺编，教师队伍学科不均衡、职业倦怠感强等长期存在的难题，进一步优化了校际教师资源的合理配置，促进了县域内教师队伍的建设，一定程度上能助力S市基础教育的优质均衡发展。

第二节　"县管校聘"政策执行问题

一、城乡教师资源配置不均衡

调查数据表明，当前S市城乡骨干教师占比、中高级职称教师占比大致相当，但是高层次学历教师占比仍存在一定的差距，并未完全实现师资均衡配置的目标[①]。值得说明的是，比较城乡中高级职称教师占比可以发现，县城高级职称教师占比要显著高于乡镇学校近10个百分点。进一步分析城乡师资的流动状况发现，县城内、乡镇内以及乡镇到县城的流动教师占绝大多数，而县城到乡镇学校的教师占比极少，且存在城乡间师资逆向流动的现象。

（一）县城高一层次学历教师占比显著更高

为了解教师的最高学历信息，课题组在问卷中设置了"您目前的最

---

① S市在政策文本中明确规定要逐步达到城乡、校际专任教师高·层次学历比例、中高级职称教师比例及骨干教师比例大致相当。

高学历是"一题,选项从小到大依次为高中及以下、大学专科、大学本科、研究生。同时,结合"县管校聘"政策与《中华人民共和国教师法》①的相关规定,以专任教师高一层次学历比例(以下用"高学历"简称)为指标进行分析。

数据分析表明,S市高学历教师占比存在显著的城乡差异,县城教师队伍中高学历教师占比显著更高。其中,县城学校(小学、初中)高学历教师占比显著高于乡镇学校。

第一,从小学看,城乡小学高学历教师占比存在显著差异,其中县城小学高学历教师占比显著高于乡镇小学。具体而言,县城小学高学历教师占比达到97.51%,乡镇小学教师高学历教师占比达92.30%,前者比后者高出5.21个百分点。卡方检验结果显示:$\chi^2_{(1)} = 67.0$,$p = 0.00$。换言之,在0.1%的显著水平上,拒绝零假设($p<0.001$),小学高学历教师的城乡分布存在显著差异,县城小学高学历教师占比明显高于乡镇学校。

第二,从初中看,城乡初中高学历教师占比存在显著差异,其中县城初中高学历教师占比显著高于乡镇初中。具体而言,县城初中高学历教师占比达到87.18%,乡镇初中高学历教师占比达79.95%,前者比后者高7.23个百分点。这一差异也通过了卡方检验,卡方检验结果显示:$\chi^2_{(1)} = 25.0$,$p = 0.00$。换言之,城乡初中高学历教师占比存在显著的差异。

第三,从高中看,城乡高中高学历教师占比存在一定差异,县城高中高学历教师占比高于乡镇高中,但这一差异不显著②。具体而言,县城高中高学历教师占比达到6.38%,乡镇高中高学历教师占比达2.38%,前者比后者高出4个百分点。但卡方检验结果显示:$\chi^2_{(1)} = 2$,$p = 0.14$,

---

① 教师法规定小学教师应当具备中等师范学校毕业及其以上学历;初中教师应当具备高等师范专科学校或者其他大学专科毕业及其以上学历;普通高中专任教师应当具备高等师范院校本科或者其他大学本科毕业及其以上学历。因此,对于小学教师,高学历教师是指拥有大学专科及以上学历的教师;对于初中教师,高学历教师是指拥有大学本科及以上学历的教师;对于高中教师,高学历教师是指拥有研究生及以上学历的教师。

② S市有且仅有一所高中位于乡镇,在调查过程中,仅有84位乡镇高中教师参与调查。

这一差异并未通过显著性检验。也就是说城乡高中高学历教师占比不存在显著差异（详细结果见表5-7）。

表5-7 高一层次学历教师占比城乡差异表

		小学[a]		初中[b]		高中[c]	
		非高学历	高学历	非高学历	高学历	非高学历	高学历
县城	人数（人）	69	2699	267	1815	1365	93
	比例（%）	2.49%	97.51%	12.82%	87.18%	93.62%	6.38%
乡镇	人数（人）	132	1582	172	686	82	2
	比例（%）	7.70%	92.30%	20.05%	79.95%	97.62%	2.38%

注：a. Chi-Square value=67.0 df=1 Sig=0.000；b. Chi-Square value=25.0 df=1 Sig=0.00；c. Chi-Square value=2.0 df=1 Sig=0.14。

（二）城乡中高级职称教师占比大致相当

数据分析表明（见表5-8），"县管校聘"政策执行后，S市城乡中高级及以上职称教师占比的整体差异不大，但县城高级职称教师占比要显著高于乡镇教师。

表5-8 中高级职称教师占比城乡差异表

		未定级	三级	二级	一级	高级及以上	合计
县城	人数（人）	471	305	1260	3355	956	6347
	比例（%）	7.4	4.8	19.9	52.9	15.1	100.0
乡镇	人数（人）	189	185	480	1703	133	2690
	比例（%）	7.0	6.9	17.8	63.3	5.0	100.0

注：由于正高级职称教师人数过少，故此处在统计时与高级教师合并；Chi-Square value=221.2 df=5 Sig=0.000。

第一，从整体情况看，县城中高级职称教师占比达68.0%，乡镇中高级职称教师占比达68.3%，城乡中高级职称教师占比整体差异不大。

第二，从各级别职称教师占比看，县城、乡镇未定级教师占比相差不大，但乡镇三级职称教师占比要比县城三级职称教师高约2个百分点，而县城二级职称教师要比乡镇二级职称教师高约2个百分点。

第三，进一步比较城乡中级、高级职称教师占比发现，乡镇中级职称教师占比高于县城，县城高级职称教师占比高于乡镇。从中级职称看，县城中级职称教师占比达52.9%，乡镇中级职称教师占比达63.3%，乡镇中级职称教师占比比县城中级职称教师高约10.4个百分点；从高级职称看，县城高级职称教师占比远高于乡镇学校，县城高级职称教师占比达15.1%，乡镇高级职称教师占比达5.0%，前者约比后者高出10个百分点。

第四，卡方检验结果显示：$\chi^2_{(5)} = 221.2$，$p = 0.00$。换言之，在0.1%的显著水平上，拒绝零假设（$p<0.001$），不同级别职称教师的城乡分布存在显著差异，县城高级职称教师占比显著更高，农村中级职称教师占比显著更高。

（三）城乡骨干教师占比大致相当

数据分析表明（见表5-9），政策执行后，S市教师队伍骨干教师城乡占比不存在显著的差异，城乡骨干教师占比相差不大。

表5-9 骨干教师城乡差异表

		骨干	非骨干	合计
县城	人数(人)	1772	4575	6347
	比例(%)	27.9	72.1	100
乡镇	人数(人)	766	1924	2690
	比例(%)	28.5	71.5	100

注：Chi-Square value = 0.29　df = 1　Sig = 0.59。

在"县管校聘"政策执行后，S市城乡教师队伍骨干教师占比不存在显著的差异。具体而言，县城骨干教师占比达27.9%，乡镇骨干教师占比达28.5%，乡镇骨干教师占比反而比县城骨干教师高约0.6%。但是，卡方检验结果显示：$\chi^2_{(1)} = 0.29$，$p = 0.59$，即在5%的显著水平上，接受零假设（$p>0.05$），城乡骨干教师占比不存在显著的差异。

（四）城乡师资的逆向流动

"县管校聘"政策通过制度设计调动县域内教师参与流动，通过师资流动促进县域内城乡师资的均衡配置。然而，教师流动率越高并不必然带来师资的均衡配置，流动教师的流动方向、属性均会对城乡师资均衡配置产生重要影响。当教师流动存在逆向流动的趋势时，更高的流动率反而会恶化县域内城乡师资均衡配置的状况。而进一步分析S市流动教师的信息发现，城乡间师资流动确实存在"逆向流动"的倾向。

根据"县管校聘"政策的设计，S市各县（市、区）乡镇学校成为流动教师的输出地。从下图可以看出，教师的流动方向主要是县城内流动、乡镇内流动以及乡镇流向县城，县城流到乡镇学校的教师占比最低（见图5-7）。具体而言，县城内流动的教师占比达26.30%，乡镇内流动的教师占比达27.70%，进城教师占比达41.80%，下乡教师的占比最低，仅占4.20%。可见，在县城内、乡镇内流动以及从乡镇进城是教师主要的流动方向，而从县城流到乡镇学校工作的教师人数占比最少。

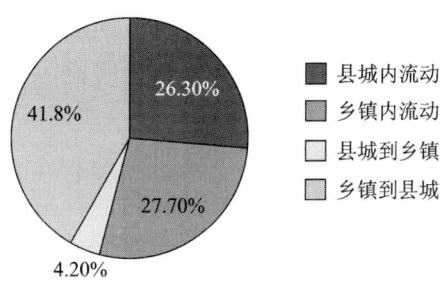

图5-7 流动教师类型图

从城乡流动教师的属性看，城乡间教师流动存在逆向流动的现象。从表5-10可以看出，无论是高学历、中高级职称还是骨干教师人数，相比于下乡教师而言，进城教师的规模都是前者数倍乃至数十倍以上。从这一点看，S市本身乡镇学校的师资力量就相对薄弱，它还向县城学校输送了大量高学历、高职称骨干教师，对乡镇学校的发展更不利。可见，

S市乡镇学校成为"县管校聘"政策执行过程中优质师资的"输出地",这与已有研究的发现有一定的相似之处。有研究发现,在中国县域教师编制动态管理过程中存在"撇脂"现象,即城镇学校从农村学校撇取优秀教师的现象①。

表5-10　城乡流动教师特征表

	学历		职称		骨干	
	非高学历	高学历	中级职称	高级职称	骨干教师	非骨干教师
下乡教师 人数(人)	0	21	4	0	5	16
进城教师 人数(人)	13	195	98	11	47	161

在访谈过程中,调研员还发现了城乡师资的逆向流动现象。以HL中学为例,HL中学是SZ县一所偏远乡镇中学,执行政策前,有在编教师51人。政策执行后,HL中学共调出教师11名,补充4名新手教师、3位跨校调剂的教师,再加2位支教的教师,从而使得学校教师基本处于够用状态。从调出与补充教师的质量看,HL中学处于劣势地位,调出的11名教师都是学校近几年培养的青年骨干教师,他们的离开给学校教师队伍建设带来较大的难题。而且,在访谈过程中,该校校长说:"让我现在非常忧虑的是,三年一聘的动态调整机制,会不会导致三年后HL中学培养的优秀青年教师再次流向到县城中学。毕竟这些青年教师三年之后不仅教学水平、能力都会有很大成长,而且他们也会考虑到个人、家庭等实际情况。"(访谈时间:2019年12月)

上述个案表明,在"县管校聘"政策中,农村学校的优秀教师有更大的概率会流动到县城学校工作,而且这种现象并非个例。在实地调研过程中,有许多农村边远乡镇的校长也提到这一现象。HL镇一所缺编学校的校长LZJ谈道:"'县管校聘'执行后,学校补充进了20多位教师,在很大程度上改善了教师数量短缺的问题。但是学校补充进来的都是其

---

① 柳丽娜,朱家存,周兴国.县域教师编制动态管理中的"撇脂"现象及其矫正[J].教育发展研究,2018(2):55-61.

他学校排名后20%的教师,这些教师的年龄大多在50岁左右,一方面很难胜任教学工作,另一方面也不太受学生的欢迎。所以,虽然该政策在一定程度上解决了教师数量短缺的问题,但是并没有给学校优质发展带来积极的影响,反而会影响整体的教学质量。"(访谈时间:2019年12月)

二、临聘/公办教师同工不同酬

数据表明,"县管校聘"政策执行后,S市临聘教师的整体数量呈减少趋势,但薪酬待遇仍未得到有效改善。比较公办/临聘教师的薪酬待遇发现,公办教师的年收入要明显高于临聘教师,初中公办/临聘教师的年收入差距相对较小。比较两者的工作量发现,临聘教师的工作量相对低于公办教师。

(一)临聘教师规模与待遇变化

从表5-11可以看出,在"县管校聘"政策执行后,部分县(市、区)临聘教师的规模有所减少,但临聘教师的月工资收入有所增加。其一,从临聘教师规模看,执行前约有467人,执行后仅有312人,减少155人,减少幅度达33.2%。这可能是因为"县管校聘"政策执行后,缺编学校缺编情况得到一定改善,对临聘教师的需求有所降低。其二,临聘教师的整体待遇由政策执行前的人均2498元/月增加至人均2726元/月,人均增加约228元/月,增加幅度达9.1%。这可能是因为临聘教师人数的减少,缓解了地方政府/学校的支出压力,有能力提高现有临聘教师的工资待遇。其三,分学段比较临聘教师的待遇变化发现,高中、小学临聘教师待遇有所提高,但初中临聘教师的待遇大幅下降。具体而言,高中临聘教师从政策执行前的人均2500元/月提高至人均2880元/月,人均提高380元/月;小学临聘教师从政策执行前的人均2485元/月提高至2855元/月,人均提高370元/月;但是初中临聘教师从政策执行前的人均2739元/月降低至人均1592元/月,人均降低约1147元/月。

表 5-11　临聘教师人数与待遇变化表①

	临聘教师人数(人)				临聘教师人均月收入(元)			
	高中	初中	小学	合计	高中	初中	小学	均值
政策执行前	3	33	431	467	2500	2739	2485	2498
政策执行后	5	32	275	312	2880	1592	2855	2726

(二) 公办/临聘教师待遇比较

为了解教师的待遇信息，课题组在教师问卷中设置了"您目前的年收入（含工资、津贴、绩效等）"一题，由教师自填年收入数据。需要说明的是，由于高中临聘教师人数过少，不足以绘制完整的箱型图，故下面仅呈现小学、初中公办/临聘教师的箱型图结果。箱型图结果表明，无论是整体看，还是分学段看，公办教师的年收入均要明显高于临聘教师。

从整体情况看，公办教师年收入的中位数要高于临聘教师，每年约高 4 万元。具体而言，公办教师年收入的中位数是 7 万元/年，剔除异常值后，公办教师的年收入在 3 万元到 11 万元之间，最大值为 11 万元/年，最小值为 3 万元/年。而临聘教师年收入的中位数是 3 万元/年，剔除异常值后，临聘教师的年收入在 1 万元到 5 万元之间，最小值为 1 万元/年，最大值为 5 万元/年。剔除异常值后，均值与中位数的数据基本吻合，公办教师年收入的均值达 7.05 万元/年，而临聘教师年收入的均值仅为 3.01 万元（详见图 5-8）。由此可以看出，公办/临聘教师的薪酬待遇并不相同。

从各学段看，小学公办/临聘教师年收入的差距要大于初中。具体而言，从小学看，小学公办教师年收入的中位数为 7 万元/年，临聘教师年收入的中位数为 3 万元/年，两者相差 4 万元；从初中看，初中公

---

① 数据来源于 2018 年 10 月 S 市各县(市、区)提交的"县管校聘"政策自评报告，该报告包括 S 市 10 个县(市、区)上报的临聘教师规模与待遇数据，但是考虑到 2018 年末仍有 6 个县(市、区)未真正执行"县管校聘"政策，故此处的数据仅包含第一批推行"县管校聘"政策的 4 个县(市、区)。

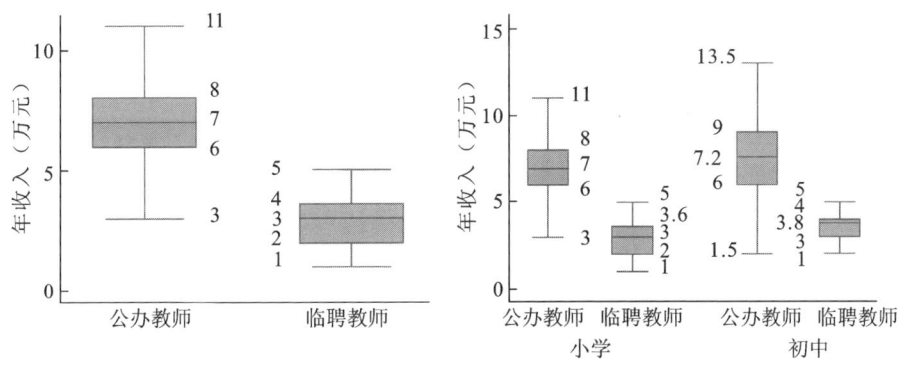

图 5-8 公办/临聘教师工资差异箱型图

办教师年收入的中位数为 7.2 万元/年，初中临聘教师年收入的中位数为 3.8 万元/年，两者相差 3.4 万元/年。初中公办/临聘教师的年收入差距要小于小学段，两者相差 0.6 万元/年。

（三）公办/临聘教师工作量比较

为了解教师工作量信息，课题组在教师问卷中设置了"在最近一周，您总共花费了多长时间在工作上"一题，由教师自填最近一周工作时长。箱型图结果表明，整体而言，公办教师最近一周的工作时长要略长于临聘教师，其中，初中公办/临聘教师的周工作时长差距更大。

从整体情况看，公办教师周工作时长的中位数要高于临聘教师，每周约高 5 个小时。具体而言，公办教师周工作时长的中位数是 50 小时，剔除异常值后，公办教师的周工作时长在 10 小时到 90 小时之间，最大值为 90 小时/周，最小值为 10 小时/周。而临聘教师周工作时长的中位数是 45 小时，剔除异常值后，临聘教师的周工作时长在 13 小时到 85 小时之间，最小值为 13 小时/周，最大值为 85 小时/周（详见图 5-9）。

从各学段看，初中公办/临聘教师工作量的差距要大于小学。具体而言，从小学看，小学公办教师周工作时长的中位数为 50 小时，临聘教师周工作时长的中位数为 48.5 小时，两者相差 1.5 小时；从初中看，初中

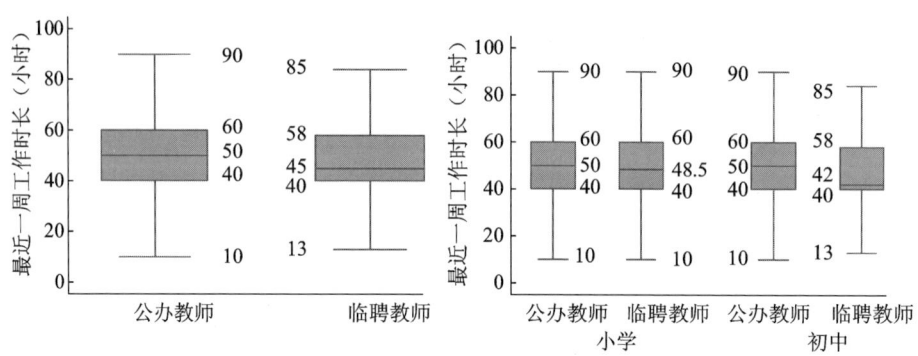

图 5-9　公办/临聘教师工作量差异箱型图

公办教师周工作时长的中位数为 50 小时，初中临聘教师周工作时长的中位数为 42 小时，两者相差 8 小时。可见，初中公办/临聘教师的周工作时长差距要大于小学段，两者相差 6.5 小时/周。

按照按劳分配的原则，工作量不同，薪酬待遇自然不同。为了更好地呈现公办/临聘教师薪酬待遇的差异，取公办/临聘教师工资收入、工作时长的中位数，1 年按 52 周计算，换算两类教师的每小时薪酬可得，临聘教师薪酬为 12.8 元/时，而公办教师薪酬为 26.9 元/时，后者是前者的 2 倍有余。

综上发现，"县管校聘"政策执行后，S 市临聘教师的规模有所减少，待遇得到一定的提高。但是，相较于公办教师而言，临聘教师的工作量略低于公办教师，其薪酬待遇却远低于公办教师。简言之，从同工同酬的政策目标看，当前 S 市临聘教师和公办教师薪酬待遇差距有所改善，但与同工同酬的目标仍有一定的距离。

三、特殊教师群体工作适应不良

在编制总量控制的情况下，为了提高编制的使用效率，S 市打破了不同学段之间的壁垒，一方面调整了部分高中、初中编制到小学，另一方面也允许教师跨学段竞聘，只要持有竞聘学段或高于竞聘学段的教师资格证书，就可以去相应学段的学校竞聘。在政策实际执行的过程中也产生了一定数量的跨学段教师。而且，跨学段竞聘容易出现学科不匹配的问题，初中物理、地理、生物等学科的教师到小学工作，但是小学又没有相应的学科，只能让他们调整学科岗位，到不对口学科任教。在调查样本中，约23.7%的流动教师属于跨学段流动，26.9%的流动教师属于学科专业不匹配。

数据表明（见图5-10），在流动教师内部，专业不匹配教师对政策满意度要明显低于学科匹配教师。具体而言，在学科不匹配的流动教师中，18.65%的教师对政策感到不满意或不太满意，而在学科匹配的教师中，12.64%的教师对政策感到不满意或不太满意，前者比后者高出约6个百分点。可见，在"县管校聘"政策执行后，学科不匹配的流动教师对"县管校聘"政策更不满意。

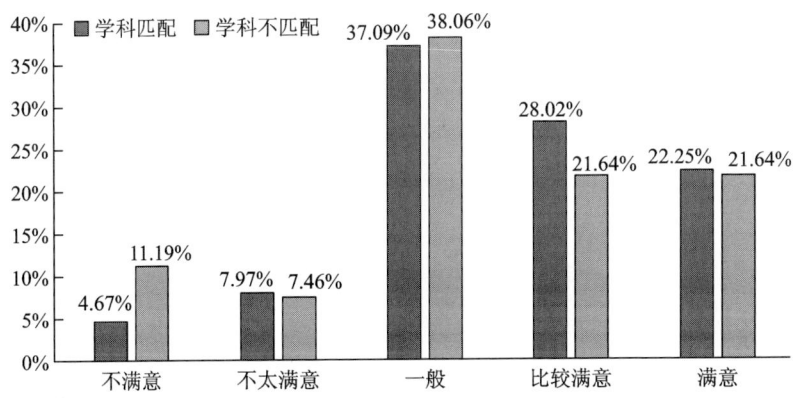

图5-10 流动教师专业匹配状况与政策满意度

田野观察发现，跨学科、跨学段流动导致部分教师对新工作不太适应，进而导致其对"县管校聘"政策不满意，向访谈人员抱怨原校的考核评价标准不公平。如BT中心小学LJ教师说："我之前在BT中学任教，所教科目为中学化学，落聘后参加跨校竞聘来到一墙之隔的BT中心小学，由于小学和中学的科目设置差异，我只能改教数学，但低年段教学法又异于中学，教学内容我也不熟悉，目前教起来很吃力。"（访谈时间：2019年12月）

另外，城乡学校的教育环境存在极大的不同，相对于农村学校，县城学校班额大，学生多，班级管理更加困难，农村学校教师跨学段竞聘到县城学校，往往面临更大的困难与不适应。SZ 县 SY 小学的 CZD 教师说："我之前在乡镇中学教书，为了孩子的教育和个人发展，我选择主动参与跨校竞聘，来到 SY 小学，但是来到 SY 小学之后，刚开始有很多不适应的地方。比如教学方面，因为之前教的是初中数学，初中数学的教学方式和小学存在较大差别，所以存在一定的不适应；另外，在班级管理方面，因为乡镇学校人数较少，而来到 SY 小学后，发现班额特别大，导致班级管理存在困难，而且也感觉到比较大的工作压力；还有一点是归属感，刚来到新的学校，对学校的归属感、融入感都不是特别强，不过因为学校领导和教师都比较容易相处，在这一个学期的相处中，自己也逐渐融入了这个集体中。"（访谈时间：2019 年 12 月）

从以上资料可以看出，流动教师，尤其是跨学科、跨学段、跨城乡流动的教师对新的工作环境表现出一定的不适应，进而影响到对政策的满意度。

第三节　本章小结与讨论

一、小结

本章研究发现，S 市初次执行"县管校聘"政策取得了积极的成效，对县域内教师队伍的建设产生了积极作用，部分实现了"县管校聘"政策的预期目标。但是，不容忽视的是，S 市的"县管校聘"政策执行仍然存在一定的问题，亟待改善。

从政策执行成效看，S 市"县管校聘"政策在以下四个方面达到了一定的成效：

第一，教师队伍供求的数量矛盾显著缓解。通过"补空编""调编制"，既解决了部分超编学校教师队伍长期"臃肿"的问题，实现了

"消肿"的目的,也使部分缺编学校教师队伍得到一定的补充,初步实现了城乡学校之间教师数量的配置均衡。

第二,教师队伍供求的学科结构矛盾有所缓解。通过实行学科对口优先聘用的规则,S市教师队伍学科结构得以优化,学科专业对口状况有所改善,尤其是音体美等学科。而且,部分超编学校教师编制的调出,为学校后续补充紧缺学科教师提供了可能。

第三,教师队伍活力有所激发。"县管校聘"政策通过"三年一聘"以及末位淘汰的制度安排,增强了教师的竞争意识,调动了教师的工作积极性,促使部分优秀教师脱颖而出,激发了学校内部的活力,促进了学校的发展。

第四,政策目标群体对政策的满意度高。整体而言,超过五分之二(41.62%)的中小学教师对"县管校聘"政策感到满意,但存在一定的学段与类型差异。其中,小学教师的政策满意度高于高中教师和初中教师,组织调剂教师的政策满意度高于跨校竞聘教师高于校内直聘教师高于校内竞聘教师。

然而,大量的政策执行研究发现,任何一项公共政策的执行都不可能尽善尽美,总是或多或少存在一定的问题。本研究也发现,S市的"县管校聘"政策执行结果也存在一定的问题,主要表现在以下几个方面:

第一,城乡教师资源配置仍不均衡。数据显示,S市城乡高层次学历教师占比、高级职称教师占比存在显著的差异,县城高层次学历教师占比、高级职称教师占比要显著高于农村学校。

第二,临聘/公办教师同工不同酬。数据显示,在"县管校聘"政策执行后,S市临聘教师的工资待遇有所提高,达到公办教师工资待遇的一半左右,离实现同工同酬的政策目标仍有一定的距离。

第三,特殊教师工作适应不良。S市"县管校聘"政策的执行产生了一定数量的跨城乡、跨学段、跨学科流动的教师,这些教师在面对不同的教学环境、教学内容、教学方式、教学对象时表现出一定的不适应,进而影响到其对政策的满意度。

二、讨论

(一) 政策执行结果偏差

政策执行偏差，有时候也译为政策执行差距、政策执行失效，这一概念是指政策执行者在执行政策过程中，由于主客观因素的作用，其行为效果偏离政策目标并产生了不良后果的政策现象[①]。简言之，当政策执行实际取得的结果与原来预期取得的结果不完全相符时，政策执行就会产生结果偏差。

S市的"县管校聘"政策执行结果与预期目标之间存在一定的偏差。根据前文分析，S市的"县管校聘"政策预期具有师资均衡、编制平衡、专业匹配率、同工同酬、教师队伍活力五大目标。但是根据实证调查的结果可以发现，编制平衡、专业匹配率、教师队伍活力三大政策目标的实现情况较好，有效地促进了县域内城乡学校的编制平衡，提高了教师所学专业与工作岗位的专业匹配率，也激发了教师队伍的活力，但是师资均衡以及同工同酬两大政策目标的实现情况并不好。

结合前文分析可以发现，上述政策执行结果的偏差受到政策目标、政策环境以及政策执行行为等多方面因素的影响。从同工同酬目标看，这一目标属于次要目标，不同层级政策文本缺乏相应的政策共识，而且受到地方政府财政支出意愿与能力的约束，这一目标并未受到大多数县（市、区）政策执行者的重视、关注与推进，使得其实现程度较低；从师资均衡目标看，正如前文所说，农村学校超编，县城学校缺编是"县管校聘"政策执行的基本环境，而在城乡二元社会结构中，在师资均衡与编制平衡目标相互冲突，又缺乏合适激励机制的情况下，教师自发的逐利性行为使得城乡师资均衡配置目标并未实现，甚至出现优秀师资的逆向流动，使得城乡教师资源配置更加不均衡。

---

① 宁骚.公共政策学[M].北京:高等教育出版社,2003:364-365.

(二)"县管校聘"政策的短期效果与长期效果

受到研究议题、数据的限制,本章仅研究与关注"县管校聘"政策执行的过程性结果,即该政策执行产生的即时性效果,而未关注"县管校聘"政策对教师队伍建设的长期效果,这是研究者未来需要持续跟踪与关注的议题。"县管校聘"政策将市场机制或者说竞争机制引入教师队伍建设中,其对教师队伍的长期影响是值得未来进一步关注与讨论的。

当前 S 市执行"县管校聘"政策激发了教师队伍活力,改善了教师职业倦怠状况,短期内对教师个体的行为与态度方面产生了一定的积极影响,但是这一政策的长期效果尚不明确。在田野调查过程中,研究者也观察到少部分教师明确表示"县管校聘"政策执行后,自己工作的压力更大了,对学校分配的工作也不敢拒绝,担忧自己在下一轮"校聘"中可能会落聘,教师的心理压力是非常大的。从教师职业倦怠状况看,压力是影响教师职业倦怠的重要因素,而"县管校聘"政策要求三年一聘,教师每三年都需要面临落聘与再就业的巨大压力,长期来看,这一压力到底对教师有何影响,目前不明显。简言之,"县管校聘"政策究竟是长期激励教师工作积极性的"法宝",还是仅仅沦为校长管理教师的"工具",还有待进一步研究。而且,正如一项基于高校项目制政策效应的研究所指出的,中国项目制宏观政策取向注重效率优先,其项目考核更侧重于考核各种可量化指标,导致政策执行过程中更注重效率而忽视内涵,更注重追求短期效益而远避那些不能带来即时效果的研究[①]。换言之,在基础教育领域引入市场竞争机制,以量化指标考核教师工作表现,从短期看,可能是改善教师行为与态度的一剂"灵丹妙药",但是从长期看,其对教育发展的长期影响尚不可知,仍有待后续研究。

---

① 阎光才.政策情境、组织行动逻辑与个人行为选择:四十年来项目制的政策效应与高校组织变迁[J].高等教育研究,2019(7):33-45.

第六章 研究结论与对策建议

第一节 研究结论与讨论

一、研究结论

本研究基于广东省S市10个县（市、区）的实证调查，从政策本体、政策环境、政策执行行为与结果对S市"县管校聘"政策的贯彻实施进行较为全面的探讨，呈现政策执行的成效、问题与成因。当前"县管校聘"政策仍处于"摸着石头过河"的政策初创阶段，政策经验仍不成熟。对此，作为第二批改革示范区之一，S市秉持一种大胆创新与稳健执行的态度，探索了有益的政策经验，并平稳顺利地执行了政策。结果表明，执行"县管校聘"政策对S市教师队伍建设产生了一定的积极成效，教师队伍供求的数量与学科结构矛盾得到缓解，教师队伍活力得到激发，一定程度上推动了S市教育事业的优质发展。然而，任何一项新公共政策从制定、颁布、执行到调整完善都需要经历一定的周期，政策执行过程中总是或多或少存在一定的问题。受到政策本体、政策环境等因素的影响，S市在初次执行"县管校聘"政策时也产生了一定的偏差，国家政策的预期意图并未完全实现。本研究的主要研究结论如下：

第一，S市探索建立了党政参与的政策执行组织结构和三级竞聘制度，有效地推动了S市的"县管校聘"政策执行。S市的"县管校聘"

政策内容主要包含编制管理、岗位结构、公开招聘、权益保障、聘用管理、轮岗交流、退出机制七方面内容，在不同的方面均有其具体的改革设计。同时，S市探索建立了党政参与的政策执行组织结构和三级竞聘制度。从组织结构看，S市将市党委、县党委纳入"县管校聘"政策中，加强了不同层级政府、不同职能部门之间的信息沟通与合作，有力地保障与推动了"县管校聘"政策的执行；从三级竞聘制度看，这一制度包含第一轮竞聘、第二轮竞聘和组织调剂三个阶段，优先、择优、补充与学科均衡四个规则，相对完整有效的三级竞聘制度有力地推动了S市中小学执行"校聘"政策，在一定程度上保障了政策的顺利执行以及政策效果的实现。

第二，S市的"县管校聘"政策文本以及政策环境存在一定的不足，导致政策执行问题的产生。从政策文本看，S市的"县管校聘"政策目标在优先性、一致性、准确性等方面存在一定的模糊性。而政策目标的模糊性为不同政策执行者的政策目标认知偏差提供了一定的自由空间，进而影响政策执行的行为与结果；而教师考核评价标准的差异化、流动规则的不合理之处在一定程度上影响着师资的流动方向与政策满意度。从政策环境看，在宏观环境方面，有限的地方财政能力制约了地方政府对"县管校聘"配套资源的投入，城乡地理跨度大加剧了教师流动的时间成本、经济成本等，约束了教师参与流动的意愿，而重视家庭的传统文化对不同类型的教师产生了差异化的影响；在中观环境方面，生活补助政策为山区和农村边远地区公办教师提供人均每月不低于1000元的经济激励，在一定程度上吸引了部分县城教师到农村学校工作；在微观环境方面，"县管校聘"政策自身存在编制资源供给不充足、配套政策不完善等问题。

第三，从政策执行行为看，政策执行者建构出一种"稳健式执行"的总体行动逻辑，而教师自发的逐利行为引发非预期的政策结果。在强大的执行压力下，S市"县管校聘"政策执行者在政策执行过程中采取了目标一致、策略各异的行动，建构出由政策执行者与政策目标群体共同分摊责任的"稳健式执行"的总体行动逻辑。而由于缺乏合适的利益补偿与激励机制,政策目标群体的行为产生了一定的"反作用力":进城是农村骨干教师的事,下乡是县城中老年教师与薄弱教师的事,而留校是大多数教师或主动或保守的行为选择。

第四,从政策执行成效看,S市执行"县管校聘"政策实现了编制平衡、学科均衡以及激发活力等目标。首先,S市执行"县管校聘"政策显著缓解了教师队伍供求的数量矛盾,通过"补空编""调编制",初步实现了城乡学校之间教师队伍的数量均衡;其次,S市教师队伍的学科结构矛盾有所缓解,通过实行学科对口优先聘用的规则,S市教师队伍学科结构得以优化,学科专业更加对口,音体美等学科教师的专业匹配率超过80%;再次,S市的教师队伍活力得到激发,"三年一聘"以及末位淘汰的制度安排,增强了教师的竞争意识,调动了教师的工作积极性,激发了学校内部的活力,促进了学校的发展;最后,政策目标群体对"县管校聘"政策的整体满意度较高,超过五分之二(41.62%)的中小学教师对"县管校聘"政策感到满意,但存在一定的学段与类型差异。

第五,从政策执行结果偏差看,S市执行"县管校聘"政策并未完全实现预期的政策意图。S市在"县管校聘"政策执行后仍然存在城乡师资配置不均衡、临聘/公办教师同工不同酬、特殊群体教师工作适应不良等问题。具体而言,S市县城高层次学历教师占比、高级职称教师占比要显著高于农村学校;临聘教师的工资待遇有所提高,但仍不足公办教师工资待遇的一半;跨城乡、跨学段、跨学科流动教师工作适应不良,对政策的满意度更低。

二、讨论

(一)政策执行结果偏差的原因分析

S市的"县管校聘"政策执行结果为何会产生一定的偏差?从前文分析可以发现,为了尽可能不出事、少出事,平稳执行"县管校聘"政策，S 市不同层级的政策执行者共同建构出一种由政策执行者与政策目标群体共同分摊责任的"稳健式执行"的总体行动逻辑。在"稳健式执行"行动逻辑中，政策执行者追求政策执行的程序正义，尽可能按章办事，不干预政策执行的过程。程序正义作为"看得见的正义"，在一定意义上是实现实质正义的重要基础保障。然而，程序正义本身并不能完全保证实质正义的实现。如果"县管校聘"政策设计足够合理，那么按章办事执行"县管校聘"政策可以实现实质正义。然而，前文分析也发现，S 市的"县管校聘"政策在政策文本、政策环境等方面仍然存在一定的问题。从同工同酬目标看，由于省、市、县三级政策制定者并未达成政策共识，经费分摊机制也不明确，使得县（市、区）政策制定者与执行者对此目标的认同度与关注度不高，相应的行动措施较少，由此导致同工同酬的政策目标并未实现。

从师资均衡目标看，在"稳健式执行"行动逻辑的影响下，政策目标群体的行为表达显得尤为重要。前文分析表明，由于缺乏足够的利益补偿与激励机制，S 市政策目标群体的行为产生了一定的"反作用力"。受到正式/非正式制度以及教师自身资本与利益诉求的影响，绝大多数教师选择留校工作，人力资本、社会资本雄厚的农村教师会选择进城工作，而县城的薄弱教师、中老年教师或主动或被动选择到农村学校工作，城乡师资配置反而更不均衡。换言之，在政策设计不完全合理的情况下，政策执行者追求程序正义，反而在一定程度上导致政策执行结果的偏差。

(二) 关注政策文本、政策环境以及行动者的影响

本研究发现，S 市"县管校聘"政策执行结果存在一定的偏差，政策的预期目标并未完全实现，政策自身因素、政策环境因素以及行动者（政策执行者与政策目标群体）因素是影响政策执行结果的非常重要的因素，这在一定程度上验证了本研究框架的有效性。政策执行并不是简单地贯彻与落实上级政策文本，政策文本自身也可能存在一定的问题，

政策目标群体也并不是简单地服从政策的安排。如果不能清晰地认识到政策文本、政策环境、政策目标群体对政策执行的影响，则很可能导致对政策执行者的过分苛责，也不利于政策的完善。

从政策文本看，当前的基层教育政策文本表现出一定的共性问题，如强模糊性，并未引起足够的重视。从S市的"县管校聘"政策看，政策文本只是简单罗列师资均衡、编制平衡、专业匹配率、同工同酬、教师活力等目标，缺乏细则和明确的说明，对后续的政策执行产生了一定的影响。实际上，从其他教育政策看，无论是义务教育教师绩效工资政策，还是随迁子女教育政策，这些政策在传递过程中都或多或少存在一定的共性问题，基层的政策文本都表现出较强的模糊性，政策手段也不尽合理。从义务教育教师绩效工资政策看，许多县（市、区）的实施办法仍是对上级政策文本的照搬照抄，而多元政策目标之间的冲突并未受到应有的重视[①]。这在一定程度上受到中国教育政策执行模式的影响。中国的教育政策执行模式是一种典型的自上而下的线性模式，上级政府制定与出台相应的政策文本，而下级政府负责执行相应的政策。在政策制定阶段，上下级政府之间，政策制定者、执行者与政策目标群体之间的有效互动不足，在一定程度上制约了基层政策文本的有效性、可行性与合理性。

从政策环境看，政策执行地的经济、地理、文化、教育等环境会对教师流动政策产生重要影响。伴随着城镇化的发展，适龄儿童的城乡分布持续发生变化，农村学校教师队伍整体上超编，结构性缺编，而县城学校整体上缺编已经成为当下中国大多数基层政府面临的共性问题。在这一教育环境的约束下，县城学校始终处于师资短缺的状态，其派出教师到农村学校工作的积极性较低。无论是教师轮岗交流政策，还是"县管校聘"政策，都应该正视上述真实的教育环境，而不能忽视环境因素的制约，单方面要求县城学校派优秀教师到农村学校工作，否则很可能

---

① 李根,葛新斌.义务教育教师绩效工资政策执行困境及其突破[J].教育发展研究,2014(4):41-46.

会演变为师资短缺背景下的"弱校帮弱校"①,对农村学校发展的实际帮助不大。实际上,本研究也发现,在编制核定标准(生师比)未调整的情况下,受到教师队伍中重病、借调等在编不在岗教师的影响,S市编制资源供给仍不充足。换言之,如何通过编制政策的调整和教师退补政策的完善,为S市教育事业发展提供更多有效的教师编制,在师资充足的背景下推动教师流动政策,打消学校的后顾之忧非常重要。

此外,从城乡师资均衡配置看,城乡学校岗位的吸引力存在极大的差别,地理环境、文化环境均会对教师参与流动的意愿产生影响,而给予合适的经济补偿能够激励一部分县城教师到农村学校工作。然而,多大的经济补偿是合适?更关键的是基层政府是否能够并愿意承担相应的支出?在分税制改革后,基层政府处于财权与事权不对等的状态,任何一项公共政策最终都要由基层政府执行,而基层政府的财政能力却十分有限。这是许多基层政府执行"县管校聘"政策共同面临的问题。对此,应当加强省级统筹,建构省、市、县合理分摊的机制,进而构建出合适的激励机制,以吸引县城优秀教师到农村学校工作。

从行动者看,政策执行是不同行动者基于利益得失的考虑而进行的一种博弈过程,理性的行动者会基于自身所处情境解构教育政策并做出利益最大化的选择,而个体的利益选择能否实现又受到正式制度、个人资本等多种因素的制约,由此一线的政策执行者、政策目标群体在"县管校聘"政策执行过程中会表现出不同的行为。在S市的"县管校聘"政策执行过程中,在强大的执行压力下,政策执行者采用一种"稳健式执行"的行动逻辑执行政策。在这一行动逻辑下,教师自发的逐利性行为产生了非预期的结果。实际上,无论是教师轮岗交流政策,还是联校走教政策,已有研究均发现,在教师流动政策中,教师群体会根据自身的利益诉求表现出差异化的行为,进而影响政策执行的结果。倘若不能理解行动者的行动逻辑及其背后的利益诉求,那么就很难真正实现"县

---

① 雷万鹏,王浩文.真实情境中教师的差异化行为:S县"联校走教"政策十年观察[J].华东师范大学学报(教育科学版),2019(4):129-141.

管校聘"政策的目标。

因此，只有在清晰地认识到政策文本、政策环境、政策目标群体对政策执行的影响后，才能避免对政策执行者过分苛责，避免简单地将政策执行结果偏差归因于基层政策执行者自利的选择性执行行为。相反，就S市的大多数基层教育政策执行者而言，他们怀抱着一种教育情怀与责任，在完全不计成本与回报的情况下，积极探索与执行"县管校聘"政策，认真落实"县管校聘"政策。

有鉴于此，在"县管校聘"政策执行中，政策自身因素、政策环境因素以及行动者因素均是影响政策能否有效执行的关键因素之一。对此，笔者认为，如果要进一步推动S市"县管校聘"政策的有效执行，需要从文本、环境以及利益三方面对S市的"县管校聘"政策进行完善（见图6-1）。当政策文本的目标清晰、明确，且相对应的政策手段合理、科学时，当"县管校聘"政策构建了合适的利益补偿机制，能够实现政策制定者、政策执行者与政策目标群体的激励相容时，当"县管校聘"政策所嵌入的环境能够有效支持政策执行时，那么"县管校聘"政策执行将产生预期的结果，完成预期的政策目标。

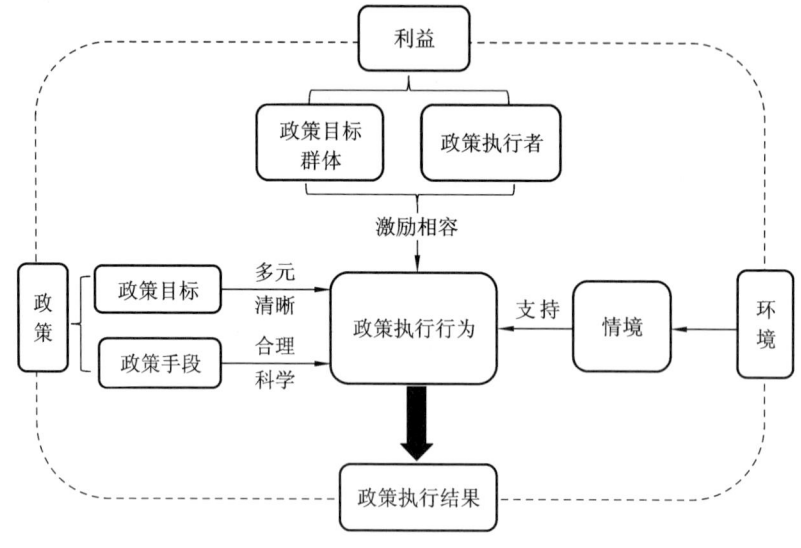

图6-1 理想化的政策执行框架

（三）理性评价政策执行结果

与一般的政策结果研究不同，政策执行研究不仅关注政策执行产生的事实性结果，还需要根据一定的标准判断政策执行成功与否。判断政策执行成功与否关系到政策的调整、延续与终结，往往被认为是政策执行研究中最难驾驭的问题之一。学界对政策执行成功的判断标准并未达成一致，如何衡量政策执行成功与否？是政策文件预期目标，政策问题解决程度，还是公共利益，政策满意度？人们的认识并不完全一致。究其原因，判断政策执行成功与否不仅需要丰富的结果信息，还要依赖于一定的价值、标准与立场，而多元的价值、标准与立场会导致判断政策执行成功与否复杂化。

自上而下的研究路径关注政策执行结果是否符合中央政策制定者的预期目标，并把目标达成度当成是判断政策执行成功与否的重要标准。"政策执行与政策目标之间存在一种简单线性关系，而政策执行研究就是分析实现既定政策目标的阻碍因素。"当政策执行结果与政策预期目标相符合时，政策执行被判定为是成功的；自下而上的研究路径更关注政策执行者执行政策是否解决或缓解现实问题，只要政策结果评估证实"积极影响"的存在，无论这一影响是否符合政策目标，就可以贴上政策执行成功的标签。"边缘化的、意外发生的变量是政策执行者的自然反应，虽然花费时间较多，一旦发生改革效果就最终固定下来……长远来看对政策执行也是有益的。"[①]

对于S市的"县管校聘"政策执行结果，笔者认为应该理性看待政策执行的成效与偏差，避免对基层政策执行者的"污名化"与过分苛责。其一，从自上而下的研究路径看，S市的"县管校聘"政策执行结果并未完全实现师资均衡配置以及同工同酬的政策目标[②]，甚至产生城

---

① 刘复兴.国外教育政策研究基本文献讲读[M].北京:北京大学出版社,2013:176.
② 实际上，前文数据分析发现，在S市教师队伍中仍存在一定比例的教育类专业不匹配教师。如果从严格意义上强调教师所学专业与学科的完全匹配(100%)，那么专业匹配率的目标也并未全部实现。

乡师资配置更不均衡的结果。仅从这一点看，S市的政策执行结果与预期目标之间是存在偏差的。其二，从自下而上的研究路径看，S市的"县管校聘"政策执行调动了县域内教师资源，促进了教师流动，优化了教师队伍的数量、学科结构，激发了教师队伍活力，对S市基础教育的发展有一定的积极影响。其三，中国"县管校聘"政策尚处于探索阶段，缺乏成熟的经验，而S市政策制定者与执行者均是初次制定与执行"县管校聘"政策，为探索与创新"县管校聘"政策作了不小的努力与贡献。由此，从短期看，笔者认为S市"县管校聘"政策执行是成功的，但不可忽视的是，S市"县管校聘"政策执行仍然产生了一定的偏差。从长期看，如果不及时分析问题产生的原因，纠正政策执行中的问题，S市的"县管校聘"政策执行将会产生一定的负面影响，背离国家政策的精神。

（四）公平与效率价值之争

作为一项系统性变革，"县管校聘"政策涉及教师补充、交流、退出等诸多改革内容，包含提高编制平衡、激发教师队伍活力、改善教师队伍专业匹配率、师资均衡配置与同工同酬五大目标。根据公平与效率两种价值，S市"县管校聘"政策目标可以分为两种类型：编制平衡、激发教师队伍活力、改善教师队伍专业匹配率均属于效率价值优先的目标，而师资均衡配置与同工同酬属于公平价值优先的价值。

从S市"县管校聘"政策执行结果看，效率价值优先的目标达成度明显要高于公平优先的目标。从效率价值看，S市"县管校聘"政策提高了编制使用效率，改善了教师队伍活力，优化了师资队伍专业匹配情况；而从公平价值看，S市"县管校聘"政策并未实现同工同酬与师资均衡配置。毫无疑问，"县管校聘"政策有助于提高教师队伍人力资本的使用效率，但是其对促进县域内教育公平的作用有限，存在公平价值让位于效率价值的问题。

政策目标自身的冲突性是上述问题产生的深层原因，也是中国各地推动"县管校聘"改革所面临的共性问题。师资均衡和编制平衡是国家政策规定的两大目标。从国家相关政策文本可以看出，师资均衡与编制平衡两大目标交替出现在不同国家政策文本中，如《关于抓好"三农"领域重点工作确保如期实现全面小康的意见》要求县城学校支援农村学校，促进城乡师资均衡，而《关于统筹推进县域内城乡义务教育一体化改革发展的若干意见》则提出要着力解决乡村教师结构性缺员和城镇师资不足问题，促进城乡编制平衡。

然而，这两大政策目标存在一定内在的冲突性。前者要求县城骨干教师向农村学校、薄弱学校流动，而后者要求农村学校的教师向学生规模日益扩大的县城学校流动。两者对流动教师的质量以及流动方向的要求完全不同。师资均衡目标要求流动教师是优秀教师、骨干教师，从县城校向农村校、薄弱校流动，而编制平衡目标只需要教师从超编学校流向缺编学校，在教师质量、流动方向上与师资均衡目标并不一致。从教师质量看，在竞聘上岗制度的影响下，参与流动的教师往往是学校末位淘汰的教师；从流动方向看，教师流动的整体方向是农村流向县城，但在具体情境中又是多元的，县城内、乡村内、县城与乡村之间的流动均可能存在。可见，无论是流动教师的属性，还是流动方向，两种政策目标均存在一定的冲突。从这一点看，当前S市通过"三级竞聘"制度，实现两种相互冲突的政策目标的可行性需要深入思考。正如有研究指出，公平与效率两个相互冲突的政策目标在"县管校聘"政策文本中共存，而现有的制度安排并不能同时实现上述两个目标，导致改革面临一定的困境[①]。

在"县管校聘"政策中，公平与效率两种价值不应当是二元对立的关系，通过合理的制度设计，两者应当实现互融共生。因此，对于"县管校聘"政策，政策制定者应当清晰地认识到两种政策目标的差异性，并通过合理分解不同的目标，设计实现不同目标的工具、手段与路径。一方面，不能因噎废食，否定"县管校聘"政策对提高教师效率的重要意义；另一方面，要适当提高"县管校聘"政策中公平价值的地位与重

---

① 朱家存,马兴.城乡教师编制管理:从无校籍走向一体化[J].教育研究与实验,2018(6):76-80.

要性。当公平与效率价值相互矛盾时，效率价值应当让位于公平价值。只有兼顾均衡与优质、公平与效率，才能为每一个中国儿童提供公平而有质量的教育。

第二节 对策建议

有鉴于此，本研究从以下几方面提出相应的政策建议：第一，修订政策相关文本，完善相关制度设计，为政策执行者提供科学、合理、明确的政策目标与手段；第二，转变政策执行模式，完善利益表达机制，吸纳教师、校长、家长、专家等不同利益主体参与政策过程；第三，建立健全监督机制，完善配套政策，优化"县管校聘"政策执行环境；第四，构建合适的利益协调机制，实现激励相容，确保不同行动者追求个体利益的行为与公共利益最大化的目标相符。

一、修订相关政策文本，完善流动制度体系

（一）明确"县管校聘"政策目标，校正目标偏差

一项好的教育政策，既要有确定的政策目标以及实现目标的手段，也要对抽象的政策目标进行进一步的分解，制定出更为具体的指标及其执行方案。从 S 市"县管校聘"政策看，在国家—省—市—县的政策传递过程中，"县管校聘"政策的目标逐渐多元化，包括城乡师资均衡配置、编制平衡、改善教师队伍专业匹配状况、改善教师职业倦怠等。但是在政策传递过程中，"县管校聘"政策目标的模糊性并未得到良好的解决，导致基层政策执行者的目标认知偏差与选择性执行行为，进而影响政策执行的结果。

对此，研究者建议，第一，在国家政策中，应当尽快明确师资均衡与编制平衡两种不同政策目标的优先地位，规避政策目标模糊性对基层政策制定者与执行者的干扰。考虑到城乡师资均衡配置以及义务教育均衡发展的重要意义与价值，应适当提高"县管校聘"政策中师资均衡政

策目标的地位，明确如若两种政策目标相互冲突，公平价值导向下师资均衡配置目标应具有优先地位。

第二，在地方政策中，应当具体化、明晰化基层"县管校聘"政策的目标。在"县管校聘"政策向下传递的过程中，政策目标应当是逐级具体化、可操作化，但是S市各县（市、区）的"县管校聘"政策目标仍然具有较强的模糊性。这一点在诸多教育政策中均可发现，如绩效工资政策、随迁子女教育政策等，成为我国教育政策中的共性问题[①]。从S市"县管校聘"政策目标看，其存在政策目标（如同工同酬）缺乏共识，可行性不强等问题。因此，首先，应当加强省、市、县三级政策制定者的沟通，围绕"县管校聘"政策目标达成基本共识，并建立相互协作的合作机制；其次，在达成目标共识的基础上，县级政策文本应当根据实际情况为不同目标设置总目标与阶段性目标。建议县级政策制定者开展实地调研，摸清家底，认真分析本县（市、区）教师队伍状况，研制不同操作化指标拟达到的结果，再分门别类制定不同政策目标的总目标与阶段性目标。考虑到不同政策目标执行的压力与难度不同，对于政策执行难度较大的目标，建议县级政策制定者先定一个小目标，一步一个脚印，通过多个政策周期逐渐达成其总目标。通过将不同政策目标的详细内容直接写入县级政策文本，减少政策目标的模糊性，为基层执行者提供必要的指导与规范。

第三，加强"县管校聘"政策价值与目标的宣传工作。在县级政策文本完善后，应当加强政策价值与目标的宣传工作，可召开县域内学校校长大会，向校长宣传"县管校聘"政策的价值与目标，条件允许的情况下让更多的学校校长参与县级政策执行细则与方案的制定过程，并赋予县域内学校校长一定的话语权，进一步提高学校政策执行者对政策目标的认同，减少学校政策执行者的政策目标认知偏差。

（二）完善"县管校聘"政策手段，优化政策设计

"县管校聘"政策手段的不合理性会制约政策执行的结果，完善

[①] 叶怀凡.义务教育教师绩效工资政策的执行偏差与矫正[J].中国教育学刊,2016(4):31-36.

"县管校聘"政策手段，能够有效优化政策执行结果，提高政策执行成效。

第一，优化聘用周期。根据不同学段的学制，研究与制定不同学段的聘用周期，小学的聘用周期建议调整为六年，确保教师可以带一轮学生，避免小学生在就学过程中频繁更换教师；初中、高中的聘用周期可为三年，但也可调整为六年，以保证政策的一致性。

第二，研制县级教师考核评价标准，县（市、区）统一出台教师考核评价标准。S市千差万别的教师考核评价标准制约了校聘结果的公信力，致使部分教师对"县管校聘"政策结果不满意。由县（市、区）统一出台教师考核评价标准，可以保证对不同教师的评价标准是一致的，用同一套标准评价所有教师，保证程序正义，提高聘用结果的公信力。

第三，建立信息公布机制，增强岗位空缺信息的透明度，减少信息不对称。明确规定各县（市、区）教育局在"校聘"政策执行过程中需要及时收集岗位空缺信息，并向县域内全体教师公开学校岗位空缺信息，减少信息不对称，让所有教师都处于同一起跑线。

第四，赋予教师自主流动权，减少行政干预，让更多优秀教师参与流动。调查发现，由于部分县（市、区）赋予学校校长一定的行政权力，教师参与流动的申请表必须要经过校长签字，才可以向上提交，由此学校校长可以有选择地限制校内教师的流动，导致部分优秀教师想流动而不能流动。教师参与流动是师资均衡配置的基础，而学校有充足的动机不外派优秀教师，如果不赋予教师充分的流动自主权，即使"县管校聘"政策构建了合适的激励机制，优秀教师参与流动也会遇到诸多阻碍。因此，建议放开教师流动的限制，赋予教师自主流动权，让更多优秀教师有机会参与流动。

第五，优化流动规则，加大对山区和农村边远地区学校的保护力度。首先，尽快修正对山区和农村边远地区学校不利的流动附加规则，如校内考核在后20%的教师只能参加农村学校的跨校竞聘，不能参加县城学校的跨校竞聘等附加规则；其次，考虑到山区和农村边远地区学校所处的不利地位，应当为其优秀教师的流出设置更高的门槛，并赋予山区和农村边远地区学校校长更多的聘用自主权，在政策执行过程中，农村学校应有权拒收薄弱学校教师；最后，县（市、区）教育局在组织调剂时，要在"矮个子里挑高个"，优先将相对质量更高的教师群体向偏远乡镇学校调配。当然，更为重要的是要建立一定的利益补偿与激励机制，增大山区和农村边远地区学校教师岗位的吸引力。

第六，建立"机动教师组"，满足县域内学校教师编制的弹性需求。建议各县（市、区）教育局模仿教师编制周转池制度，牵头设立"机动教师组"，在聘用周期内，根据学校的实际需求统筹调配机动教师以缓解师资短缺问题。机动教师可以是临聘教师，也可以是超编学校的公办教师。

（三）加强流动制度体系建设

一项制度往往只能完成一种类型的政策目标，而不同类型的政策目标往往需要通过不同的制度设计与衔接才能全面实现。依靠单一的三级竞聘制度实现师资均衡与编制平衡目标必然会产生一定的冲突。S市试图将教师交流轮岗政策内容也纳入"县管校聘"政策中，尝试通过政策实践实现上述两大政策目标。但是，在实践过程中，替代关系[①]、合并关系[②]是S市各县（市、区）教育局对两种政策所持有的不同态度，两者只是简单的替代或合并关系，并没有形成良好的制度衔接。从竞聘制度看，整体而言，S市构建了包含保护线、自由选择以及末位淘汰在内的三级竞聘制度，在城乡二元分割的现状下，竞争机制在自由选择以及末位淘汰中发挥了充分的作用，优化了教师资源的配置效率，有助于编制平衡目标的实现，而不利于师资均衡目标的实现。

[①] 替代关系是指用"县管校聘"政策代替教师交流轮岗政策。在实地调研中，SS市教育局人员表示，两个政策中最重要的是教师要流动，而执行"县管校聘"政策后，教师编制已经随人流动了，就不用再执行教师交流轮岗政策了。

[②] 合并关系是指将教师交流轮岗政策纳入"县管校聘"政策中。在实地调研中，SL县教育局人员表示，在执行组织调剂时，对于部分教师，他们可以通过申请轮岗(2年)或跟岗(1年)的方式到相应的学校学习。

在当前的制度背景中，单一的制度安排并不足以实现师资均衡和编制平衡两大目标，需要加强教师流动制度体系的建设。通过一套合理设计的教师流动制度体系，以此实现不同的政策目标。对此，当前明确"县管校聘"与教师轮岗交流政策的关系至关重要，两者应是并行的关系，而不是替代或合并的关系。在短期内，支教制度、联校走教制度、轮岗交流制度等不同教师交流制度不应当被"县管校聘"制度所替代，而应作为非常重要的流动补充制度，以持续为农村学校、薄弱学校提供优质教师，尽可能推动城乡师资力量的均衡配置。

二、转变政策执行模式，完善利益表达机制

（一）转变政策执行模式，构建开放的政策网络

长期以来，中国教育政策执行秉持一种自上而下的，政府组织主导的线性执行模式，S市"县管校聘"政策执行也不例外。从S市市级、县级"县管校聘"政策的制定、出台到执行几乎都是由政府职能部门主导，强制推行，上级组织通过行政命令下达指令，下级政策执行组织负责执行。"自上而下"的政策执行模式具有一定的优点，能够充分发挥集中力量办大事的作用，而通过市、县两级党政的高位推动，县级职能部门间形成合力推动"县管校聘"政策的执行。然而，这种执行模式往往会采用强制性政策工具推动政策的执行，忽略其他政策工具的作用，而且往往将个人、社会、第三方组织等利益相关者排除在政策制定与执行之外。在S市的"县管校聘"政策制定与执行中，作为主要的利益相关者，除了极少数地方精英，普通教师始终游离于政策制定与执行之外。固然，S市"县管校聘"政策文本的缺陷在一定程度上受到S市政策制定者自身素养的限制，大多数教育政策制定者都是一线教师出身，没有专业知识与素养，但是，政策制定者与政策目标群体之间的有效互动不足，政策目标群体的核心利益并未充分表达与考虑也是政策文本存在缺陷的不容忽视的原因之一。

因此，第一，需要转变"自上而下"的政策执行模式，超越传统的

层级结构及其行为机制,吸纳更多的利益相关者,如校长、教师、家长、学生、高校专家进入政策网络,建立以政策网络为核心的治理机制。作为新的治理形式和社会治理的核心机制,政策网络一方面避免了负外部性导致的市场治理机制的失灵,另一方面也避免了科层结构"政治决策失败者"的产生,通过多元政策行动者的自我协调实现政策问题的有效解决[①]。第二,加强高校与地方政府的联系,借助高校智力完善"县管校聘"政策设计。地方政府应当加强与高校的联系,吸纳高校专家学者进入政策网络,分阶段多次组织开展"县管校聘"政策研讨会,积极推动"县管校聘"政策风险评估、政策执行效果评估等多项研究,完善与修订"县管校聘"政策。

(二) 加强政策宣传与沟通,公开政策执行信息

政策沟通是确保政策有效执行的前提。通过加强政策制定者、执行者与目标群体之间的信息交流,政策沟通能够增加政策目标群体对政策文本的理解与共识,减少政策目标群体的抵制与反抗行为。因此,在"县管校聘"政策宣传与沟通过程中,地方政府部门应摒弃传统的政府中心主义,树立以教师为中心的理念。其一,要积极宣传政策本身的内容及其公共价值,让教师认识到"县管校聘"政策的价值与意义,认识到"县管校聘"改革并不完全等同于"末位淘汰",不是让教师下岗,而是惠及教育、惠及学生、惠及人民、惠及学校以及惠及教师的改革;其二,加强政策解读与双向沟通,地方政府部门既需要告诉教师"县管校聘"如何开展改革,也要解释"县管校聘"政策的激励机制以及政策执行可能产生的成本,并对教师的各种疑问进行详细的解答,营造出良好的互动氛围,让教师在充分了解成本—收益信息的基础上,心甘情愿地做出选择,预防与减少政策质疑与观望行为[②]。

[①] 张体委.资源、权力与政策网络结构:权力视角下的理论阐释[J].公共管理与政策评论,2019(1):78-88.

[②] 李燕,母睿,朱春奎.政策沟通如何促进政策理解?:基于政策周期全过程视角的探索性研究[J].探索,2019(3):122-134.

（三）加大弱势群体政策参与度，构建完备的利益表达机制

在公共政策制定和执行中，由于缺乏合适的话语权，强势集团往往会遮蔽弱势群体的利益诉求。在缺乏合适制度干预时，弱势群体常常处于"资源短缺制约公共政治参与—参与不足影响利益表达—表达不畅阻碍处境改善"的循环之中[①]。在S市的"县管校聘"政策中，人力资本不足、教学能力较差的中老年教师往往处于弱势地位，没有相应的话语权，更可能流向偏远乡镇学校，导致偏远乡镇学校师资队伍力量更加薄弱。即使是在"县管校聘"政策执行后，在"公开的文本"中只发现对"县管校聘"政策的赞扬，却很少发现教师对"县管校聘"政策的不满。不满是教师对政策的一种抱怨，也可能反映出教师的诉求与真实感受，上述现象的背后实质上反映了教师话语权的缺失。

"县管校聘"政策直接关乎教师的利益，构建有利于教师群体的利益表达机制有助于实现政策的预期意图。其一，构建公开、透明的信息传导机制。政策执行者在执行"县管校聘"政策的全过程中，应通过各种公示、报告、通知等手段将相关信息公开，保障广大教师最基本的知情权。其二，地方政府在制定与调整"县管校聘"政策时，应适当扩大政策参与人员的范围，选择不同类型教师参与讨论，以尽可能获取不同利益主体对"县管校聘"政策的看法。其三，积极拓宽渠道听取教师的意见，如开通"县管校聘"政策的贴吧、论坛等网络渠道，以及民意调查等途径，让普通教师有更多机会表达自身的意见与利益诉求，在对话、讨论与协商中达成共识。

三、建立健全监督机制，优化政策执行环境

（一）建立健全监督机制，规范政策执行行为

健全的监督机制是任何一项公共政策得以有效执行的基本保障。在公共政策执行时，利益分歧或者政策认知不到位等都可能导致政策执行

---

① 周国雄.博弈:公共政策执行力与利益主体[M].上海:华东师范大学出版社,2008:217.

者的行为偏离政策预期目标。因而,有效的监督机制能够及时发现与解决问题,有利于保障政策的有效执行,尽可能减少政策执行偏差。"县管校聘"政策的执行应当有利于农村学校和薄弱学校教师队伍的建设,但当前的政策执行结果似乎与之相悖,存在一定的偏差。这可能是因为政策执行者的职责不明确,或者是缺乏对政策执行过程性管理与评价,或者是缺乏一定的惩罚机制,其背后均反映了S市"县管校聘"政策监督机制的缺位。

因此,有必要建立健全的监督与问责机制,规范政策执行行为,减少政策执行偏差。建立有效的信息反馈系统和适用的绩效指标是建立监督与问责机制的关键。这些信息系统需要可靠地向不同利益相关者和管理人员传递随时更新的目标状态。而适用的绩效指标能够激励参与者作出更大的努力[1]。第一,建立S市基础教育均衡发展的信息系统。市、县两级教育部门应每年对师资均衡发展指数进行测算,在此基础上实现对师资配置均衡程度的监控,每年向社会各界公布相关的信息,由社会各界共同监督政策执行效果。同时,充分利用S市基础教育均衡发展的信息系统,及时发现县域内师资配置的薄弱学校,为县级教育部门执行政策提供有效信息。第二,建立"县管校聘"政策执行情况的定期检查制度,加强过程性管理。市级教育部门应定期检查"县管校聘"执行情况,认真比较检查结果与预期目标,当检查结果偏离预期政策目标时或政策执行行为存在不规范的问题时,市级教育部门应及时要求县级教育部门进行调整。第三,教育部门要定期开展民意调查,实地听取校长、教师、学生、家长、社会对"县管校聘"政策的真实声音,及时发现政策执行过程中的问题,发挥好教师的监督作用。

(二) 完善配套政策,优化政策执行环境

第一,建立流动教师培训政策,提高流动教师工作适应性。县(市、区)层面应加快研发与建立跨学段、跨学科、跨城乡流动教师培

---

[1] 吴逊.公共政策过程:制定实施与管理[M].上海:格致出版社,2016.

训政策，为此类流动教师提供及时的培训，以帮助其尽快适应不同学段、不同学科以及不同环境的教学工作。

第二，完善职称评定的衔接制度，厘清跨学段教师职称评定渠道。人社部门要加快完善不同学段、不同学校之间职称评定的衔接制度，有效衔接教师流动前后学校的工作信息与职称评定条件，减少教师流动的顾虑。

第三，多种措施并举，改善流动教师归属感。其一，对于流入校，应通过举办新教师欢迎会，了解与解决新教师的需求等途径，体现对新教师的尊重，也让新教师与原校教师有接触与交流的机会，增加新教师对学校的认同感；其二，对于流出校，应在教师入职其他学校后，对该教师进行定期慰问，了解教师生活与工作状态，对于有困难的教师，流出校应当提供一定帮助。

第四，完善教师退出机制，腾出在编不在岗教师占用的编制。尽快研制与完善教师退出政策，明确重病教师、违反师德教师的标准及其退出渠道，明确界定借调教师的身份，使其得以正常退出教师岗位，为教育事业发展腾出相应的编制。

第五，科学研制与调整教师编制政策。已有大量研究发现，以生师比为标准核定县域内教师编制存在一定的问题，小规模学校对教师编制的实际需求数量远大于生师比核定的教师编制数。这一点在本研究中也得到了证实，编制资源供给不充足，导致部分教师满负荷工作，不利于教育的长远发展。建议科学研制与调整教师编制政策，以生师比+班师比相结合的标准核定县域内中小学教师编制的总量，确保中小学教师编制数量符合教育事业发展的需求。

四、构建利益协调机制，实现激励相容目标

政策本质上是一种利益的再分配，政策执行结果也是各方力量博弈的结果。理论上，政策目标群体、政策执行者与政策制定者的利益可能一致，也可能冲突，即使是政策执行者内部，不同层级的执行者也可能

存在利益冲突。因此,要推动"县管校聘"政策的有效执行,需要从政策目标群体、政策执行者两个层面构建有效的利益协调机制,实现"激励相容"目标,确保不同利益主体追求个人利益的行为与实现政策利益最大化的目标相符合。

(一) 建立以损益补偿为特点的激励机制

从政策目标群体看,相较于县城学校,教师在农村学校工作所能获得的预期收益相对偏低,而且部分教师还需要付出高额的生活成本,极大地制约了优秀教师到农村学校工作的积极性。由此,在缺乏合适激励机制的影响下,乡镇学校往往成为优秀师资的输出校,而其输入的教师质量普遍偏低,导致师资逆向流动现象的产生,与县域内义务教育优质均衡发展目标相悖。因此,应建立合适的利益补偿与激励机制,冲销下乡流动教师的流动成本,完善教师生活补助政策,向偏远乡镇学校给予更多的经济激励、职业发展、生活环境改善等方面倾斜,以增强乡镇学校对优秀教师的吸引力,促使各学校、城乡之间师资配置更加合理。

第一,科学测算教师流动成本,合理分摊与冲销流动成本。其一,建议依据特征价格理论科学测算与补偿农村教师岗位所需的额外成本,增强农村教师岗位吸引力,实现城乡教师岗位效用的均等化[①];其二,已有研究表明,教师流动会产生交通、通信、住宿、校际收入差距等直接成本,并制约教师流动的意愿。对此,考虑到 S 市特殊的地理环境,应当优先考虑采用货币化的方式,直接解决下乡流动教师的交通、住宿等费用,为从县城向农村学校流动的教师提供额外的经济补贴,激励更多的县城教师向农村学校和薄弱学校流动。如地方财政能力允许,还可以进一步将通信费、保姆费等因下乡流动而产生的额外费用全部覆盖,以确保教师因流动而产生的费用都能够得到全额补偿。

第二,完善教师生活补助政策,平衡不同区位教师的利益诉求。建立以距离/车程为标准,有梯度、有层次的生活补助额度,越是艰苦边远

[①] 马红梅,雷万鹏,钱佳.教师工作环境的经济价值:基于地区经济地理特征的工资成本补偿[J].华东师范大学学报(教育科学版),2018(5):129-137.

地区的、能力越强的教师，其补助标准应越高。对此，一方面，应加大教师生活补助政策的经费投入，S市应当积极争取省级政府更高的转移支付比例，加大地方财政对教师生活补助政策的投入；另一方面，在现有经费增长空间不足的情况下，要优化教师生活补助政策的支出结构。对于近城的农村学校，如车程在10分钟以内的学校，可以适当降低补助额度，节约经费；对于车程在10分钟以上、30分钟以内的学校，维持原先的补助额度；对于车程在30分钟以上的学校，建议进一步增加补助额度，以进一步提高边远地区学校的吸引力。

第三，加快完善农村教师周转房建设，由省级财政统一规划、出资建设农村学校教师周转房，周转房需能满足教师基本生活、工作需要，其面积不应少于30~40平方米/间；保障农村教师培训经费投入，保证农村教师培训的质量和时间，加大农村教师参与市级、省级等高质量教师培训活动的比例，确保农村教师参与高质量教师培训活动的比例不低于县城教师，为农村教师提供充足的职业发展机会；建立农村教师荣誉制度，县级政府对在农村学校从教10年以上的教师给予鼓励，对在农村学校从教20年以上的教师颁发荣誉证书，对以上两类教师给予一定的物质奖励，并在评优评先、职称评审等方面对获奖教师给予更多的倾斜。

(二) 整合政策执行组织的权责，完善目标管理机制

"县管校聘"政策是一项系统性的教师管理体制改革，其政策效果受到不同职能部门合作力度的影响，合作力度越大，政策执行结果就会越好。尽管S市构成了党政高位推动下的政策执行机制，一定程度上有效解决了不同职能部门之间的合作困境。但是，调查发现，在S市"县管校聘"政策执行中仍存在不同职能部门合作力度不够的问题。从"县管校聘"政策执行问题看，政策资源投入不足，配套政策不完善等都表明财政部门、人社部门以及编制部门需要在"县管校聘"政策中承担更重要的角色，而不仅仅是文本规定的职责。简言之，当前"县管校聘"政策需要进一步整合教育、人社、编办、财政等不同职能部门的权力与责任，加强不同部门之间的沟通与协作，探索与创新有效措施，及时解

决"县管校聘"政策执行中发现的问题。

对此,第一,要加强目标管理,保证不同政策执行主体分工负责完成改革任务。对"县管校聘"政策的整体目标进行科学合理分解、转换,为不同职能部门界定相应的分目标,形成责任明确、任务明晰的目标体系,改变教育部门执行政策的"孤岛现象"。

第二,要完善政策执行组织间的信息沟通与合作机制。任何一项公共政策执行都会产生一系列意料之外的问题,由于教育部门在教师管理上权力受限,这些意料之外的问题往往有赖于不同职能部门之间的合作。如流动教师的职称评聘与衔接问题不在政策文本之中,但又影响着教师对政策的满意度,也会影响与制约教师的流动意愿,需要人社部门的支持与合作。

第三,要建立一定的激励机制,提高政策执行组织的责任意识。对完成政策预期目标的政策执行者予以一定的经济、荣誉或职务晋升等方面的奖励,调动政策执行者政策执行的努力度与投入度。而对于未完成政策预期目标的政策执行者则采取留职停薪等惩罚措施予以警戒。在教育政策执行中,学校是教育政策的重要代理人,而代理人总是会追求自身利益的最大化,这也是教师轮岗交流政策中县城学校不愿意派出优质教师的主要原因。因此,从学校校长与学校组织两方面构建激励机制,以提高学校校长派出优秀教师的可能性。对完成目标的校长可以给予一定的经济、荣誉或职务晋升的奖励,对于派出优秀教师的学校,可以给予更多的教育经费、中高级职称名额、专业发展机会等政策倾斜,甚至可以探索"1=X"的教师置换机制,用 1 名优秀教师置换若干名新手教师或普通教师,这一机制既可以派出优秀教师,又发挥了优质学校教师培养的功效,而且能够缓解部分优质学校师资短缺问题。

参考文献

一、著作类

[1] 约翰逊，克里斯滕森. 教育研究定量、定性和混合方法［M］. 马健生，等译. 4版. 重庆：重庆大学出版社，2014.

[2] 陈晓萍，徐淑英，樊景立. 组织与管理研究的实证方法［M］. 北京：北京大学出版社，2012.

[3] 褚宏启. 教育政策学［M］. 北京：北京师范大学出版社，2011.

[4] 邓恩. 公共政策分析导论［M］. 4版. 北京：中国人民大学出版社，2011.

[5] 邓凡. 关系、结构与利益表达：教育政策执行的网络模式［M］. 昆明：云南大学出版社，2013.

[6] 邓旭. 教育政策执行研究：一种制度分析的范式［M］. 北京：教育科学出版社，2010.

[7] 丁煌. 政策执行阻滞机制及其防治对策：一项基于行为和制度的分析［M］. 北京：人民出版社，2002.

[8] 韦默. 公共政策分析：理论与实践［M］. 刘伟，译. 4版. 北京：中国人民大学出版社，2013.

[9] 范国睿，等. 教育政策的理论与实践［M］. 上海：上海教育出版社，2011.

[10] 樊红敏. 转型中的县域治理：结构、行为与变革［M］. 北京：

中国社会科学出版社，2013.

［11］付卫东. 中国义务教育学校教师绩效工资制度改革研究［M］. 北京：中国社会科学出版社，2018.

［12］龚宏龄. 受众对公共政策执行的影响研究：以中国房地产利益群体为例［M］. 北京：中国政法大学出版社，2017.

［13］彼得斯. 美国的公共政策：承诺与执行［M］. 顾丽梅，姚建华，等译. 上海：复旦大学出版社，2008.

［14］胡春梅. 教育政策执行过程研究：一种运行机制分析视角［M］. 大连：辽宁师范大学出版社，2008.

［15］何杰. 新世纪支持农村义务教育发展的政策执行考察：以江苏省L县为例［M］. 北京：中国社会科学出版社，2014.

［16］胡森，波斯尔斯韦特. 教育大百科全书：第1卷 教育管理、教育政策与规划、教育评价［M］. 张斌贤，等译. 重庆：西南师范大学出版社，2006.

［17］蒋平，王正惠. 区域推进城乡义务教育一体化发展政策执行研究［M］. 北京：中国轻工业出版社，2018.

［18］金太军，钱再见，张方华，等. 公共政策执行梗阻与消解［M］. 广州：广东人民出版社，2005.

［19］蒋园园. 复杂理论视阈下的教育政策执行研究［M］. 长春：东北师范大学出版社，2016.

［20］克雷斯威尔. 混合方法研究导论［M］. 谢志伟，王慧玉，译. 新北：心理出版社股份有限公司，2010.

［21］克雷斯威尔. 研究设计：质化、量化及混合方法取向［M］. 张宇梁，吴榕椒，译. 台北：学富文化事业有限公司，2011.

［22］刘伯龙，竺乾威，何秋祥. 中国农村公共政策：政策执行的实证研究［M］. 上海：复旦大学出版社，2011.

［23］刘复兴. 国外教育政策研究基本文献讲读［M］. 北京：北京大学出版社，2013.

［24］刘豪兴. 农村社会学［M］. 北京：中国人民大学出版社，2008.

［25］吕华. 地方政府政策执行力研究［M］. 南昌：江西人民出版社，2016.

［26］刘海燕. 政策网络与政策产出［M］. 北京：中国财政经济出版社，2014.

［27］李玫. 西方政策网络理论研究［M］. 北京：人民出版社，2013.

［28］李玫. 中国政策网络实证研究：基于云南省防治艾滋病政策实践的分析［M］. 北京：人民出版社，2017.

［29］李树磊. 村落中的国家：文化变迁中的乡村学校［M］. 杭州：浙江人民出版社，1999.

［30］罗胜强，姜嬿. 管理学问卷调查研究方法［M］. 重庆：重庆大学出版社，2014.

［31］刘玮. 义务教育优质均衡发展政策执行考察：以苏南发达地区W市B区为例［M］. 北京：中国社会科学出版社，2017.

［32］陆学艺. 当代中国社会结构［M］. 北京：社会科学文献出版社，2010.

［33］麦甘恩，萨巴蒂尼. 全球智库：政策网络与治理［M］. 韩雪，王小文，译校. 上海：上海交通大学出版社，2015.

［34］格林德尔，托马斯. 公共选择与政策变迁［M］. 黄新华，陈天慈，译. 北京：商务印书馆，2016.

［35］黑尧. 现代国家的政策过程［M］. 赵成根，译. 北京：中国青年出版社，2004.

［36］克罗齐耶，费埃德伯格. 行动者与系统：集体行动的政治学［M］. 张月，等译. 上海：格致出版社，2017.

［37］宁骚. 公共政策学［M］. 北京：高等教育出版社，2003.

［38］朴贞子，金炯烈，李洪霞. 政策执行论［M］. 北京：中国社会

科学出版社，2010.

[39] 强世功. 法制与治理：国家转型中的法律 [M]. 北京：中国政法大学出版社，2003.

[40] 斯科特. 弱者的武器 [M]. 郑广怀，张敏，何江穗，译. 2版. 南京：译林出版社，2011.

[41] 孙锦涛. 教育政策学 [M]. 北京：中国人民大学出版社，2010.

[42] 那格尔. 政策研究百科全书 [M]. 林明，龚裕，鲍克，等译. 北京：科学技术文献出版社，1990.

[43] 谭羚雁. 政策网络对政策结果的解释力研究 [M]. 沈阳：东北大学出版社，2015.

[44] 吴逊. 公共政策过程：制定实施与管理 [M]. 上海：格致出版社，2016.

[45] 吴遵民. 教育政策学入门 [M]. 上海：上海教育出版社，2010.

[46] 王智超. 教育政策执行的滞后问题研究 [M]. 长春：东北师范大学出版社，2011.

[47] 王智超. 师范生免费教育政策实施状况追踪研究 [M]. 长春：吉林人民出版社，2013.

[48] 希尔，休普. 执行公共政策 [M]. 黄健荣，等译. 北京：商务印书馆，2011.

[49] 谢炜. 中国公共政策执行中的利益关系研究 [M]. 上海：学林出版社，2009.

[50] 杨代福. 政策工具选择研究：基于理性与政策网络的视角 [M]. 北京：中国社会科学出版社，2016.

[51] 姚华. 政策执行与行动者的策略：上海居民委员会直接选举的个案研究 [M]. 上海：上海大学出版社，2010.

[52] 游宇. 混合方法研究：设计与实施 [M]. 2版. 重庆：重庆大

[53] 袁振国. 教育政策学 [M]. 南京：江苏教育出版社，2001.

[54] 朱春奎，等. 政策网络与政策工具：理论基础与中国实践 [M]. 上海：复旦大学出版社，2011.

[55] 周德昌. 简明教育辞典 [M]. 广州：广东高等教育出版社，1992.

[56] 张芳全. 教育政策导论 [M]. 台北：五南图书出版公司，2001.

[57] 曾广录，等. 政策网络理论视角下我国保障性住房政策研究 [M]. 北京：中国财富出版社，2017.

[58] 曾红颖. 创新社会治理：行动者的逻辑 [M]. 北京：社会科学文献出版社，2019.

[59] 周国雄. 博弈：公共政策执行力与利益主体 [M]. 上海：华东师范大学出版社，2008.

[60] 周佳. 教育政策执行研究：以进城就业农民子女义务教育政策执行为例 [M]. 北京：教育科学出版社，2007.

[61] 张金马. 公共政策分析：概念、过程、方法 [M]. 北京：人民出版社，2004.

[62] 张骏生. 公共政策的有效执行 [M]. 北京：清华大学出版社，2006.

[63] 赵凯农，李兆光. 公共政策：如何贯彻执行 [M]. 天津：天津人民出版社，2003.

[64] 张兰春，刘亚荣，佛朝晖，等. 中国义务教育政策地方政府执行情况研究报告 [M]. 杭州：浙江大学出版社，2011.

[65] 张强，张欢，钟开斌，等. 农村义务教育：税费改革下的政策执行 [M]. 北京：中国社会科学出版社，2004.

[66] 张昕，李泉. 公共政策执行 [M]. 北京：科学出版社，2019.

[67] 周雪光. 中国国家治理的制度逻辑：一个组织学研究 [M]. 北

京：生活·读书·新知三联书店，2017.

[68] 朱亚鹏. 公共政策过程研究：理论与实践 [M]. 北京：中央编译出版社，2018.

二、学术论文类

[1] 安晓敏，佟艳杰. 教师轮岗交流意愿影响因素研究 [J]. 教育科学，2019（3）：43-50.

[2] 鲍传友，西胜男. 城乡教师交流的政策问题及其改进：以北京市 M 县为例 [J]. 教育研究，2010（1）：18-22.

[3] 包海芹，教育政策执行中的委托代理问题 [J]. 江苏高教，2004（3）：14-17.

[4] 毕进杰. 从工具走向价值：教育政策执行的理性回归 [J]. 现代教育管理，2019（10）：71-76.

[5] 班建武，余海婴. 教育政策执行难的利益分析：以北京市流动儿童义务教育政策实施为例 [J]. 教育科学，2006（3）：10-13.

[6] 陈锋，朱梦圆. 技术治理下农村低保政策的实践异化：基于 H 市 M 区农村的实地调查 [J]. 西南大学学报（社会科学版），2019（1）：38-45.

[7] 陈汉聪. 分配型教育政策执行的理论构建：以国家助学贷款政策为例 [J]. 教育发展研究，2008（Z1）：28-33.

[8] 褚宏启. 城乡教育一体化：体系重构与制度创新：中国教育二元结构及其破解 [J]. 教育研究，2009（11）：3-10.

[9] 陈丽君，傅衍. 我国公共政策执行逻辑研究述评 [J]. 北京行政学院学报，2016（5）：37-46.

[10] 陈牛则. 义务教育教师流动态度的调查与思考 [J]. 教育与经济，2012（4）：16-20.

[11] 常青，杨颖秀. 协调性：教育政策执行不可忽略的属性 [J]. 湖南师范大学教育科学学报，2010（1）：66-69.

[12] 操太圣, 卢乃桂. "县管校聘"模式下的轮岗教师管理审思 [J]. 教育研究, 2018（2）：58-63.

[13] 程天君. 从"纯粹主义"到"实用主义"：教育社会学研究方法论的新动向 [J]. 教育研究与实验, 2014（1）：5-12.

[14] 蔡文伯, 韩琦. 非正式制度规约下双语教育政策执行的实践与思考：来自新疆 X 小学的调查 [J]. 中南民族大学学报（人文社会科学版）, 2015（4）：6-11.

[15] 陈学军, 邬志辉. 教育政策执行：问题、成因及对策 [J]. 教育发展研究, 2004（9）：18-20.

[16] 邓凡. 异地高考政策执行困境与破解：基于政策网络视角的研究 [J]. 教育发展研究, 2014（5）：60-65.

[17] 董辉. 社会转型背景下美国教育政策执行研究的变迁和转向 [J]. 教育发展研究, 2013（18）：57-63.

[18] 定明捷. "反公共地悲剧"：政策执行网络困境解析 [J]. 理论探讨, 2009（2）：145-148.

[19] 杜屏, 张雅楠, 叶菊艳. 推拉理论视野下的教师轮岗交流意愿分析：基于北京市某区县的调查 [J]. 教育发展研究, 2018（4）：37-44.

[20] 邓旭. 教育政策执行的制度分析框架 [J]. 现代教育管理, 2010（7）：36-39.

[21] 邓旭. 教育政策执行研究：趋势、内容与视角：基于对中国教育政策执行研究文献的分析 [J]. 当代教育科学, 2010（5）：19-23.

[22] 邓旭. 制度视野下教育政策执行研究方法论的范式转换 [J]. 教育理论与实践, 2008（31）：18-22.

[23] 邓旭. 从教师交流政策看实施教育公平的政策逻辑 [J]. 现代教育管理, 2013（8）：46-49.

[24] 付昌奎, 邬志辉, 景风. 教育扶贫政策执行何以偏差：基于政策执行系统模型的考量 [J]. 教育与经济, 2018（3）：75-81.

[25] 佛朝晖. 县域义务教育师资均衡配置政策执行现状、问题及建

议:基于县市教育局长的调查分析[J].教育发展研究,2011(11):13-18.

[26] 范国睿,孙翠香.教育政策执行监测与评估体系的构建[J].教育发展研究,2012(5):54-60.

[27] 冯猛.政策实施成本与上下级政府讨价还价的发生机制:基于四东县休禁牧案例的分析[J].社会,2017(3):215-241.

[28] 范涌峰,宋乃庆.从重点化到特色化:改革开放40年义务教育的战略走向:公平与效率的视角[J].中国教育学刊,2018(11):8-13.

[29] 付伟,焦长权."协调型"政权:项目制运作下的乡镇政府[J].社会学研究,2015(2):98-123,243-244.

[30] 方征,谢辰."县管校聘"教师流动政策的实施困境与改进[J].教育发展研究,2016(8):72-76.

[31] 郭春甫,薛倩雯.扶贫政策执行中的形式主义:类型特征、影响因素及治理策略[J].理论与改革,2019(5):140-152.

[32] 官华.社区教育政策体系和执行网络研究[J].教育学术月刊,2019(7):21-28.

[33] 龚虹波.论公共政策执行中的目标团体不服从现象:以某市出租车司机拒交经营权及有偿使用金为例[J].宁波大学学报(人文科学版),2010(2):94-98.

[34] 高晓文,于伟.弱者的武器:教师的日常抗争策略研究[J].教师教育研究,2018(3):73-78.

[35] 郭元凯,秦燕燕.工具理性与价值理性权衡下的教育政策执行分析:以流动儿童教育政策为例[J].教育科学研究,2014(5):37-40.

[36] 黄斌,张琼文,云如先.货币性激励能提升中小学教师校际交流意愿吗?:基于7省市278所学校的调查数据[J].华东师范大学学报(教育科学版),2019(6):94-108.

[37] 胡春梅.制度分析方法与教育政策执行研究[J].教育理论与

实践, 2007 (9): 26-29.

[38] 胡春梅. 教育政策执行过程之四重特征 [J]. 教育理论与实践, 2006 (13): 21-24.

[39] 贺东航, 孔繁斌. 公共政策执行的中国经验 [J]. 中国社会科学, 2011 (5): 61-79, 220-221.

[40] 侯佛钢, 张振改. 教师参与教育政策执行的价值与路径探索 [J]. 国家教育行政学院学报, 2013 (8): 56-60.

[41] 贺文洁, 李琼, 叶菊艳, 卢乃桂. "人在心也在": 轮岗交流教师的能量发挥效果及其影响因素研究 [J]. 教育学报, 2019 (2): 58-65.

[42] 侯云. 流动儿童义务教育政策执行的复杂性: 基于政策网络视角的研究 [J]. 教育科学研究, 2012 (7): 38-41.

[43] 胡业飞, 崔杨杨. 模糊政策的政策执行研究: 以中国社会化养老政策为例 [J]. 公共管理学报, 2015 (2): 93-105.

[44] 姜超. 教师交流政策执行嵌入在什么关系中?: 基于天增县的田野考察 [J]. 教育学术月刊, 2019 (5): 54-62.

[45] 姜超, 邬志辉. 校长教师交流轮岗机制: 类型、评价和建议 [J]. 现代教育管理, 2015 (11): 80-85.

[46] 姜超, 邬志辉. "县管校聘" 教师人事制度改革的政策前提与风险 [J]. 四川师范大学学报 (社会科学版), 2015 (6): 57-62.

[47] 江凤娟, 海路, 苏德. 从政策文本到学校行动: 双语教育政策执行偏差研究: 以广西壮族自治区为个案 [J]. 民族教育研究, 2018 (5): 31-41.

[48] 蒋园园. 教育政策执行简单抑或复杂: 来自个案的思考 [J]. 教育理论与实践, 2016 (31): 16-20.

[49] 蒋园园. 西方教育政策执行研究的三次浪潮和面对的新方向 [J]. 现代教育管理, 2011 (10): 57-60.

[50] 蒋园园. 教育政策执行复杂性研究: 复杂理论的视角 [J]. 教育发展研究, 2011 (7): 10-14.

[51] 李炳珊. 情理社会视角下教育政策执行的表现形态与特征研究[J]. 教育理论与实践, 2013（10）: 22-25.

[52] 李潮海, 徐文娜. 校长教师交流的困境分析与实践建构[J]. 中国教育学刊, 2015（1）: 16-19.

[53] 李春玲. 中国社会分层与流动研究70年[J]. 社会学研究, 2019（6）: 27-40.

[54] 刘春梅. 失衡与制衡: 教育政策执行的困境与消解[J]. 教育研究与实验, 2011（4）: 75-77.

[55] 吕方, 梅琳. "精准扶贫"不是什么？: 农村转型视阈下的中国农村贫困治理[J]. 新视野, 2017（2）: 35-40.

[56] 李根, 葛新斌. 义务教育教师绩效工资政策执行困境及其突破[J]. 教育发展研究, 2014（4）: 41-46.

[57] 李刚, 王红蕾. 混合方法研究的方法论与实践尝试: 共识、争议与反思[J]. 华东师范大学学报（教育科学版）, 2016（4）: 98-105.

[58] 李国强, 袁舒雯, 林耀. "县管校聘"跨校交流教师归属感问题研究[J]. 教育发展研究, 2019（2）: 78-84.

[59] 李茂森. "县管校聘"实施方案研究与再思考: 基于浙、皖、粤、鲁、闽等5省"县管校聘"改革实施意见的内容分析[J]. 教育发展研究, 2019（2）: 67-72.

[60] 刘惠. 学校日常生活中的政策呈现: 教育政策执行研究的新立场[J]. 教育科学研究, 2018（4）: 36-40.

[61] 刘惠. 教育政策执行研究: 内容、理论及发展趋势: 基于文献综述的分析[J]. 教育科学研究, 2015（6）: 35-39.

[62] 刘焕, 吴建南, 徐萌萌. 不同理论视角下的目标偏差及影响因素研究述评[J]. 公共行政评论, 2016（1）: 151-171.

[63] 李汉林, 渠敬东. 制度规范行为: 关于单位的研究与思考[J]. 社会学研究, 2002（5）: 1-22.

[64] 李孔珍. 义务教育绩效工资政策执行模式分析: 基于学校组织

变革的视角［J］. 中国教育学刊，2013（6）：28-31.

［65］李玲，陈宣霖，蒋洋梅. 教育政策执行研究的三种视角及其比较［J］. 外国教育研究，2018（12）：89-99.

［66］柳丽娜，朱家存，周兴国. 县域教师编制动态管理中的"撇脂"现象及其矫正［J］. 教育发展研究，2018（2）：55-61.

［67］李棉管. 自保式低保执行：精准扶贫背景下石村的低保实践［J］. 社会学研究，2019（6）：188-212.

［68］李棉管. 技术难题、政治过程与文化结果："瞄准偏差"的三种研究视角及其对中国"精准扶贫"的启示［J］. 社会学研究，2017（1）：217-241.

［69］刘水云，赵彬. 随迁子女教育政策执行偏差的多维度分析［J］. 教育学报，2019（4）：51-58.

［70］雷万鹏，王浩文. 真实情境中教师的差异化行为：S县"联校走教"政策十年观察［J］. 华东师范大学学报（教育科学版），2019（4）：129-141.

［71］雷万鹏，徐璐. 城镇化背景下农民工子女就学地选择意愿及其影响因素研究［J］. 华中师范大学学报（人文社会科学版），2016（6）：150-158.

［72］雷万鹏，张婧梅. 学校布局调整应回归教育本位：对学校撤并标准的实证分析［J］. 教育研究与实验，2010（3）：6-10.

［73］李先军. 城乡教师交流轮岗政策的失真与对策［J］. 教育科学研究，2019（2）：82-86.

［74］李燕，母睿，朱春奎. 政策沟通如何促进政策理解？：基于政策周期全过程视角的探索性研究［J］. 探索，2019（3）：122-134.

［75］刘应杰. 中国城乡关系演变的历史分析［J］. 当代中国史研究，1996（2）：1-10.

［76］李宜江. 城乡教师交流政策实施中问题与对策：基于对安徽省A县的调研分析［J］. 中国教育学刊，2011（8）：5-8.

[77] 李子芬. 义务教育师资"无校籍"管理制度构建 [J]. 中国教育学刊, 2012 (4): 15-18.

[78] 马焕灵, 景方瑞. 地方中小学教师轮岗制政策失真问题管窥 [J]. 教师教育研究, 2009 (2): 61-64.

[79] 马红梅, 雷万鹏, 钱佳. 教师工作环境的经济价值: 基于地区经济地理特征的工资成本补偿 [J]. 华东师范大学学报（教育科学版）, 2018 (5): 129-137.

[80] 聂军, 黄强. 县级政府维稳的政策规避行为分析: 基于委托—代理的视角 [J]. 社会主义研究, 2015 (2): 63-69.

[81] 秦金梅, 吴晓东. 云南省农村义务教育学生营养改善计划政策执行情况研究 [J]. 云南民族大学学报（哲学社会科学版）, 2019 (4): 145-153.

[82] 全世文. 教师交流轮岗制度的政策成本估算: 基于对河南省城镇教师的调查 [J]. 教育与经济, 2018 (5): 73-81.

[83] 乔雪峰, 卢乃桂. 跨边界能量再生与扩散: 跨校专业学习共同体中的教育能动者 [J]. 教育发展研究, 2017 (24): 1-7.

[84] 孙科技. 教育政策执行碎片化及其防治策略: 一个整体性治理的视角 [J]. 教育发展研究, 2018 (1): 33-38.

[85] 宋林霖, 彭丰民. 横向府际间公共政策执行博弈的困境: 以集体行动的逻辑为视角 [J]. 国家行政学院学报, 2011 (4): 60-65.

[86] 宋萍萍, 黎万红. 轮岗教师的共同体实践: 样态及其优化 [J]. 教育发展研究, 2018 (4): 45-50.

[87] 宋萍萍, 黎万红. 轮岗交流政策中的教师参与: 基于上海市一所小学的个案研究 [J]. 教育科学, 2017 (6): 38-42.

[88] 沈湘平. 理性范式、人的发展阶段与"理性经济人"假设 [J]. 社会科学, 2002 (2): 33-37.

[89] 司晓宏, 杨令平. 西部县域校长教师交流轮岗政策执行中的问题与对策 [J]. 教育研究, 2015 (8): 74-80.

[90] 邵忠祥，范涌峰，宋乃庆，凌琳. 农村义务教育学生营养改善计划政策执行的影响因素与对策建议［J］. 西南大学学报（社会科学版），2016（6）：145-153.

[91] 田汉族，戚瑜杰，李丹华. 北京市义务教育教师交流的现状、问题与对策建议［J］. 教育科学研究，2014（12）：24-30.

[92] 唐克，陈楠. 社区教育政策执行成效及其影响因素：以成都市温江区社区教育政策执行现状为例［J］. 现代远距离教育，2012（5）：34-39.

[93] 谭秋成. 农村政策为什么在执行中容易走样［J］. 中国农村观察，2008（4）：2-17.

[94] 吴回生. 减除"个体选择"：学校提高教育政策执行效率的关键［J］. 华南师范大学学报（社会科学版），2013（2）：29-32.

[95] 王明. 理解课程改革中的"教师阻抗"：公共政策执行的视角［J］. 教育理论与实践，2017（25）：55-60.

[96] 吴木銮. 我国政策执行中的目标扭曲研究：对中国四次公务员工资改革的考察［J］. 公共管理学报，2009（3）：32-39.

[97] 王宁. 代表性还是典型性：个案的属性与个案研究方法的逻辑基础［J］. 社会学研究，2002（5）：123-125.

[98] 魏姝. 政策类型与政策执行：基于多案例比较的实证研究［J］. 南京社会科学，2012（5）：55-63.

[99] 汪伟全. 论公共决策中的政党因素［J］. 理论探讨，2007（4）：148-151.

[100] 伍新春，齐亚静，臧伟伟. 中国中小学教师职业倦怠的总体特点与差异表现［J］. 华南师范大学学报（社会科学版），2019（1）：37-42，189-190.

[101] 王玉琼. "政策领导力"及其解读：以社会保障性住房政策为例［J］. 中国行政管理，2010（6）：65-68.

[102] 王智超，杨颖秀. 治理理论视域下教育政策执行滞后问题的

思考［J］.湖南师范大学教育科学学报，2010（4）：18-22.

［103］王智超，杨颖秀.教育政策执行滞后问题的深层思考［J］.教育理论与实践，2009（16）：19-22.

［104］王正惠.教师交流政策目标悬置分析：基于国家试验区的调查研究［J］.教育发展研究，2015（18）：27-34.

［105］邬志辉.城乡教育一体化：问题形态与制度突破［J］.教育研究，2012（8）：19-24.

［106］邬志辉，陈昌盛.我国义务教育阶段教师编制供求矛盾及改革思路［J］.教育研究，2018（8）：88-100.

［107］薛二勇，徐友礼.教育督导的制度创新与实施路径：山东省潍坊市教育政策执行过程研究［J］.中国教育学刊，2017（4）：44-49.

［108］邢俊利，葛新斌.我国西部边远地区教师轮岗政策的执行困境与破解：基于西藏教师轮岗政策执行的调查分析［J］.教师教育研究，2018（6）：31-36.

［109］夏茂林，冯文全.定期轮换制度下流动教师利益补偿机制探讨［J］.教师教育研究，2011（1）：39-43.

［110］辛治洋，朱家存.无校籍管理：价值诉求与政策审思：以安徽省芜湖市弋江区为个案［J］.教育科学研究，2018（8）：18-23.

［111］杨程.民办教育分类管理政策执行的制约因素与破解路径：基于史密斯政策执行过程模型的分析［J］.河南大学学报（社会科学版），2019（5）：121-127.

［112］阎光才.政策情境、组织行动逻辑与个人行为选择：四十年来项目制的政策效应与高校组织变迁［J］.高等教育研究，2019（7）：33-45.

［113］叶怀凡.义务教育教师绩效工资政策的执行偏差与矫正［J］.中国教育学刊，2016（4）：31-36.

［114］衣华亮，苏晓佳，徐西光.转型期教育政策执行偏离探析：政策网络视角［J］.江苏高教，2017（7）：14-18.

[115] 杨红霞，戴国强，洪艳萍. 高效与桎梏的矛盾：科层制下教育政策执行分析：以"营改计划"为例［J］. 中国教育学刊，2019（7）：62-67.

[116] 姚佳胜. 城乡教育一体化视域下的政策执行反思：以云南省M县撤点并校为例［J］. 教育科学研究，2019（3）：32-36.

[117] 叶菊艳，卢乃桂. "能量理论"视域下校长教师轮岗交流政策实施的思考［J］. 教育研究，2016（1）：55-62.

[118] 于建嵘. 当前压力维稳的困境与出路：再论中国社会的刚性稳定［J］. 探索与争鸣，2012（9）：3-6.

[119] 尹利民，穆冬梅. 权力与规则：集体行动的组织学分析框架［J］. 江西社会科学，2015（10）：201-206.

[120] 英明，魏淑艳. 府际关系：公共政策执行的关键变量［J］. 广西社会科学，2017（12）：123-128.

[121] 姚荣. 农村中小学布局调整政策执行过程中地方政府的行动逻辑［J］. 教育理论与实践，2014（7）：17-21.

[122] 岳伟，于利晶. "两为主"政策执行失真的原因及对策研究［J］. 教育理论与实践，2013（17）：9-12.

[123] 杨卫安，袁媛. 义务教育教师编制"市域调剂"的障碍与改革思路［J］. 中国教育学刊，2019（8）：35-38.

[124] 姚翔，刘亚荣. 义务教育教师绩效工资政策执行现状及其治理：基于29省市教育局长和督学的调查［J］. 现代教育管理，2018（8）：86-91.

[125] 杨雪冬. 压力型体制：一个概念的简明史［J］. 社会科学，2012（11）：4-12.

[126] 叶响裙. 论政策执行中目标群体的策略行为［J］. 华东经济管理，2014（7）：114-117.

[127] 张春海. 羁绊与前行：民族地区教育政策执行过程的田野研究［J］. 西北师大学报（社会科学版），2019（3）：70-75.

[128] 周飞舟. 从汲取型政权到"悬浮型"政权：税费改革对国家与农民关系之影响 [J]. 社会学研究, 2006 (3)：1-38.

[129] 朱光喜. 公共政策执行：目标群体的遵从收益与成本视角：以一项农村公共产品政策在三个村的执行为例 [J]. 云南行政学院学报, 2011 (2)：41-46.

[130] 朱洪洋. 隐念与执行者：教育政策执行研究新进路 [J]. 华东师范大学学报（教育科学版）, 2019 (6)：131-136.

[131] 朱家存, 马兴. 城乡教师编制管理：从无校籍走向一体化 [J]. 教育研究与实验, 2018 (6)：76-80.

[132] 张建伟, 王光明. 教师交流轮岗政策实施研究：基于天津市16个区县的样本分析 [J]. 教育理论与实践, 2018 (29)：32-35.

[133] 张善鑫. 试论民族教育政策执行中的两难 [J]. 当代教育与文化, 2014 (6)：39-43.

[134] 张体委. 资源、权力与政策网络结构：权力视角下的理论阐释 [J]. 公共管理与政策评论, 2019 (1)：78-88.

[135] 张天雪, 李娜, 陈小静. 我国儿童教育政策执行的实效性分析与对策 [J]. 现代教育管理, 2011 (2)：62-65.

[136] 赵文学, 王寰安. 对义务教育教师"县管校聘"制度的思考 [J]. 教学与管理, 2019 (2)：4-6.

[137] 张欣. 精准扶贫中的政策规避问题及其破解 [J]. 理论探索, 2017 (4)：86-92.

[138] 周雪光. 基层政府间的"共谋现象"：一个政府行为的制度逻辑 [J]. 社会学研究, 2008 (6)：1-21.

[139] 朱小蔓, 李敏. "以县为主"农村义务教育管理体制下的教师专业管理 [J]. 教育发展研究, 2008 (2)：39-43.

[140] 庄西真. 教育政策执行的社会学分析：嵌入性的视角 [J]. 教育研究, 2009 (12)：19-24.

[141] 张英魁. 影响教育政策执行的内部因素分析 [J]. 教育评论,

2007 (2): 3-6.

[142] 朱益明. 中小学教师人事制度改革：问题、思路与建议 [J]. 教育发展研究, 2005 (17): 66-70.

[143] 张源源, 刘善槐. 县域内教师交流的机制梗阻与政策重建 [J]. 中国教育学刊, 2016 (10): 97-102.

[144] 周兆海, 邬志辉. 工作量视角下义务教育教师编制标准研究：以农村小规模学校为例 [J]. 中国教育学刊, 2014 (9): 1-6.

[145] ONWUEGBUZIE A J, COLLINS K M T. A typology of mixed methods sampling designs in social science research [J]. Qualitative report, 2007, 12 (2): 281-316.

[146] JOHNSON B, ONWUEGBUZIE A. Mixed methods research: a research paradigm whose time has come [J]. Educational researcher, 2004, 33 (7): 14-26.

[147] BARRETT S M. Implementation studies: time for a revival? personal reflections on 20 years of implementation studies [J]. Public administration, 2004, 82 (2): 249-262.

[148] DOLTON P, KLAAUW D W V D. Leaving teaching in the UK: a duration analysis [J]. The economic journal, 1995, 105 (429): 431-444.

[149] GOGGIN M L, BOWMAN A O, LESTER J P, et al. Implementation theory and practice: toward a third generation [J]. American political science review, 1991, 85 (1): 267-268.

[150] GUNN L A. Why is implementation so difficult [J]. Management services in government, 1978, 33 (4): 169-176.

[151] HANUSHEK E A, KAIN J F, RIVKIN S G. Why public schools lose teachers [J]. The journal of human resources, 2004, 39 (2): 326-354.

[152] JOHNSON R B, ONWUEGBUZIE A J, TURNER L A. Toward a definition of mixed methods research [J]. Journal of mixed methods research, 2007, 1 (2): 112-133.

[153] LADD H F. Teachers' perceptions of their working conditions: how predictive of planned and actual teacher movement? [J]. Educational evaluation & policy analysis, 2011, 33 (2): 235-261.

[154] LESTER J P, BOWMAN A O, GOGGIN M L, et al. Public policy implementation: evolution of the field and agenda for future research [J]. Review of policy research, 1987, 7 (1): 200-216.

[155] LI M, WALKER R. Targeting social assistance: dibao and institutional alienation in rural China [J]. Social policy & administration, 2018, 52 (3): 771-789.

[156] LINDER S H, PETERS B G. A design perspective on policy implementation: the fallacies of misplaced prescription [J]. Review of policy research, 1987, 6 (3): 459-475.

[157] LOEB S, DARLING-HAMMOND L, LUCZAK J. How teaching conditions predict teacher turnover in California schools [J]. Peabody journal of education, 2005, 80 (3): 44-70.

[158] LOWI T J. Four systems of policy, politics, and choice [J]. Public administration review, 1972, 32 (4): 298-310.

[159] MATLAND R E. Synthesizing the implementation literature: the ambiguity-conflict model of policy implementation [J]. Journal of public administration research and theory, 1995, 5 (2): 145-174.

[160] GRANOVETTER M. Economic action and social structure: the problem of embeddedness [J]. American journal of sociology, 1985, 91 (3): 481-510.

[161] NAKAMURA R T. The textbook policy process and implementation research [J]. Policy studies review, 1987, 7 (1): 142-154.

[162] NELSON R R. Public policy: an introduction to the theory and practice of policy analysis [J]. Journal of policy analysis & management,

1997, 16 (1): 176-178.

[163] O'TOOLE L J. Rational choice and policy implementation: implications for interorganizational network management [J]. The American review of public administration, 1995, 25 (1): 43-57.

[164] SABATIER P A, MAZMANIAN D A. The conditions of effective implementation: a guide to accomplishing policy objectives [J]. Policy analysis, 1979, 5 (4): 481-504.

[165] SABATIER P A. Top-down and bottom-up approaches to implementation research: a critical analysis and suggested synthesis [J]. Journal of public policy, 1986, 6 (1): 21-48.

[166] PALANITHURAI G. Good governance at grassroots [J]. Indian journal of political science, 2005, 66 (2): 79-93.

[167] RESH W G, MARVEL J D. Loopholes to load-shed: contract management capacity, representative bureaucracy, and goal displacement in federal procurement decisions [J]. International public management journal, 2012, 15 (4): 525-547.

[168] DELEON P. The missing link revisited: contemporary implementation research [J]. Policy studies review, 1999, 16 (3/4): 311-338.

[169] BALL S J, MAGUIRE M, BRAUN A, et al. Policy actors: doing policy work in schools [J]. Discourse studies in the cultural politics of education, 2011, 32 (4): 625-639.

[170] SMITH T B. The policy implementation process [J]. Policy sciences, 1973, 4 (2): 197-209.

附　　录

_____县（区、市）_____镇（乡）_____学校

S市基础教育教师"县管校聘"政策调查（教师问卷）

尊敬的教师：

　　您好！本问卷主要是想了解基础教育教师"县管校聘"政策执行现状与问题，分析其成因，以完善"县管校聘"政策。本问卷答案没有对错之分，结果只用于学术研究。请根据实际情况在与实际情况相符合的选项上打"√"或填答，谢谢！

S市"县管校聘"政策研究课题组
二〇一九年十二月

一、基本信息

　　A1. 您的性别是_____。　　①男　②女

　　A2. 您的婚姻状况是_____。　　①未婚　②已婚　③离异

　　A3. 您的民族是_____。　　①汉族　②少数民族_____（请填写）

　　A4. 您今年_____岁，教龄有_____年，共在_____所学校工作过，已在当前学校工作_____年。

　　A5. 您今年是否担任班主任？　　①是　②否

　　A6. 您今年主要教_____年级。　　①高三　②高二　③高一

④九年级　⑤八年级　⑥七年级　⑦六年级　⑧五年级　⑨四年级　⑩三年级　⑪二年级　⑫一年级　⑬幼儿园

A7. 您今年主要任教科目是_____。（限选 1 项）
①语文　②数学　③英语　④化学　⑤物理　⑥音乐　⑦美术　⑧历史　⑨生物　⑩信息技术　⑪体育　⑫政治/思想品德　⑬地理　⑭心理　⑮科学　⑯综合实践活动　⑰其他

A8. 您今年兼任职务有_____。　①无兼任　②中层干部　③校级领导　④其他_____（请说明）

A9. 您现在的职称是_____。　①暂未评级　②三级（中教三级，小教二、三级）　③二级（中教二级，小教一级）　④一级（中教一级，小教高级）　⑤高级（中教高级）　⑥正高级

A10. 您截至目前所获得的荣誉称号中，最高级别的荣誉是_____。
①国家级　②省级　③地市级　④县级　⑤校级　⑥未获得

A11. 您是骨干教师吗？　①是　②否

A12. 您的专业技术岗位级别是_____。　①未定级　②初级　③中级　④高级

A13. 您目前的年收入（含工资、津贴、绩效等）_____万元/年，山区和农村边远地区教师生活补助_____元/月。（无则填 0）

A14. 你觉得家里的经济状况在本地属于：　①非常好　②比较好　③一般　④比较差　⑤非常差

A15. 您有_____教师资格证？　①无　②幼儿园　③小学　④初中　⑤高中　⑥其他

A16. 您获取第一学历时所学的专业是_____。（限选 1 项）
①中文　②数学　③英语　④化学　⑤物理　⑥音乐　⑦美术　⑧历史　⑨生物　⑩计算机　⑪体育　⑫政治　⑬地理　⑭学前教育　⑮特殊教育　⑯小学教育　⑰其他_____（请填写）

A17. 您的最高学历是_____，您配偶的最高学历是_____（请填空）。

①高中（中专中师）及以下 ②大学专科 ③大学本科 ④研究生 ⑤无配偶

A18. 您是_____。①师范专业毕业生 ②非师范专业毕业生

A19. 您配偶的职业是_____。①无配偶 ②农民 ③工人 ④商业服务人员 ⑤个体户 ⑥办事人员（如政府普通公务员） ⑦专业技术人员（如教师、医生、律师等） ⑧私营企业老板 ⑨经理（大中型企业管理者） ⑩党政机关单位领导干部 ⑪待业/失业/退休人员

A20. 您家里的亲戚朋友中有以下类型的职业人员吗？（请打钩）

	没有	有一些	有很多
①党政机关单位领导干部	☐	☐	☐
②经理（大中型企业管理者）	☐	☐	☐
③私营企业老板（如自己开公司、开厂）	☐	☐	☐
④专业技术人员（如教师、医生、律师等）	☐	☐	☐
⑤办事人员（如政府普通公务员）	☐	☐	☐
⑥个体户或商业人员（如做小生意、开店等）	☐	☐	☐
⑦商业服务人员（如营业员、店员、服务员等）	☐	☐	☐
⑧工人（如建筑工人、工厂工人）	☐	☐	☐
⑨农民	☐	☐	☐
⑩待业/失业/退休人员	☐	☐	☐

A21. 未来，您有离开现在学校的打算吗？

①有 →
> 您打算到_____就业。
> A. ①本县 ②外县
> B. ①教育系统 ②其他行业
> C. ①公办学校 ②民办学校 ③其他
> D. ①县城学校 ②乡镇学校 ③乡村学校

②无

A22. 您认为教师参与流动，最大的担忧或顾虑是_____。①觉得没面子 ②距离远，食宿、交通不便 ③不适应新学校新学

生　④人际关系和工作氛围变化　⑤影响照顾家庭和子女教育　⑥影响职称评定　⑦影响自身专业成长　⑧收入和福利待遇的变化　⑨其他

二、"县管校聘"政策实施信息

B1. 贵县是否全面实施了"县管校聘"政策？
①未全面实施　　②2018年全面实施　③2019年全面实施

B2. 您是否经历了"县管校聘"政策？
①是　请跳至B4
②否　请回答B3—B9，B21—B22

B3. 如果要实施"县管校聘"政策，您打算　①离开原工作学校　②留在原工作学校

B4. 在本县学校中，您最希望任职的学校是_____、_____、_____。（限填3所）

B5. 县级"县管校聘"政策制定是否征求过您的意见？　①是　②否

B6. 您了解本县"县管校聘"政策吗？　①不了解　②不太了解　③一般　④比较了解　⑤了解

B7. 您是通过哪种方式了解本县的"县管校聘"政策的？
①座谈会　②参与政策制定　③学校教师大会　④纸质文件　⑤网络（微信、QQ）　⑥其他

B8. 您对本县实施"县管校聘"政策的态度　①反对　②较反对　③一般　④较支持　⑤支持

B9. 您满意本县"县管校聘"政策吗？　①不满意　②不太满意　③一般　④比较满意　⑤满意

B10. 您觉得本县"县管校聘"政策的效果　①利大于弊　②不好说　③弊大于利

B11. 在"县管校聘"政策最初实施时，您打算　①离开原工作学校　②留在原工作学校

B12. 下表旨在了解您对"县管校聘"政策实施第一年各个环节的参与度与满意度。对于在政策实施过程中变换工作地点的教师而言，本表主要询问原工作学校实施情况。

	参与	未参与	不满意	不太满意	一般	比较满意	满意
制定学校"县管校聘"实施方案	1	0	1	2	3	4	5
制定学科岗位说明书	1	0	1	2	3	4	5
制定考核评分细则	1	0	1	2	3	4	5
校内直聘	1	0	1	2	3	4	5
校内竞聘	1	0	1	2	3	4	5
跨校竞聘	1	0	1	2	3	4	5
组织调剂	1	0	1	2	3	4	5

B13. 在"县管校聘"政策实施第一年，您原任职学校聘用考核评分小组成员是如何产生的？

①校长提名　②教师推荐　③教师报名　④不知道　⑤其他_____（请说明）

B14. 在"县管校聘"政策实施第一年，您原任职学校的校内竞聘考核方式是_____。

①量化评分　②面试试讲　③量化评分+面试试讲　④不知道　⑤其他_____（请说明）

B15. 在"县管校聘"政策实施第一年，您是否知道自己在原学校校内竞聘考核结果？

①未参与竞聘　②不知道排名和分值　③只知道排名，不知道分值　④知道排名和分值

B16. 您了解自己的校内竞聘考核结果（排名或分值）的计算细节吗？

①非常不了解　②不太了解　③一般了解　④比较了解　⑤非常

了解

B17. 在"县管校聘"政策实施之初，您认为影响原学校教师聘任与否的主要因素有＿＿＿＿。（可多选）

①校长意愿　②教师意愿　③教师业绩或能力　④教师校内人缘　⑤教师社会关系　⑥其他

B18. 您觉得原学校聘任的教师名单是否符合学校公布的聘任考核规则？

①完全不符合　②少部分符合　③大部分符合　④完全符合

B19. 您觉得＿＿＿＿应该负责教师竞聘考核评分。　①学校　②教育局　③第三方机构　④其他＿＿＿＿（请说明）

B20. 在最近一周（7 天），您总共花费了多长时间在工作上？（　）小时。

B21. 若将您一周工作时间看作100%，一周内下列工作占到您工作时间的百分之几？

①学校行政管理＿＿＿＿　②教学＿＿＿＿　③学生指导＿＿＿＿　④个人学习＿＿＿＿　⑤参加上级部门会议及应付检查＿＿＿＿　⑥其他＿＿＿＿

三、教师流动信息

C1. 在"县管校聘"政策实施后，您工作的学校是否发生变化？

①是──请继续回答下面题目

②否──请跳至 C22 题

C2. 您现在的人事关系在＿＿＿＿。①原学校　②现学校　③教育局　④其他

C3. 您为什么参与流动？（可多选）①服从政策安排　②工作地点离家近　③个人专业发展　④交通便利　⑤交流补贴　⑥评职称　⑦在原来学校的工作不愉快　⑧挑战自我　⑨其他

C4. 您流动前工作学校的名称是＿＿＿＿。

C5. 您在流动前学校的兼任职务是_____。 ①无兼任 ②中层干部 ③校级领导 ④其他

C6. 您流动前主要任教的科目是_____。（限选1项）
①语文 ②数学 ③英语 ④化学 ⑤物理 ⑥音乐 ⑦美术 ⑧历史 ⑨生物 ⑩信息技术 ⑪体育 ⑫政治/思想品德 ⑬地理 ⑭心理 ⑮科学 ⑯综合实践活动 ⑰其他

C7. 您流动前主要教_____年级。 ①高三 ②高二 ③高一 ④九年级 ⑤八年级 ⑥七年级 ⑦六年级 ⑧五年级 ⑨四年级 ⑩三年级 ⑪二年级 ⑫一年级 ⑬幼儿园

C8. 在流动期间，您的住房问题是如何解决的?_____。
①自费租房 ②学校或政府补贴租房 ③自购当地教师周转房 ④住在学校宿舍 ⑤住在家里 ⑥借住在学校当地亲戚家 ⑦自购商品房 ⑧自购限价房

C9. 您觉得您归属于_____。 ①原任职学校 ②现任职学校 ③教育局 ④无归属感

C10. 您参与交流的形式是_____。
①岗位竞聘交流（关系随人走）——→请跳至C15
②轮岗交流（人走关系不动）——→请回答C12—C14

C11. 您参与轮岗交流的模式是_____。
①跟岗学习 ②对口交流 ③支教交流 ④挂职交流 ⑤其他_____（请说明）

C12. 您目前有因参与流动而产生额外的费用吗？ ①是 ②否

C13. 您产生的额外费用中包括交通费_____元/月、伙食费_____元/月、住宿费（如租房）_____元/月、通信费_____元/月、保姆费_____元/月、其他费用_____元/月。（无则填0）

C14. 您目前因参与流动而直接获得的补贴平均约为_____元/月。（无则填0）

C15. 您属于_____教师。
①跨校竞聘　请回答C16—C18，C21，C25

②组织调剂　　　请回答 C19—C21，C25

C16. 您是哪一年参与跨校竞聘到本校工作的？　①2018 年　②2019 年

C17. 在跨校竞聘阶段，您是否知道自己在跨校竞聘考核中的详细结果？

①不知道排名和分值　②只知道排名，不知道分值　③知道排名和分值

C18. 您了解自己跨校竞聘考核结果（排名或分值）的产生过程吗？

①非常不了解　②不太了解　③一般了解　④比较了解　⑤非常了解

C19. 您对组织调剂的结果是否满意？

①不满意　②不太满意　③一般　④比较满意　⑤满意

C20. 在组织调剂过程中，县教育局是否征询过您的意向？　①是　②否

C21. 请认真阅读每句话，选择最能反映您看法或感受的选项，并在相应数字上划"√"。

	完全不符合	不太符合	基本符合	比较符合	完全符合
1. 我真希望自己在另一所学校工作	1	2	3	4	5
2. 我在学校里很有主人翁的感觉	1	2	3	4	5
3. 我为自己在这所学校工作而自豪	1	2	3	4	5
4. 我在学校里有如鱼得水的感觉	1	2	3	4	5
5. 有时候我觉得自己不属于这个学校	1	2	3	4	5
6. 我乐意成为学校里的一分子	1	2	3	4	5
7. 在学校里我感到很开心	1	2	3	4	5
8. 在学校里我感觉和领导、同事、学生很亲近	1	2	3	4	5

续表

	完全不符合	不太符合	基本符合	比较符合	完全符合
9. 我在学校里感到很安全	1	2	3	4	5
10. 学校里的领导是公平对待每位教师的	1	2	3	4	5
11. 我喜欢我所在的这所学校	1	2	3	4	5
12. 我在学校的工作成绩不错	1	2	3	4	5
13. 我愿意跟别人谈论自己的学校	1	2	3	4	5
14. 我关心学校将来的发展	1	2	3	4	5
15. 我喜欢让别人知道我在这所学校工作	1	2	3	4	5

C22. 您是通过_____方式留在原学校的。 ①校内直聘 ②校内竞聘

C23. 在您现在任教的学校中，是否有因"县管校聘"政策或教师轮岗交流政策来的同事？（可多选）

①有轮岗交流来的教师 ②有轮岗交流来的校长 ③有竞聘交流来的教师 ②有竞聘交流来的校长 ⑤无 ⑥其他_____

若上题选"⑤无"，请跳至第 C25 题。

C24. 若贵校有因"县管校聘"政策或教师轮岗交流政策来的校长或教师等，据您观察，他们在贵校是否从事了如下工作？请在合适的选项上打"√"。

工作内容	从无	偶尔	一般	经常	常态
（1）帮助有学习障碍、社会和行为问题的学生学习	①	②	③	④	⑤

（2）	根据所教授学生的情况开发课程和学习资源	① ② ③ ④ ⑤
（3）	收集学生对教学的反馈	① ② ③ ④ ⑤
（4）	根据当地学生情况提高教学质量	① ② ③ ④ ⑤
（5）	参与教师专业发展活动	① ② ③ ④ ⑤
（6）	担任新教师/实习生等的师傅	① ② ③ ④ ⑤
（7）	在师傅的引领下开展教育教学活动	① ② ③ ④ ⑤
（8）	参与听评课活动	① ② ③ ④ ⑤
（9）	参与校本课程和学习项目的开发	① ② ③ ④ ⑤
（10）	参与集体备课、制定教学计划	① ② ③ ④ ⑤
（11）	为本校发展献计献策	① ② ③ ④ ⑤
（12）	为本校发展引入外援	① ② ③ ④ ⑤
（13）	就学生学习与家长沟通	① ② ③ ④ ⑤
（14）	与社区机构和商业机构进行沟通	① ② ③ ④ ⑤
（15）	参与协调全区/县范围举办的学生活动	① ② ③ ④ ⑤
（16）	参与协调全区/县范围举办的教师发展活动	① ② ③ ④ ⑤
（17）	其他_____	① ② ③ ④ ⑤

C25. 若贵校有因"县管校聘"政策或教师轮岗交流政策来的校长或教师等，据您观察，您觉得他们对贵校发展产生了怎样的作用？请在合适的选项上打"√"。

　　　　　　　　　　　　　　　　没有　很小　一般　颇多　非常多
（1） 提升了学校办学质量　　　　　①　　②　　③　　④　　⑤
（2） 明确了办学愿景和目标　　　　①　　②　　③　　④　　⑤
（3） 为学校发展注入了新的活力　　①　　②　　③　　④　　⑤

(4) 提升了课堂教学质量	①	②	③	④	⑤
(5) 提升了学科整体教学质量	①	②	③	④	⑤
(6) 提升了学生学业成绩	①	②	③	④	⑤
(7) 改善了学生课堂学习风气	①	②	③	④	⑤
(8) 与家长建立了信任支持关系	①	②	③	④	⑤
(9) 促进了校内教师的交流和合作	①	②	③	④	⑤
(10) 改善了校内人际关系	①	②	③	④	⑤
(11) 改善了学校与当地社区的关系	①	②	③	④	⑤
(12) 为学校发展带来更多办学资源	①	②	③	④	⑤
(13) 为学校发展带来更多专业援助力量	①	②	③	④	⑤
(14) 为教师带来更多发展和晋升机会	①	②	③	④	⑤
(15) 提升了教师士气	①	②	③	④	⑤
(16) 其他_____	①	②	③	④	⑤

C26. 请认真阅读每句话，根据该句话与您实际情况相符合的程度在相应选项中划"√"。

	从不如此	很少如此	有时如此	经常如此
1. 我感到自己的感情已经在工作中耗尽了。	1	2	3	4
2. 每天下班时，我通常感到已经精疲力竭了。	1	2	3	4
3. 早上起床的时候我感到很疲劳，还是不得不面对新一天的工作。	1	2	3	4
4. 整天做与人打交道的工作实在是对我的考验。	1	2	3	4
5. 我感到工作使我精疲力竭。	1	2	3	4
6. 工作中我经常有挫折感。	1	2	3	4
7. 我感到自己工作太努力。	1	2	3	4

续表

	从不如此	很少如此	有时如此	经常如此
8. 与人直接打交道给我增加了许多压力。	1	2	3	4
9. 我感到自己好像已经竭尽全力了。	1	2	3	4
10. 自从我干了这份工作后，就变得对人冷淡了。	1	2	3	4
11. 我担心这份工作会使我变得感情麻木。	1	2	3	4
12. 我感到学生们会把自己的一些问题归咎于我。	1	2	3	4
13. 我总是很有效地处理学生的问题。	1	2	3	4
14. 我感到精力很充沛。	1	2	3	4
15. 与学生相处时，我很容易创造轻松的气氛。	1	2	3	4
16. 能够与学生一起工作我感到很高兴。	1	2	3	4
17. 在工作中我完成了许多有价值的事。	1	2	3	4
18. 在工作中我能很镇静地应对一些情绪问题。	1	2	3	4
19. 在工作中我没有挫折感	1	2	3	4

问卷到此结束，谢谢您！

_____县（区、市）_____镇（乡）_____学校

S 市基础教育教师"县管校聘"政策调查（校长问卷）

尊敬的校长：

您好！为了解"县管校聘"政策实施的基本状况，我们设计了以下问卷。请您根据真实情况回答，请在横线上填空或在相应选项上打"√"。如未特别说明，题目一般为单项选择题。所有信息仅供学术研究之用。衷心感谢您的配合与支持。

S 市"县管校聘"政策研究课题组
二〇一九年十二月

1. 您的性别是_____。 ①男 ②女
2. 您的年龄是_____岁，您的教龄是_____年，您在本校工作_____年（不满 1 年计为 1 年）。
3. 您的最高学历是_____。 ①高中（中师） ②大学专科 ③大学本科 ④研究生
4. 贵校属于_____。
   （1）①教学点 ②完全小学 ③初中 ④九年一贯制学校 ⑤高中 ⑥完全中学 ⑦幼儿园
   （2）①乡村学校 ②乡镇学校 ③城区学校
   （3）①地处平原 ②地处丘陵 ③地处山区 ④地处_____
   （4）①寄宿制学校 ②非寄宿制学校
   （5）①薄弱学校 ②普通学校 ③县/市级示范校 ④省级示范校 ⑤其他
5. 从办学质量看，贵校目前在本县（区、市）属于_____。 ①较差 ②中下 ③中等 ④中上 ⑤最好

6. 贵校教师的山区和农村边远地区生活补助是_____元/月。（无则填0）

7. 贵校有学生_____人，班级_____个，教师编制_____个。

8. 贵校与教育部门的关系如何？ ①非常差 ②比较差 ③一般 ④比较好 ⑤非常好

9. 您了解本县"县管校聘"政策吗？ ①不了解 ②不太了解 ③一般 ④比较了解 ⑤了解

10. 您了解本县"县管校聘"政策的主要渠道是_____。 ①直接参与政策制定研讨会 ②阅读相关政策与文件 ③上级领导宣传 ④同行交流 ⑤其他

11. 在制定本县"县管校聘"政策过程中，您与县教育局相关人员交流（包括文本形式交流）了_____次。

12. 您满意本县"县管校聘"政策吗？ ①不满意 ②不太满意 ③一般 ④比较满意 ⑤满意

13. 您对本县"县管校聘"政策的态度是_____。 ①反对 ②较反对 ③一般 ④较支持 ⑤支持

14. 您觉得"县管校聘"政策对贵校的影响是_____。 ①弊大于利 ②不好说 ③利大于弊

15. 您认为实施"县管校聘"政策的主要目的是_____。 ①提高学校教师工作积极性 ②缓解学校编制供求问题 ③优化学校教师队伍学科结构 ④促进县域内教师资源均衡配置

16. 您认为目前"县管校聘"政策达到了哪些效果？_____。 ①提高本校教师工作积极性 ②缓解本校编制供求问题 ③优化本校教师队伍学科结构 ④促进县域内教师资源均衡配置

17. 作为学校校长，您在实施"县管校聘"政策的优先考虑是_____。

①平稳实施政策，尽可能不/少出事 ②优胜劣汰，提高教师队伍整体质量 ③发挥政策杠杆作用，提高教师队伍积极性 ④选拔优秀教师参与流动，促进师资均衡配置

18. 据您所知，在"县管校聘"政策实施之初，贵校教师编制核定标准是什么？

①不知道　②生师比　③班师比　④生师比+班师比　⑤其他

19. "县管校聘"政策实施初，贵校应有编制数_____个，实有编制数_____个。

20. "县管校聘"政策实施初，贵校得到了下列哪些资源？

①无　②经费　③人员指导（上级教育部门对政策的指导）　④物质设施设备　⑤其他_____（请说明）

21. "县管校聘"政策实施前，贵校教师平均课时量是_____节/周；政策实施后，教师课时量是_____节/周。

22. "县管校聘"政策实施后，贵校专业技术岗位变化情况是_____。

①中、高级岗位减少　②无调整　③中、高级岗位增多

23. "县管校聘"政策实施前，贵校临聘教师有_____人，待遇是_____元/月；政策实施后，临聘教师有_____人，待遇是_____元/月。

24. "县管校聘"政策实施后，贵校临聘教师待遇是由_____解决。

①学校　②地方财政　③教育局　④其他

25. "县管校聘"政策实施后，贵校共增加公办教师_____人，其中新招聘教师_____人，跨校竞聘教师_____人，组织调剂教师_____人；共减少公办教师_____人，其中校内竞聘淘汰_____人，轮岗交流_____人，退休_____人。

26. "农村、偏远地区中小学和薄弱学校中高级职称岗位设置比例可在规定的比例上限内上浮2个百分点。"结合贵校的情况看，您认为这一规定是否得到落实？　①是　②不清楚　③否

27. "县管校聘"政策实施后，您觉得本校的师资质量_____。
①更低　②无变化　③更高

28. "县管校聘"政策实施后，您觉得本校的师资结构_____。
①更不合理　②无变化　③更加合理

29. "县管校聘"政策实施后,您觉得本校教师的工作积极性_____。 ①更低 ②无变化 ③更高

30. 贵校制定学校"县管校聘"政策实施方案时有_____参与。(可多选)

①领导班子 ②中层干部 ③学科教师代表 ④全部普通教师 ⑤教育局人员 ⑥其他_____

31. 在实际操作过程中,学校直接聘用、无须竞聘的教师名单包括_____。

①领导班子 ②中层干部 ③班主任 ④新老病残孕等特殊群体 ⑤普通教师 ⑥其他_____

32. 贵校的竞聘考核评分小组成员是如何产生的?

①领导班子提名 ②教师推荐 ③教师报名 ④其他

33. 贵校校内竞聘的考核形式是_____。

①无 ②量化评分 ③面试 ④量化评分+面试 ⑤其他_____(请说明)

34. 贵校跨校竞聘的考核形式是_____。

①无 ②量化评分 ③面试 ④量化评分+面试 ⑤其他_____(请说明)

35. 您认为"县管校聘"政策实施目前存在的主要问题是_____。

①政策目标模糊 ②自上而下的行政实施方式 ③政策实施缺乏有效指导 ④政策实施资源不足 ⑤政策实施环境的约束 ⑥其他_____(请注明)

36. 您同意"县管校聘"政策实施流于形式化的观点吗?

①不赞同 ②不太赞同 ③一般 ④比较赞同 ⑤赞同

37. 在执行"县管校聘"政策时,如果您有不同的意见,您通常的做法是_____。

①保留意见,服从上级要求 ②原则上服从,执行中变通 ③表面服从,按学校实际情况执行 ④其他_____(请注明)

38. 请认真阅读每句话,根据该句话与贵校实际情况相符合的程度

在相应选项中划"√"。

1=无自主权；2=有限自主权（学校可以做出最初决定，但需要上报教育行政部门，审批通过后方可执行）；3=完全自主权（在国家法规规定的框架和尺度内具有完全自主决策权）。

	无自主权	部分自主权	完全自主权
20. 学校拥有教师招聘的自主权	1	2	3
21. 学校拥有代课教师招聘的自主权	1	2	3
22. 学校拥有教师解雇的自主权	1	2	3
23. 学校能自行规定教师的职责	1	2	3
24. 学校拥有发放教师超时报酬的自主权	1	2	3
25. 学校拥有发放教师超职责范围工作报酬的自主权	1	2	3
26. 学校拥有确定必修课程内容的自主权	1	2	3
27. 学校拥有确定选修课程内容的自主权	1	2	3
28. 学校能自主选择教学方法	1	2	3
29. 学校能自主选择教科书	1	2	3
30. 学校能自主制定必修课的学生分层标准	1	2	3
31. 学校能自主制定校内考试标准	1	2	3
32. 学校能自主决定学生留级与否	1	2	3
33. 学校拥有对日常运作开支的自主权	1	2	3
34. 学校拥有购置设备的自主权	1	2	3
35. 学校拥有经费筹集（赞助、捐赠等）的自主权	1	2	3
36. 学校拥有出租课余时间校舍的自主权	1	2	3
37. 学校拥有借贷的自主权	1	2	3
38. 学校拥有用自筹经费购置不动产的自主权	1	2	3
39. 学校拥有用自筹经费购置动产的自主权	1	2	3
40. 学校拥有用自筹经费聘用教学人员的自主权	1	2	3
41. 学校拥有用自筹经费聘用非教学人员的自主权	1	2	3

39. 学校教师编制信息表

编制数		在编不在岗					
应有编制数	实有编制数	重病	支教交流	援疆/藏	借调	生育	其他

40. 教师队伍信息表

	在岗教职工			专业技术岗位			
	公办教师	临聘教师	工勤人员	未定级	初级	中级	高级
教师人数							
	骨干教师			教师年龄结构			
	省级以上	市级	县级	35岁及以下	36~50岁	51岁及以上	
教师人数							
	教师职称情况						
	未定级	一级	二级	三级	高级	正高级	
教师人数							
	教师学历结构						
	高中（中师）及以下		大学专科	大学本科		研究生	
教师人数							

问卷到此结束，谢谢您！

S市"县管校聘"政策研究访谈提纲（教育局人员）

尊敬的教育局领导：

您好！本访谈主要是调查"县管校聘"政策执行现状与问题，以便后续有针对性地完善政策。请您根据实际情况进行回答，所有信息只用于学术研究，且使用时绝不涉及个人信息！谢谢您的支持与配合！

一、基本信息（姓名、性别、年龄、工龄、职务）

二、请您回顾与描述贵县（市、区）制定"县管校聘"政策的主要过程（时间、地点、人物与事件）。您认为在政策制定过程中面临的最大困难是什么？

三、对教育局而言，您认为"县管校聘"政策的主要目标是什么？不同目标的优先性排序是？

四、在实际执行"县管校聘"政策过程中，人社、编制、财政各部门做了什么？存在什么问题？

五、"县管校聘"政策实施后，贵县教师编制供求矛盾变化情况是？

六、在为组织调剂教师分配学校时,教育局分配的依据/考虑是什么?请结合实际例子进行说明。

七、作为政策执行的一线人员,您在执行过程中碰到的最棘手的事情是什么?

八、据您所知,上级政府以及贵单位采取了怎样的激励或监督措施来介入与保障"县管校聘"政策顺利执行?

九、您认为实施"县管校聘"政策需要哪些方面的配套资源?本地区在哪些方面配套了相应资源,哪些方面还有所欠缺?

十、贵县(市、区)是如何处理"县管校聘"政策与校长教师轮岗交流政策关系的?(包容、替代或并行)两种类型教师(人走关系动和人走关系不动)的占比情况是?

十一、您觉得贵县(市、区)"县管校聘"政策存在什么问题?您有什么建议?

S 市"县管校聘"政策研究访谈提纲(编办人员)

尊敬的编办领导:

您好!本访谈主要是调查 S 市"县管校聘"政策执行现状与问题,以便后续有针对性地完善"县管校聘"政策。请您根据实际情况进行回答,所有信息只用于学术研究,且使用时绝不涉及个人信息!谢谢您的支持与配合!

一、基本信息(姓氏、性别、年龄、工龄、职务)

二、在"县管校聘"政策执行过程中,您主要参与负责的工作或事情是?

三、据您所知,本县中小学教职工编制配备整体情况如何?其中,教师、职员和教学辅助人员编制配备存在什么问题?学校教职工编制数量是以什么标准核定的?

四、实地调研发现,部分中小学在实验员、图书管理员、心理健康教师等方面有编制需求,但一直没有配备相应的编制。您了解这种情况吗?原因是什么?

五、据您所知,本县中小学教职工编制核定过多少次?分别是什么年份,以什么标准核定的?如果要建立中小学教师编制核定的动态调整机制,您认为存在哪些方面的困难？

_____

_____

六、据您所知，本县中小学教师编制管理存在什么问题？各自的原因是什么？

_____

_____

七、您认为，按照中央编办"适当收回事业单位部分空编，优先满足中小学需求"的精神，本县（市、区）中小学教师编制总量存在多大的增长空间？存在什么问题与困难？

_____

_____

八、您如何看待建立市域范围内中小学教职工编制跨县（市、区）域调配机制？这一机制构建与实施的困难或风险点是什么？

_____

_____

九、为了更好地推动S市"县管校聘"政策实施，促进S市教育均衡优质发展，从县级编制部门的角度出发，您认为县编办在哪些方面存在困难？需要什么帮助？

_____

_____

S市"县管校聘"政策研究访谈提纲（校长）

尊敬的校长：

您好！本访谈主要是调查"县管校聘"政策执行现状与问题，了解校长在政策过程中的诉求，以便后续有针对性地完善政策。请您根据实际情况进行回答，所有信息只用于学术研究，且使用时绝不涉及个人信息！谢谢您的支持与配合！

本访谈提纲共分为两种类型：

- 缺编学校校长访谈提纲
- 超编学校校长访谈提纲

请调研员根据以上两种类型选择相应的访谈提纲。

一、调研对象基本信息表

姓氏	性别	教龄	职务	学校类型

注意事项：学校类型填超编/缺编。

二、缺编学校校长访谈提纲

（一）请您回顾与描述贵校"县管校聘"政策实施方案制定的主要过程（时间、地点、人物与事件）。您认为在政策制定过程中遭遇的主要困难是什么？

（二）您认为，对贵校而言，实施"县管校聘"政策的主要目标是什么？

（三）请您介绍一下贵校开展教师聘任考核工作的整体流程。

（四）"县管校聘"政策可能涉及教师的人事变动，在政策实施过程中，您采取了什么措施或方法以尽可能保证政策顺利实施？

（五）请您介绍一下贵校实施的量化评分细则的内容与权重，其权重设置是出于什么考虑？从目前的实施情况看，评分细则对教师工作的激励/导向效果如何？

（六）请您结合学校实际情况说明"县管校聘"政策实施效果如何。

（七）贵校是否接纳了轮岗交流（包括跨校竞聘、组织调剂等）教师？

如果有,请您评价这些教师在学校的工作内容与表现。

_____

_____

(八) 您觉得当前"县管校聘"政策还存在什么问题?您有什么建议或期望?

_____

_____

二、超编学校校长访谈提纲

(一) 请您回顾与描述贵校"县管校聘"政策实施方案制定的主要过程(时间、地点、人物与事件)。您认为在政策制定过程中遭遇的主要困难是什么?

_____

_____

(二) 您认为,对贵校而言,实施"县管校聘"政策的主要目标是什么?

_____

_____

(三) 请您介绍一下贵校开展教师聘任考核工作的整体流程。

_____

_____

(四) "县管校聘"政策涉及教师的人事变动,在政策实施过程中,您采取了什么措施或方法以尽可能保证政策顺利实施?

_____

_____

(五) 请您介绍一下贵校实施的量化评分细则的内容与权重,其权重设置是出于什么考虑?从目前的实施情况看,评分细则对教师工作的激励/

导向效果如何？

___

（六）在"县管校聘"政策实施后，贵校是否有教师对考核结果不满意？他们做了什么？您是如何说服他（她）的？

___

（七）请您结合学校实际情况说明"县管校聘"政策实施效果如何。

___

（八）贵校是否派出了轮岗交流（包括跨校竞聘、组织调剂等）教师？离开的教师原来在学校中扮演怎样的角色？您认为这些教师的离开对学校发展有怎样的影响？

___

（九）您觉得当前"县管校聘"政策还存在什么问题？您有什么建议或期望？

S市"县管校聘"政策研究访谈提纲（教师）

尊敬的教师：

您好！本访谈主要是调查"县管校聘"政策执行现状与问题，了解教师在政策过程中的诉求，以便后续有针对性地完善政策。请您根据实际情况进行回答，所有信息只用于学术研究，使用时不涉及您的个人信息！谢谢您的支持与配合！

本访谈提纲共分为四种类型：
- 直聘教师访谈提纲
- 校内竞聘教师访谈提纲
- 跨校竞聘教师访谈提纲
- 组织调剂教师访谈提纲

请调研员根据以上四种类型选择相应的访谈提纲。

一、调研对象基本信息表

姓氏	性别	教龄	学科	骨干教师（是否）	教师资格证	兼职职务	类型

注意事项：骨干教师填是/否；教师资格证明确具体学段信息；兼职职务填班主任、中层干部、校领导等；类型填直聘教师、校内竞聘教师、跨校竞聘教师和组织调剂教师。

二、直聘教师访谈提纲

（一）您是通过什么程序直聘的？

（二）您对"县管校聘"政策、学科岗位说明书、考核评分细则、协议合同、考核结果等满意吗？您觉得哪些方面还存在问题，有待改进？

（三）请简要回顾与描述您经历的"县管校聘"政策实施全过程。

（四）"县管校聘"政策实施之初，您打算离开原学校还是留在原学校？您做出上述打算的原因是什么？

（五）据您观察，"县管校聘"政策对您同事的行为和态度产生了怎样的影响？

（六）"县管校聘"政策实施后，贵校是否有教师离开或进来？据您观察与了解，教师的离开对学校发展有怎样的影响？新进教师主要从事的工作内容是什么？对学校发展有怎样的影响？

(七) 据您所知,在您的同事或朋友中,有谁参与了跨校竞聘或组织调剂?流向哪些学校?他们参与的原因是什么?他们与学校、教育局是如何交流、互动的?

(八) 下个聘期考核时,您打算离开或留在现学校?想去哪里?为什么?

(九) 结合亲身经历,您认为"县管校聘"政策存在什么问题?

三、校内竞聘教师访谈提纲

(一) 您对"县管校聘"政策、学科岗位说明书、考核评分细则、协议合同、考核结果等满意吗?您觉得哪些方面还存在问题,有待改进?

(二) 请简要回顾与描述您经历的"县管校聘"政策实施全过程。

(三) "县管校聘"政策实施之初,您打算离开原学校还是留在原学校?您做出上述打算的原因是什么?

(四) 据您观察,"县管校聘"政策对您同事的行为和态度产生了怎样的影响?

（五）"县管校聘"政策实施后，贵校是否有教师离开或进来？据您观察与了解，教师的离开对学校发展有怎样的影响？新进教师主要从事的工作内容是什么？对学校发展有怎样的影响？

（六）据您所知，在您的同事或朋友中，有谁参与了跨校竞聘或组织调剂？流向哪些学校？他们参与的原因是什么？他们与学校、教育局是如何交流、互动的？

（七）下个聘期考核时，您打算离开或留在现学校？想去哪里？为什么？

（八）结合亲身经历，您认为"县管校聘"政策存在什么问题？

四、跨校竞聘教师访谈提纲

（一）您对"县管校聘"政策、学科岗位说明书、考核评分细则、协议合同、考核结果等满意吗？您觉得哪些方面还存在问题，有待改进？

（二）请简要回顾与描述您经历的"县管校聘"政策实施全过程。

(三)"县管校聘"政策实施之初,您打算离开原学校还是留在原学校?您做出上述打算的原因是什么?

_____

_____

(四)据您观察,"县管校聘"政策对您同事的行为和态度产生了怎样的影响?

_____

_____

(五)据您所知,在您的同事或朋友中,有谁参与了跨校竞聘或组织调剂?流向哪些学校?他们参与的原因是什么?他们与学校、教育局是如何交流、互动的?

_____

_____

(六)下个聘期考核时,您打算离开或留在现学校?想去哪里?为什么?

_____

_____

(七)您原工作学校是什么学校?工作信息(如城乡、学科、年级、职务)是什么情况?

_____

_____

(八)您是主动还是被动参与跨校竞聘?如果是被动参与的,您如何评价校内聘任考核结果?为什么?如果是主动参与的,原因是什么?您与学校、教育局是如何交流、互动的?

_____

_____

（九）对于新学校/新岗位，您有什么需求或问题？

（十）结合亲身经历，您认为"县管校聘"政策存在什么问题？

五、组织调剂教师访谈提纲

（一）您对"县管校聘"政策、学科岗位说明书、考核评分细则、协议合同、考核结果等满意吗？您觉得哪些方面还存在问题，有待改进？

（二）请简要回顾与描述您经历的"县管校聘"政策实施全过程。

（三）"县管校聘"政策实施之初，您打算离开原学校还是留在原学校？您做出上述打算的原因是什么？

（四）据您观察，"县管校聘"政策对您同事的行为和态度产生了怎样的影响？

（五）据您所知，在您的同事或朋友中，有谁参与了跨校竞聘或组织调剂？流向哪些学校？他们参与的原因是什么？他们与学校、教育局是如何交流、互动的？

_____

_____

（六）下个聘期考核时，您打算离开或留在现学校？想去哪里？为什么？（提示：流向）

_____

_____

（七）您原工作学校是什么学校？工作信息（如城乡、学科、年级、职务）是什么情况？

_____

_____

（八）您是主动还是被动参与组织调剂？如果是被动参与的，您如何评价自己的校内竞聘考核结果和跨校竞聘考核结果？为什么？如果是主动参与的，原因是什么？您与学校、教育局是如何交流、互动的？

_____

_____

（九）对于新学校/新岗位，您有什么需求或问题？

_____

_____

（十）结合亲身经历，您认为"县管校聘"政策存在什么问题？

_____

_____